KB217175

새마을금고 위탁선거
해설, 그리고 실전

황수현

박영사

하늘은 스스로 돕는 자를 돕는다.

책을 내면서

2023년 8월 8일 개정된 법률 제19623호는 새마을금고 이사장선거를 의무적으로 선거관리위원회에 위탁하도록 규정하고 있으며, 새마을금고법 시행령 제8조의2 규정에 따라 자산 2,000억 이상 새마을금고는 회원 직접선거, 2,000억 미만 금고는 직접선출, 총회선출, 대의원회 선출 중에서 선택하도록 하고 있다.

또한 2024년 1월 개정되어 7월 시행된 위탁선거법에서는 최초로 예비후보자 제도와 선거운동원 등 확대된 선거운동 방법을 도입하여, 이사장선거의 새로운 국면을 맞이하고 있다.

선거관리위원회에서 처음 선거를 치루는 후보자는 후보자 등록부터 선거운동 방법 및 당선인 결정까지 어떻게 진행이 되는지, 어떻게 해야 법을 위반하지 않고 당선까지 갈 수 있을까 하는 두려움이 있을 것이라는 생각이 든다.

특히 당선과 직결되는 선거운동 분야에 있어서는 예비후보자 등 처음 도입되는 제도와 선거관리위원회의 관리 및 단속 등에 더욱더 두려움이 있을 것이다.

지난 2015년부터 공공단체 등 위탁선거에 관한 법률에 따라 전국 단위 농협과 수협, 산림조합의 대표를 뽑는 전국동시조합장선거는 벌써 3회째를 맞아 지난 2023년 3월 8일 치루어졌다.

이때 위탁선거법 위반행위로 고발된 사례가 168건, 수사의뢰가 37건이며 행정처분인 선거관리위원회의 경고도 500여 건에 달한다.

이는 제2회 조합장선거의 경우에도 고발 185건 수사의뢰 19건으로 제3회 조합장선거의 횟수와 대동소이하다.

따라서 그동안 자체적으로 선거를 치루었던 새마을금고 이사장선거의 후보자들은 선거관리위원회에의 위탁으로 더욱 엄격해진 위탁선거법을 잘 이해하고 또한 선거법을 각별히 잘 준수해야 할 것이다.

필자는 91년부터 선거관리위원회에서 33년 넘게 근무하면서 수없이 많은 공직선거와 위탁선거를 관리하였다.

최일선인 구시군선거관리위원회에서 사무국·과장으로, 지도계장으로 근무하였고, 광역시선거관리위원회와 도선거관리위원회에서 법령해석과 조사·단속업무를 담당하는 지도과장직을 오랫동안 역임하였다.

뿐만 아니라 중앙선거관리위원회 선거연수원 연구관으로, 초빙교수로 십수년간 활동하면서 경찰공무원, 지방자치단체 공무원, 각 정당의 당직자 등을 대상으로 수십여 회의 선거법에 대한 강의를 하였다.

법을 해석하고 집행하고 또 강의를 하면서 마음 한편에 후보자에 대한 안타까운 생각이 들때가 많았다.

법을 위반할 생각이 전혀 없었는데도 법을 잘 몰라서 고발을 당하거나 사소한 실수로 당선무효까지 되는 사례들을 가까이 지켜보면서 언젠가는 그러한 선의의 후보자를 위해 글을 쓰리라 생각했고 퇴직을 몇 년 앞둔 지금에서야 이 글을 쓰게 되었다.

"아는 것이 힘이다"
"아는 만큼 보인다"라는 말이 있다.

위탁선거법 제28조(전화를 이용한 선거운동)의 법조문은 "전화를 이용하여 송화자·수화자 간 직접 통화하거나 문자메시지를 전송하는 방법"으로 단 두 줄이다.

어떻게 선거운동을 해야 할지, 어떤 방법으로 해야 선거법에 위반되지 않을지 막막할 것이다.

하지만 이 책에는 중앙선거관리위원회의 유권해석과 법원의 주요 판례 등, 수십 가지의 할 수 있는 사례와 유의해야 할 사항 등을 일목요연하게 정리해 언제, 어느 때, 어떤 방법으로 선거운동을 해야 할지 쉽고 자세하게 설명했다.

예비후보자로 등록되기 전, 입후보예정자의 신분일 때 할 수 있는 문자 보내기, 현수막 설치 등 이 책을 읽지 않으면 절대 알 수 없는 방법도 제시하였다.

또한 후보자 등록을 하면서 서류 등의 미비 또는 신고 제출 등의 절차에 하자가 있어 등록을 하지 못하거나 사소한 실수로 등록이 무효로 되는 등 안타까운 경우도 경우도 종종 보아 왔다.

따라서 이 책은 선거운동분야뿐만 아니라 후보자 등록 등 선거절차와 신고·신청 절차 등의 방법과 유의사항에 대해서도 설명하였다.

그리고 33년 동안 수십여회의 공직선거와 위탁선거를 관리하면서 당선자를 멀리서, 또는 가까이에서 수없이 많이 지켜보았다.

후보자들의 공직에 도전하는 과정, 당선자들의 공통된 특징, 후보자들이 유권자들의 마음을 얻는 방법 등을 실제 사례를 통해 경험하였으며 수년간의 도선거관리위원회 홍보과장을 재직하면서 얻은 홍보에 대한 노하우를 접목하여 유권자들의 마음을 움직이는, "당선을 위한 한걸음"이라는 장을 별도로 집필하였다.

이 책은 다음이 같이 후보자에게 도움을 주기 위해 글을 썼다.

첫째, 필자가 30여 년 동안 당선자들을 멀리서, 또는 가까이에서 지켜보면서 직접 경험한 사례 중심의, 유권자의 마음을 얻는 방법과 반드시 알아야 할 당선 전략인 "당선을 위한 한걸음" 28가지 이야기를 정리하였다.

둘째, 후보자의 입장에서, 후보자를 위한 글을 썼다.

후보자 등이 할 수 있는 선거운동방법의 조문을 해석하고 특히 "할 수 있는 허용사례와 금지사례", "주요판례" 등 백여 가지 선거운동방법 등을 제시하여 현실적으로 직접 현장에서 활용할 수 있는 방법 등을 기술하였다.

셋째, 필자가 최일선에서 직접 경험한, 사소한 실수로 등록이 무효로 되거나, 당선이 예정된 후보자가 작은 욕심으로 낙선이 되는 사례 등을 들어, 오랫동안의 노력이 자칫 한순간에 물거품이 되는 일이 없도록 유의

사항 등을 기술하였다.

넷째, 후보자 등록신청부터 개표참관인 신청까지 선거 전 과정의 신고·신청시기와 방법, 서식등을 작성예시와 함께 게재하여 선거 전반에 대한 이해를 높이고 신고 신청 시 불이익을 받는 일이 없도록 하였다.

수년 전에 홀로 배낭하나 메고 히말라야 안나푸르나 트레킹을 했었다. 카트만두를 거쳐 경비행기로 포카라에는 도착했지만, 8박 9일의 히말라야 트레킹을 도저히 혼자서 할 수는 없었다.

그때 무거운 짐을 들어주고, 길을 안내해 주고, 잠잘 곳을 알려주는 "셀파"가 없었다면 안나푸르나 베이스 캠프에서 보는 장엄하고 눈이 부시도록 빛나는 설산을 보지 못했을 것이다.

모쪼록 이 책이 안나푸르나 산을 오를 때 함께한 믿음직한 셀파처럼, 처음 새마을금고 이사장을 꿈꾸는 후보자들에게 길잡이가 되고, 낯설고 험한 바다를 항해하는 분들에게 믿음직한 등대가 되었으면 하는 마음이 가득하다.

2025년 2월
황수현

일러두기

1. 이 책은 2025년 3월 5일 실시되는 제1회 전국동시새마을금고이사장 선거 출마를 준비하는 입후보예정자들에게 도움이 되는 내용으로 작성되었다.

2. 공공단체등 위탁선거법과 관련된 법원판례, 헌법재판소 결정, 대검찰청 벌칙해설, 중앙선거관리위원회 질의회답 등을 참고하여 작성하였다. 따라서 발간 이후 관련 법규의 개정이나 헌법재판소·법원의 판결 또는 중앙선거관리위원회의 유권해석에 따라 일부 내용이 달라질 수 있다.

3. 판례, 헌법재판소 결정문, 중앙선거관리위원회 질의회답 및 사례예시집 내용을 요약한 것이므로 자세한 내용을 알고 싶은 독자는 원문을 참고하시기 바란다.

4. 각 장의 "할 수 있는 사례와 할 수 없는 사례"는 그 행위의 주체·시기·목적·방법·내용·대상·범위 등 구체적인 양태에 따라 위반 또는 허용될 수 있으니 관할선거관리위원회에 문의 후 활용하여 주시기 바란다.

5. 이 책의 법규명 등은 필요에 따라 다음과 같이 약기하였다.
▶ 공공단체등 위탁선거에 관한 법률 : 위탁선거법, 법
▶ 공공단체등 위탁선거에 관한 규칙 : 위탁선거규칙, 규칙

차례

제1장 총 론

제2장 당선을 위한 한걸음 I : 선거의 기본과 원칙

제3장 당선을 위한 한걸음 II: 유권자와의 신뢰구축

제4장 당선을 위한 한걸음 III: 전략과 비전의 설계

제5장 선거운동의 이해

제6장 후보자 등의 선거운동 방법

제7장 금품·음식물 등 기부행위 제한 금지

제8장 기타 제한 금지 행위

제9장 후보자 등록

제10장 선거절차와 신고 · 신청

부록1　후보자등록신청서 등 주요 신고·신청 서식 및 작성예시

부록2　공공단체등 위탁선거에 관한 법률 (약칭: 위탁선거법) ······················· 330

제1장

총 론

제1장
총 론

제 1 절 이사장선거의 선거관리위원회 의무 위탁

1. 위탁선거법의 목적

가. 선거운동의 주체

새마을금고는 대한민국의 대표적인 상호금융 기관 중의 하나로 지역사회와 주민들의 경제적 자립과 발전을 지원하는 역할을 하고 있다.

지역 주민들이 자금을 모아 공동의 경제활동을 지원하는 구조로, 지역사회 경제의 핵심적인 역할을 담당하며 중소기업, 자영업자 등에게 금융서비스를 제공하고 자립기반을 조성하는 데 기여한다.

또한 지역사회에 다양한 사회적 공헌 활동을 진행하며 장학금 지원, 복지사업, 지역봉사활동 등 다양한 형태의 사회 환원을 통해 지역 공동체의 발전은 물론 나아가 국가 발전에도 크게 이바지하고 있다.

이러한 새마을금고의 활동을 살펴볼 때 금고는 회원 개개인의 이익을 추구하는 것을 넘어 지역경제는 물론 지역사회에도 직·간접적으로 영향을 미친다.

또한 금고의 역할은 일반 사기업과는 다른 강한 공공적인 성격을 지니고 있어, 금고를 이끌어 가는 임원을 선출하는 선거는 공정성을 확보하고 엄정하고 투명하게 관리될 필요가 있다.

개정된 새마을금고법 제23조의2(선거관리위원회 위탁) 및 공공단체등 위탁선거에 관한 법률 제3조(정의)의 규정에 따라 2025년 3월 실시되는 새마을금고 이사장 선거는 선거관리위원회에 위탁하여 실시하여야 한다.

위탁선거법의 목적은 공공단체등의 선거가 깨끗하고 공정하게 이루어지도록 함으로써 공공단체등의 건전한 발전과 민주사회 발전에 기여함을 목적으로 하며(위탁선거법 제1조), 기본원칙은 위탁선거를 관리하는 선거관리위원회는 구성원의 자유로운 의사와 민주적인 절차에 따라 공정하게 행하여지도록 하고 공공단체의 자율성이 존중되도록 노력하여야 한다고 규정되어(위탁선거법 제2조) 있다.

선거에서 국민의 자유로운 의사표현은 필수적이며 일반국민의 자유로운 의사 표현은 물론, 후보자가 자신의 정치적 식견이나 의견에 대하여 자유로운 의사를 표현할 수 있어야 한다.

주권자인 국민이 선거권을 제대로 행사할 수 있기 위해서는 후보자에 대한 각종 정보의 자유로운 교환이 가능해야 하므로, 헌법 제21조의 표현의 자유와 정치적 의사표현이 최대한 보장되어야 한다.[1]

선거는 또한 공정하게 행하여져야 하며, 선거의 공정성이란 국민의 선거의 자유와 선거운동 등에 있어서의 기회의 균등이 담보되는 것을 의미하므로 선거의 공정성 없이는 진정한 의미에서의 선거의 자유도 선거운동의 기회균등도 보장되지 않는다고 할 수 있다.[2]

선거의 공정성을 해치지 않는 한도에서는 원칙적으로 선거에 있어서 정치적 표현의 자유가 한껏 보장되어야 하고 선거의 공정성을 위해 불가피하게 이러한 자유를 제한하는 경우에 있어서도 헌법 제37조 제2항에서 도출되는 과잉금지의 원칙은 준수되어야 한다.[3]

1) 손재권, 공직선거법의 이해, 동양미디어, 2016, 39쪽
2) 헌법재판소 2014. 4. 24. 선고 2011헌바17 결정
3) 헌법재판소 2003. 1. 30. 선고 2001헌가4 결정

즉 구성원의 자유로운 의사와 민주적인 절차란, 선거 과정에서 선거에 참여하는 구성원이 외부의 압력이나 강요없이 자신의 의견에 따라 후보자나 정책을 선택하며 또한 자신의 의견을 자유롭게 표현하고, 공정하고 투명한 절차에 따라 선거가 진행되는 것을 의미한다.

이를 통해 선거의 결과가 구성원의 실제 의사를 반영하고, 민주적 가치를 유지할 수 있으며 구체적으로 다음과 같은 요소를 포함한다.

구성원의 자유로운 의사 표현이란 선거에 참여하는 모든 구성원이 외부 압력 없이 자신의 의견을 자유롭게 표현할 수 있어야 하는 것을 의미하며, 이는 선거 과정에서 표현의 자유와 선택의 자유를 보장하는 것을 의미한다.

후보자에 대한 지지 또는 반대 의견을 자유롭게 표명할 수 있어야 하며, 강압이나 위협 없이 자신의 의사를 투표로 표현할 수 있어야 한다.

구성원의 자유로운 의사표현이 이루어지기 위해서는 세 가지 조건들이 필요하다.

첫째 개인의 선택이 공개되지 않음으로써 누구에게도 압박받지 않고 자신의 의사를 표현할 수 있는 비밀투표가 되어야 하고, 둘째 유권자들이 다양한 의견을 듣고 토론할 수 있으며, 자신들의 의사를 표현할 수 있는 권리가 보장되어야 하며, 셋째 선거에 대한 충분한 정보가 제공되어, 유권자들이 정확한 정보를 바탕으로 자신들의 결정을 내릴 수 있어야 한다.

민주적인 절차란 사전에 정해진 규칙과 법에 따라 공정하게 진행되어야 하며, 특정 후보나 단체에 유리하게 왜곡되지 않아야 하며, 선거의 모든 과정은 투명하게 진행되고 구성원이 선거 절차를 신뢰할 수 있도록 정보 공개와 감시가 보장되어야 한다.

또한 모든 구성원에게 동등한 투표 참여 기회를 제공해야 하며, 차별 없이 선거에 참여할 수 있도록 해야 하며, 이러한 민주적인 절차는 공정성, 투명성, 보편적 참정권,정당성등의 요소로 구성되어진다.

공정성이란 모든 후보자에게 동등한 자기를 알릴 수 있는 기회가 주어지며, 선거과정에서 불법적인 개입이나 조작이 없어야 하는 것을 의미하며, 투명성이란 선거과정이 공개적으로 이루어지며, 모든 단계가 명확하고 이루어지고 확인될 수 있어야 함을 뜻한다.

보편적 참정권이란 모든 성인 시민에게 동등하게 투표권이 부여되며, 특정 계층이나 집단에 대한 차별이 없어야 하고, 정당성이란 선거결과가 공정한 절차에 따라 유효한 것으로 인정될 수 있어야 함을 의미한다.

공공단체의 자율성이 존중되는 선거란 선거관리를 선거관리위원회에 위탁하더라도 해당 위탁단체의 고유한 규정, 결정권과 독립성을 최대한 보장하고 존중하는 원칙을 말한다.

새마을금고의 설립목적은 국민의 자주적인 협동조직을 바탕으로 우리나라 고유의 상부상조 정신에 입각하여 회원의 경제적·사회적 지위의 향상, 지역사회 개발을 통한 건전한 국민정신의 함양과 국가경제 발전에 이바지함을 목적으로 하고 있다(새마을금고법 제1조).

즉 새마을금고 회원 개인의 권리와 이익 보호는 물론 지역과 국가 경제에도 직·간접적인 영향을 미치므로 임원을 선출하는 선거는 공정하고 깨끗하게 관리될 필요가 있다.

2. 주요 내용

위탁의 근거는 위탁선거법이 아닌 새마을금고법에 규정되어 있다.

새마을금고법 제23조의2(선거관리의 위탁) 제1항의 규정을 보면 금고는 이사장 선거의 관리에 대하여 정관으로 정하는 바에 따라 그 주된 사무소의 소재지를 관할하는 「선거관리위원회법」에 따른 구·시·군선거관리위원회에 위탁하여야 하며 제2항은 이사장을 제외한 임원선거의 관리에 대하여 정관으로 정하는 바에 따라 그 주된 사무소의 소재지를 관할하는 「선거관리위원회법」에 따른 구·시·군선거관리위원회에 위탁할 수 있도록 하고 있다.

따라서 이사장선거는 반드시 선거관리위원회에 위탁하여야 하며 이사장 선거를 제외한 임원선거는 선거관리위원회와 협의하여 위탁 여부를 결정할 수 있다.

위탁신청의 절차는 의무위탁선거에 있어서 임원 등의 선거는 임기만료일 전 180일까지 관할위원회에 위탁하여야 하며 다만 동시이사장선거의 경우 임기만료일 전 180일에 별도의 신청없이 위탁한 것으로 보는 의제하는 예외규정을 두고 있다(위탁선거법 제8조).

또한 위탁선거법 제4조는 선거관리위원회가 위탁하여 관리해야 하는 공공단체 등에 대해 의무위탁선거와 임의위탁선거로 구분하여 규정하고 있다.

새마을금고이사장 선거는 의무위탁선거에 해당하며, 선거관리위원회의 관리범위는 같은 법 제7조의 규정에 따라 다음의 세가지 업무로 나누어 볼수 있다.

첫째, 선거인명부의 작성 및 확정에 관한 사무를 제외한 선거관리 전반에 관한 사무이며 후보자 등록, 선거공보 접수 및 발송, 선거벽보 첨부, 투표소 설치 및 운용, 개표소 설치 및 관리등이 포함된다.

선거인명부의 작성 및 확정에 관한 사무는 위탁단체의 고유 사무에 해당되어 관할 위원회의 사무 범위에 포함되지 않는다, 이는 공직선거법에서 선거인명부의 작성사무를 구·시·군의 자이 작성하고 있는 것과 궤를 같이한다.

또한 관할위원회는 위탁단체의 정관 등에 규정된 선거에 관한 규정이 위탁선거를 관리하는 데 현저하게 불합리하다고 판단될 때에는 해당 규정을 개정할 것을 권고할 수 있다(위탁선거규칙 제4조).

둘째, 선거참여·투표절차·그 밖의 위탁선거 홍보에 관한 사무이다. 관할위원회는 해당 선거에 자격있는 자가 투·개표 참관인이 되는 등 무자격자의 선거참여를 방지하고, 선거일에 정해진 규정에 따라 공정하고 질서있는 투표절차가 이루어지도록 관리한다.

또한 위탁선거가 깨끗한 선거가 될 수 있도록 유권자를 대상으로 정책선거 조성 및 금품선거 지양 및 선거일 투표참여 등을 알린다.

셋째, 위탁선거 위반행위에 대한 단속과 조사에 관한 사무이며 여기에는 위탁선거법 또는 위탁선거와 관련하여 해당 정관 등을 포함한 다른 법령을 위반한 행위도 포함된다.

이는 위탁선거법 제73조(위반행위에 대한 조사등) 제1항부터 제5항까지 자세하게 규정되어 있으며 공직선거법 제272조의2에서 규정한 선거법 위반행위 조사 권한을 그대로 적용한 것이다.

따라서 2025년 3월 5일 실시되는 제1회 전국동시새마을금고이사장선거도 각 새마을금고의 위탁신청없이 자동적으로 관할 위원회가 그 선거관리의 위탁을 담당하게 되는 것이다.

3. 선거개요

제1회 전국동시 이사장선거의 선거일은 그 임기가 만료되는 해당연도 3월 중 첫 번째 수요일로 하도록 규정되어 있다(위탁선거법 제14조).

따라서 2025년 3월 5일이 선거일이며 후보자 등록, 선거공보 제출 등 모든 일정은 이 날을 기준으로 하여 결정된다.

기부행위 제한기간은 2024년 9월 21일부터 선거일인 2025년 3월 5일까지이며 후보자(예정자 포함)·후보자의 배우자, 후보자가 속한 기관·단체·시설등이 기부행위의 제한 주체가 되며 2025년 1월 21일부터 예비후보자가 되려는 사람은 예비후보자 등록신청을 한 후 위탁선거법에 정해진 선거운동을 할 수 있다.

2월 14일부터 2월 18일까지 새마을금고에서 선거인명부를 작성하여 선거일 전 10일인 2월 23일에 선거인명부가 확정되고 후보자 등록은 2월 18일부터 19일까지 이틀간 매일 오전 9시부터 오후 6시까지 접수를 하게 되며 접수시간이 지난 등록신청서는 접수 하지 않으므로 각별히 유의해야 한다.

후보자와 후보자가 지정한 1인(선거운동원)은 선거운동을 할 수 있으며 선거운동을 할 수 있는 기간은 2025년 2월 20일부터 선거일 전일인 3월 4일까지 13일간이다.

위탁선거법 제10조의 규정은 위탁선거 위반행위의 예방 및 감시 · 단속 활동을 위하여 중립적이고 공정한 사람으로 구성된 공정선거지원단은 2024년 9월 21일부터 3월 5일까지 운영되며 위탁선거 위반행위에 대하여 관할위원회의 지휘를 받아 사전안내 · 예방 및 감시 · 단속 · 조사활동을 할 수 있도록 하고 있다.

선거공보와 선거벽보는 선거인명부확정일 전일인 2024년 2월 22일까지 관할위원회가 지정하는 장소에 제출해야 하며, 새로 도입된 규정에 의해 후보자의 범죄경력은 반드시 선거공보에 게재하여야 하고, 선거공보를 제출하지 않을 경우 별도의 범죄경력에 관한 서류를 제출하여야 한다.

범죄경력을 게재하지 아니한 선거공보를 제출하거나 범죄경력에 관한 서류를 별도로 제출하지 아니한 것이 발견된 때에는 등록무효가 된다(위탁선거법 제19조).

투표일시는 2025년 3월 5일 오전 7시부터 오후 5시까지이다. 다만 총회 대의원회에서 선출하는 새마을금고이사장선거의 투표시간은 해당 금고와 관할선거관리위원회가 협의하여 정하되 투표마감시각은 오후 5시이다.

개표는 개표소에 투표함이 도착하면 개시되며, 개표참관인 참관하에 투표함의 봉쇄 · 봉인 검사 후 개함한다.

개표 절차는 투표함 개함 및 투표지 정리 → 선거별 투표지 분류 → 후보자별 투표지 분류 분류된 투표지 심사 · 집계 → 후보자별 득표수 검열 및 공표 → 개표상황 보고의 순으로 진행된다.

당선인 결정은 해당 법령이나 정관 등에 따르도록 규정되어 있으며(위탁선거법 제56조), 새마을금고법 제18조(임원의 선임등) 제5항을 보면 회원의 직접선거의 경우 최다득표자를 당선인으로 결정하며, 총회에서 선출하거나 대의원회에서 선출하는 경우에는 과반수득표자를 당선인으로 결정하되 과반수 득표자가 없는 경우에는 1위와 2위의 다수 득표자만을 후보자로 하여 다시 투표를 실시하여 최다 득표자를 당선인으로 결정하도록 규정하고 있다.

2024년 1월 30일 개정된 위탁선거법은 선거운동 방법 등에 있어 작지만 커다란 변화를 가져왔다. 그동안 3회까지 치루어진 조합장선거에서 나타난 제한적인 선거운동방법은 유권자의 후보자에 대한 알 권리를 제한해 온 것이 사실이다.

선거운동을 할 수 있는 주체도 공직선거법과 달리 후보자 본인에 한정되었고 선거운동 방법도 선거공보 등 몇 가지 방법으로 제한적이어서 헌법에 규정된 선거운동의 자유를 확대하였으면 하는 후보자나 유권자의 바람이 있었다.

가장 주목할 개정사항은 예비후보자 제도이며 위탁선거법에서 처음으로 도입되었다.

입후보 예정자는 선거기간 개시일 전 30일인 2025년 1월 21일부터 관할위원회에 예비후보자 등록을 서면으로 신청한 후 위탁선거법에 규정된 전화를 이용한 선거운동, 정보통신망을 이용한 선거운동, 위탁단체가 사전에 공개한 행사장에 한해 명함을 교부하거나 정책을 발표할 수 있다.

또한 선거운동의 주체에 있어 과거 후보자 본인만 가능하였던 선거운동을 후보자 또는 예비후보자가 지정한 1인도 할 수 있도록 개정되어, 선거운동을 할 수 있는 사람은 2인이 되었다.

여기서 후보자가 지정한 1인은 예비후보자가 그의 배우자, 직계존비속 또는 해당 위탁단체의 임직원이 아닌 회원 중 지정하는 1인을 의미한다.

제 2 절 **위탁선거법과 새마을금고법**

위탁선거법은 새마을금고의 선거 절차를 공정하고 투명하게 관리하기 위해 상호 작용하는 법적 장치이며 위탁선거법의 적용을 받아 선거관리위원회가 관리함으로써 공정한 선거가 이루어질 수 있도록 보장된다.

관할 선거관리위원회가 공공단체등으로부터 선거의 관리를 위탁받은 경우, 위탁선거법에 의해 선거가 치루어지며 위탁선거법은 각 공공단체등의 근거법령인 개별법보다 우선적으로 적용되는 특별법의 지위에 있다(위탁선거법 제5조). 따라서 위탁선거법과 새마을금고법이 상충할 경우 위탁선거법이 우선적으로 적용된다.

다만 선거인명부의 작성이나 후보자 등록시 피선거권에 관한 증명서류등 위탁단체가 가지고 있는 고유한 규정등은 존중해 주어 새마을금고법이나 정관등에 따라 작성 또는 구비하도록 되어 있다.

현실적으로 위탁단체의 개별 금고마다 상이한 규정 등을 위탁선거법으로 일괄 통일시킬 수도 없는 것이 현실이며 따라서 깨끗하고 공정한 선거를 치루기 위해서 관할위원회와 새마을금고는 상호 협력하고 보완하며 법과 정관등을 관리하고 집행해 나가야 할 것이다.

위탁선거의 효과를 살펴보면 먼저 공정성의 확보를 들 수 있으며 그 이유는 헌법기관인 선거관리위원회에서 선거를 관리하면 금고 내의 상하관계나 내부의 영향력을 배제하고 공정한 선거를 유도할 수 있을 것이다.

또한 선거과정이 투명하게 진행되어 회원들이 신뢰할 수 있는 선거절차가 이루어지며 금품제공·허위사실 유포등 부정선거를 사전에 방지하는 깨끗한 선거를 치룰 수 있을 것이다.

위탁선거에 있어 "정관등"이란 위탁단체의 정관, 규약, 규정, 준칙, 그 밖에 위탁단체의 조직 및 활동을 규율하는 자치규범을 말하며(위탁선거법 제3조 제8호), 같은 법 제7조 위탁선거의 관리범위에 위탁선거위반행위는 이 법 또는 위탁선거와 관련하여 해당 정관등을 포함한 다른 법령을 위반한 행위에 대한 단속과 조사에 대한 사무를 포함하고 있다.

따라서 선거관리위원회 위원·직원은 위탁선거법과 새마을금고법은 물론 금고의 정관 등 위반행위까지도 조사하고 단속할 수 있다.

관할위원회의 위원·직원은 직무수행 중에 위탁선거 위반행위를 발견한 때에는 중지·경고 또는 시정명령을 해야 하며 이를 이행하지 않거나 위탁선거 위반행위가 선거의 공정을 현저하게 해치는 것으로 인정되면 관할 수사기관에 수사의뢰 또는 고발할 수 있다(위탁선거법 제72조). 죄형법정주의 원칙에 따라 위반행위가 발견되어 관할위원회에서 수사의뢰 또는 고발할때에는 법률에 의해 위반되는 사안에 한정되고 정관등의 자치규범은 해당 조합 내부에서 징계나 제재를 가할 수 있는 규정이므로 법 조항을 그대로 자치규범에 적용하기에는 한계가 있다 하겠다.

한편 선거관리위원회의 위원·직원은 위탁선거 위반행위에 관하여 위탁선거 위반행위의 가능성이 있다고 인정되는 경우, 후보자가 제기한 위탁선거 위반행위의 가능성이 있다는 소명이 이유 있다고 인정되는 경우, 현행범의 신고를 받은 경우 그 장소에 출입하여 관계인에 대하여 질문·조사를 하거나 관련 서류 그 밖의 조사에 필요한 자료의 제출을 요구할 수 있으며(위탁선거법 제73조 제1항), 위탁선거 위반행위 현장에서 위탁선거 위반행위에 사용된 증거물품으로서 증거인멸의 우려가 있다고 인정되는 때에는 조사에 필요한 범위에서 현장에서 이를 수거할 수 있다(위탁선거법 제73조 제2항).

또한 누구든지 장소의 출입을 방해하여서는 아니 되며 질문·조사를 받거나 자료의 제출을 요구받은 사람은 이에 따라야 한다(위탁선거법 제73조 제3항).

그리고 선거관리위원회의 위원·직원은 위탁선거 위반행위 조사와 관련하여 관계자에게 질문·조사하기 위하여 필요하다고 인정되는 때에는 선거관리위원회에 동행 또는 출석할 것을 요구할 수 있다. 다만, 선거기간 중 후보자에 대하여는 동행 또는 출석을 요구할 수 없다(위탁선거법 제73조 제4항).

공직선거법에는 피조사자의 기본권 보장을 위하여 피조사자에 대한 진술거부권, 변호인 조력권 고지 및 변호인이 참여할 수 있는 규정(공직선거법 제272조의2 제7항, 제8항)이 있는 데 반해 위탁선거법에는 위와 같은 규정이 없는 차이점이 있다.

제 3 절 직선제와 대의원제 그리고 총회제

1. 이사장 선출방식

새마을금고법 제18조(임원의 선임등) 제5항을 보면 이사장은 회원 중에서 회원의 무기명 비밀투표로 직접 선출하는 것이 원칙이나 자산이 일정규모 이하인 금고 등 대통령령으로 정하는 금고의 이사장은 회원의 투표로 직접 선출하는 방법, 총회에서 선출하는 방법 또는 대의원회에서 선출하는 방법 중 정관으로 정하는 방법을 택하여 선출할 수 있도록 규정하고 있다.

또한 제8항을 보면 회원의 투표로 직접 선출하는 경우에는 최다득표자를 당선인으로 결정하며, 총회에서 선출하거나 대의원회에서 선출하는 경우에는 과반수득표자를 당선인으로 결정하되 과반수 득표자가 없는 경우에는 1위와 2위의 다수 득표자만을 후보자로 하여 다시 투표를 실시하여 최다 득표자를 당선인으로 결정하도록 규정하고 있다.

2025년 3월 실시하는 제1회 전국동시새마을금고이사장선거의 경우 전국 1,195개의 금고중 회원직선제로 선거를 치루는 금고수는 568개, 대의원제로 치루는 금고 수는 596개, 회원총회제로 치루는 금고수는 31개이며 확인 방법은 새마을금고중앙회 홈페이지에 들어가서 사업안내(정기공시)의 지역명 검색 메뉴에서 조회할 수 있다.

2. 선출방식별 선거운동 방법

원칙적으로 선거운동은 법에 정해진 주체가 법에 정해진 방법으로만 할 수 있다.

위탁선거법 제66조(각종 제한규정 위반죄)의 벌칙 규정을 보면 후보자 등이 아닌 자가 선거운동을 하거나, 규정된 선거운동 방법 외의 방법으로 선거운동을 하거나, 선거운동 기간이 아닌 때에 선거운동을 한 자 등은 3년 이하의 징역 또는 3천만원 이하의 벌금에 처하도록 되어 있으며 더 나아가 당선인이 이 법에 규정된 죄를 범하여 징역형 또는 100만원 이상의 벌금형의 선고를 받으면 당선무효형에 처해질 수도 있다.

따라서 해당 금고의 선출 방식을 확인한 후 다음의 선출방식별 선거운동 방법을 정확히 숙지하여 불이익을 받는 일이 없도록 해야 할 것이다.

후보자 등의 선거운동 방법에 있어서는 다른 장에서 자세히 설명하겠다.

가. 직선제

568개의 금고가 직선제로 선거를 치룬다.

투표방식은 회원의 직접투표이며 투표소는 읍면동별 1개소에 통합명부를 사용한다.

후보자의 선거운동 방법은 선거공보(법 제25조), 선거벽보(법 제26조), 어깨띠·윗옷·소품(법 제27조), 전화·문자(법 제28조), 정보통신망(법 제29조), 명함(법 제30조), 가상번호요청(법 제30조의3), 공개행사정책발표(법 제30조의4) 등이며 선거운동원의 경우 어깨띠·윗옷·소품(법 제27조), 전화·문자(법 제28조), 정보통신망(법 제29조), 명함(법 제30조) 등의 선거운동을 할 수 있다.

나. 대의원제

596개의 금고가 대의원제로 선거를 치루며 현재 정관에 의해 선거인수는 100명 이상의 대의원으로 구성되며, 전국 평균 120명 정도이다.

투표방식은 대의원 회의 개의 후 대의원 투표 방식에 의하며 투표시간은 종료시각은 17시, 시작 시간은 새마을금고와 관할 선거관리위원회가 협의하여 정한다. 투표소는 1개소이며 통합명부를 사용하지 않고 당선인은 과반 투표자이며 없을 시 결선투표로 결정된다.

후보자의 선거운동 방법은 선거공보(법 제25조), 전화·문자(법 제28조), 정보통신망(법 제29조), 가상번호요청(법 제30조의3), 공개행사정책발표(법 제30조의4), 선거일 후보자 소개 및 소견발표(법 제30조의2) 등이며, 선거운동원의 경우 전화·문자(법 제28조), 정보통신망(법 제29조) 등의 선거운동 방법을 활용하여 선거운동을 할 수 있다.

다. 총회제

31개의 금고가 총회제로 선거를 치룬다.

투표방식은 총회 개의 후 회원 투표 방식에 의하며 투표시간은 종료시각은 17시, 시작 시간은 새마을금고와 관할 선거관리위원회가 협의하여 정한다. 투표소는 1개소이며 통합명부를 사용하지 않고 당선인은 과반 투표자이며 없을 시 결선투표로 결정된다.

후보자의 선거운동 방법은 선거공보(법 제25조), 선거벽보(법 제26조), 어깨띠·윗옷·소품(법 제27조), 전화·문자(법 제28조), 정보통신망(법 제29조), 명함(법 제30조), 가상번호요청(법 제30조의3), 공개행사정책발표(법 제30조의4), 선거일 후보자 소개 및 소견발표(법 제30조의2) 등이며, 선거운동원의 경우 어깨띠·윗옷·소품(법 제27조), 전화·문자(법 제28조), 정보통신망(법 제29조), 명함(법 제30조) 등의 선거운동을 할 수 있다.

3. 선출방식별 선거운동 정리

선출방식별 선거운동 방법을 표로 정리하면 다음과 같다.

특히 주의해야 할 사항은 대의원회 선출 방식의 선거운동 방법에 선거벽보, 어깨띠·윗옷·소품, 명함을 이용한 선거운동은 할 수 없다는 것이며 이는 유권자의 수가 평균 120명인 점을 감안하면 당연하다 할 수 있겠다.

『선출방법별 선거운동방법』

구분	직선	총회	대의원회	비고 (주체)
선거공보 (법 §25, 규칙 §12)	○	○	○	후보자
선거벽보 (법 §26, 규칙 §13)	○	○	×	후보자
어깨띠 · 윗옷 · 소품 (법 §27)	○	○	×	후보자등 (후보자와 선거운동원), 활동보조인
전화 및 문자 (법 §28)	○	○	○	후보자등 (후보자와 선거운동원)
정보통신망 (법 §29)	○	○	○	후보자등 (후보자와 선거운동원)
명함 (법 §30, 규칙 §15)	○	○	×	후보자등 (후보자와 선거운동원), 활동보조인
선거일 소견발표 (법 §30의2, 규칙 §15의2)	×	○	○	후보자
공개행사 정책발표 (법 §30의4 규칙 §15의7)	○	○	○	후보자

제2장

당선을 위한 한걸음 Ⅰ : 선거의 기본과 원칙

제2장

당선을 위한 한걸음 I : 선거의 기본과 원칙

제 1 절 30회의 공직선거, 9회의 위탁선거

1991년 2월부터 선거관리위원회에서 근무했으니 33년이 훌쩍 넘었다.

그동안 관리했던 선거를 살펴보니 국회의원 총선거의 경우 제14대 총선부터 제21대 총선까지 모두 8회, 대통령선거 7회, 전국동시지방선거 9회, 모두 24회의 공직선거를 치루었으며 여기에 재 · 보궐선거까지 합치면 30회가 훌쩍 넘는다.

조합장선거등 위탁선거도 전국동시조합장 선거 3회 포함 9회를 치루었고 대학교 총장선거뿐만 아니라 체육회장 선거도 치루었으니 33년동안 정말 헤아릴 수 없이 많은 선거를 치루었고 많은 경험을 했으며 많은 것을 느끼고 많은 것을 보아 왔다.

스무 살 어린 나이에 9급공무원으로 시작했고 30대 중반 젊었을 때 공직선거법으로 시험을 치루어서 최연소 사무관으로 합격하기도 하였으며 주위 동료들의 도움으로 2020년에는 부이사관인 3급으로 승진하였다.

30대 초반 최일선인 구시군위원회에서 수년 동안 지도계장을 담당하였고 후보자에 대한 법령안내, 선거법 위반행위 조사 및 단속 등의 업무를 하였으며 사무관, 그리고 서기관으로 승진한 후에는 구시군위원회의 국과장으로서 현장에서 모든 업무를 총괄하여 선거를 치루었다.

특히 울산광역시 선거관리위원회와 충청북도 선거관리위원회에서 수년 동안 지도과장 보임을 맡아 30여 개의 구시군위원회를 통합하며, 법령해석 및 지도 단속업무를 수행하였다. 각 시도 지도과장은 관할 구시군위원회의 지도 단속업무를 지원하고, 법령을 해석할 뿐만 아니라, 위법행위를 한 후보자에 대해 구시군위원회의 의견을 듣고 중앙위원회와 협의하여 행정처분인 경고를 할지, 고발 또는 수사의뢰를 할지를 결정하는 역할을 하는 자리다.

법령을 해석하고, 조사 그리고 단속을 전문적으로 하는 업무를 지도계장 3년과 지도과장 5년 등 8년 동안 담당했었고 사무국·과장을 포함하면 20여 년 정도 되는 것 같다.

10여 년 정도 지도업무를 맡아 선거법을 위반한 후보자를 조사하고, 법령해석을 통해 위반 여부를 결정하였으며 많은 후보자와 관계자를 직접 조사하고 또 조사를 지휘하면서 보람도 있었지만 안타까움도 많았다.

선거법을 위반한 사람들에 대해 경고 등 행정처분을 내리면서, 또는 사직당국에 고발하면서 느낀 점은 선거법을 위반한 후보자는 두 부류로 나뉘어지는 것 같았다.

첫 번째 부류는 당선되기 위하여 치밀하게 계획적으로 선거법을 위반하는 경우이고 두 번째는 정말 선거법을 잘 몰라서, 또는 실수로 위반한 경우였다.

법을 잘 몰라서 불이익을 당하는 사례를 보면서 안타까운 생각이 들었고 언젠가는 이분들에게 도움이 되는 일을 해야겠다는 생각을 했었고, 그러한 일들이 내가 책을 쓴 계기가 되었다.

제 2 절 사소한 실수가 부른 당선무효

1. 가벼운 인사와 당선무효

공직선거법이든 위탁선거법이든 선거일의 선거운동은 금지되어 있지만 과거의 선거를 돌이켜 보면 선거일 투표소 근처에서 유권자를 향해 인사를 하는 후보자를 종종 본적이 있을 것이다.

한표가 아쉬운 상황에서 후보자들은 본인이 투표를 하러 나온 김에, 또는 약간은 의도적, 계획적으로 투표소 근처에서 서성거리며 멀리서 안타까운 눈으로 유권자를 쳐다보며 한표를 향한 아쉬운 애정의 눈빛을 보낸다.

선거를 치루어 보면 이런 사례는 심심치 않게 일어나며 누가 봐도 명백하게 선거운동을 한다는 행동을 하지 않는 한 선거관리위원회에서 증거를 채증하여 고발하기는 쉽지 않은 일이다.

투표소 근처에서 서성이는 후보자 등에게 선거일 선거운동은 하지 못한다고 안내를 하면 "지금 동네 슈퍼 가는 중이다" 또는 "친구랑 차 한잔 마시려고 기다리는 중이다"라고 말하며 자리를 피한다.

2007년 제3회 전국동시지방선거의 자치단체장선거의 이야기이다.

당시 △△군수선거의 후보자는 모두 4명으로 2강 2약의 선거전이 펼쳐졌다. 당선권 안에 있는 A와 B 2명의 후보자는 우열을 가릴 수 없는 박빙의 승부를 펼치고 있었고, 특히 선거일이 가까워지면서 두 후보는 마지막까지 치열한 경쟁을 이어가고 있었으며 설문조사 결과도 오차범위 내에서 엎치락뒤치락할 정도로 이들 간의 격차는 거의 눈에 보이지 않을 만큼 미세하였다.

이러한 상황에서 선거일 마음이 급한 A후보자는 선거당일 ○○면 투표소에서 투표를 하러 가는 유권자들 10여 명과 악수를 하였고 누군가가 이러한 장면을 촬영해 경찰에 신고를 하였고 조사를 통해 기소가 되었다.

흥미로운 사실은 후보자라면 통상적으로 알음알음하던 투표소 근처에서의 인사행위를 상대편 B후보자는 전혀 하지 않았으니 어찌 보면 계획된 일련의 행위가 아니었나 하는 생각도 들었다.

어쨌든 그렇게 기소가 된 위 행위는 1심과 2심에서 당선무효형에 해당하는 벌금 100만을 선고받았고 2008년 대법원에서 A후보자의 상고가 기각되어 당선무효가 확정되었다.

선고 이유는 "선거일에 자신의 투표소가 아닌 투표소 부근에서 공개적으로 유권자들과 악수를 나눈 행동은 다른 유권자들의 투표의사에 직·간접적인 영향을 미치기에 충분하여 공직선거법이 금지하고 있는 선거운동에 포함된다"는 결론이었다. 후보자라면 별 생각없이 남들 다하는 행위라고 생각했던 행위가 당선무효까지 되었던 사례이다.

후보자들은 끝까지 방심하지 말고 선거법을 잘 지키고 준수해야 할 것이다.

2. 후보자 등록 서류와 등록무효

30대 후반 △△군 선거관리위원회에서 사무과장으로 근무할 때의 일이다. 2009년 △△군 ○○농협조합장 선거가 실시되었다.

그 당시에는 같은 날 1300여 개의 조합장을 동시에 뽑는 전국동시조합장선거 제도가 시행되기 전이라서 개별 해당 조합의 임기만료일에 따라 관할 선거관리위원회의 협의하에 산발적으로 선거가 치루어졌다.

당시 입후보 예정자는 현 조합장과, 배농사를 지으면서 오랫동안 선거를 준비해 온 촉망받는 젊은 사람 등 두 명이 후보자로 거론되었다.

통상적으로 보면 현직과 신인의 선거를 "기울어진 운동장"이라고 표현하는 등 현 조합장이 여러 이유로 유리한 위치에서 선거를 치루는 것이 사실이지만 당시 조합장은 사업선정과 인사 등에 있어 여러 가지 안 좋은 이야기가 계속 들려 현 조합장에 대한 지지도가 그리 높지 않은 상황이었다.

들려오는 주변의 이야기와 조합원들의 이야기를 종합하여 보면, 만약 둘이 붙어 선거를 치룬다면 누가 당선될지 모르는 박빙의 상황이라는 판단이 들었다.

후보자 등록이 가까워지면서 현 조합장은 후보자등록서류를 준비하고 또 선거관리위원회의 사전검토를 받고 후보자 등록을 하였지만 거론되던 다른 젊은 입후보예정자는 후보자 등록이 시작된 첫날에 우리 선거관리위원회에 모습을 보이지 않았고 후보자 등록 둘째 날이자 마지막 날인 오전에도 우리 선거관리위원회 사무실에 모습을 보이지 않았다.

젊은 입후보예정자가 오전에 모습을 보이지 않자 직원들과 점심식사를 하면서 이번 선거는 후보자가 혼자여서 선거를 치루지 않는 무투표 당선이 될거라는 조심스런 전망을 했다.

하지만 점심 식사 후 사무실에 복귀하자마자 오후 1시에 입후보 예정자가 찾아와 등록서류에 대해 문의를 하였고 관리계장은 후보자등록서류에 대해 친절하게 설명해 주면서, 등록서류는 마감시간인 오후 6시를 꼭 지켜 달라는 당부를 하였다.

그로부터 4시간 뒤인 5시쯤에 그 입후보예정자는 등록서류를 가져와서 서류 검토를 받았으나 등록에 꼭 필요한 필수 서류를 구비하지 않은 것이 발견 되었다.

오래전 일이라서 기억은 잘 나지 않지만 필수 서류인 3년간의 연체채무확인서를 구비해야 하는데 3월 동안의 연체채무확인서를 준비해 왔다.

해당 농협에서 그 서류를 발급받아 와야 하는데, 안타깝게도 우리 선거관리위원회에서 농협까지의 거리는 남은 1시간 동안 다녀올 수 있는 거리가 아니었다.

어쨌든 후보자 등록서류는 반려되었고 결국 후보자 등록을 할 수 없었으며 수개월이 지난 후 그 젊은 입후보 예정자는 해당 농협과 서류를 발급해 준 직원을 대상으로 농협중앙회에 이의를 제기하여 다투고 있다는 이야기를 들었다.

그 사람의 주장은 현직 조합장에게는 적합한 3년간의 연체채무확인서를 떼어주고 본인에게는 고의로 잘못된 3개월간의 연체채무확인서를 발급해 주어 후보자 등록을 못하게 하였다는 것이다.

오랜 세월이 지난 지금도 그 농협의 직원이 실수로 그랬는지, 아니면 고의로 그랬는지 알 수가 없으니 열 길 물속은 알아도 한길 사람 속은 모른다는 말이 있지 않은가?

등록을 할 수 없었던 입후보 예정자가 왜 그렇게 늦게 선거관리위원회를 찾았는지 지금도 이해하지 못하겠다.

물론 서류를 잘못 떼어준 농협직원도 잘못 했지만 사전에 준비하지 못한 후보자의 잘못이 더 크다고 생각된다.

어쨌든 미리 후보자등록서류를 준비하여 선거관리위원회의 사전 검토를 받고 후보자등록이 되었으면 박빙의 승부를 펼칠 수 있었는데 아쉽고 안타까운 생각이 들었다.

선거를 관리하다 보면 위와 같은 사례가 종종 일어나며 후보자 등록 서류뿐만 아니라 선거공보 그리고 선거벽보 등 인쇄물 제출기한을 넘겨 아예 발송도 하지 못하거나 첩부도 하지 못하는 경우가 종종 있다.

그 원인을 살펴보면 후보자가 직접 챙기지 않고 참모에게 맡기거나, 특히 인쇄소에 인쇄와 함께 선거관리위원회에 제출까지 모두 일임하는 경우 자주 발생한다.

인쇄소의 경우 욕심이 지나쳐 후보자들의 선거공보 등 인쇄물을 감당하지 못할 만큼 계약을 해 마감기일을 지키지 못하거나 인쇄물을 배달하는 과정에서 발생하기도 한다.

후보자 등록서류는 물론이고 선거공보 또는 선거벽보를 기한 내에 제출하지 못하는 후보자가 당선을 바란다면 그것은 '어불성설'이다.

3. 결정된 당선, 과욕이 부른 낙선

선거관리위원회에 근무하는 직원의 가장 큰 가치는 공정과 중립이며 이러한 가치가 흔들리면 선거관리위원회에 근무해서는 안 되고 빨리 선거관리위원회를 그만두고 다른 일자리를 알아봐야 한다는 것이 평소 필자의 생각이다.

선거를 치루면서 선거관리위원회 직원으로서 개인적으로 느끼는 소망은 이 선거가 모든 후보자에게 공정하게 사고없이 치루어졌으면 하는 생각이다.

따라서 특별히 어느 후보가 당선되어야지 하는 생각은 크지 않지만 선거관리위원회 직원으로서 선거법을 잘 지키는 후보자, 우리 선거관리위원회에서 적극 추진하고 있는 매니페스토 정책선거가 되었으면 좋겠고, 정책선거에 비중을 두어 선거운동을 하는 후보자가 되었으면 하는 바람 정도이다.

어쨌든 선거관리위원회에 근무 하다 보면, 특히 법령을 해석하고 지도단속을 하는 지도과에 근무하다 보면 듣고 싶지 않아도 후보자들의 지지도라던가 여론 등이 들리게 되고 선거 때마다 활동하는 수십 명의 공정선거지원단의 이야기 등을 종합하여 보면 후보자들의 지지도 등이 더 선명하게 보이기도 한다.

또한 지도과장은 여론조사심의위원회의 사무국장을 겸하게 되어 있으며, 후보자들의 선거방송토론에 있어 초청후보자와 초청외 후보자로 나누어지는 기준에 언론의 여론조사결과도 있기 때문에 주의깊게 살펴보아야 하는 입장이다.

바둑의 경우 실제 바둑을 두는 당사자 보다 옆에서 훈수두는 사람이 더 잘 보이듯이 선거도 당사자보다 객관적으로 냉정하게 보는 선거관리위원회 직원들의 눈에 더 잘 보이게 되는 것이 당연할지 모르겠다.

20여 년 전 ○○군 선거관리위원회 사무과장을 재직했던 때에 경험했던 ○○군수 선거의 A후보자는 언론의 여론조사 지지율이나 지역의 분위기 등을 종합적으로 봤을 때 당선이 확실시되는 후보자였다.

그러던 어느 날, 그 후보자와 관련된 사람으로부터 음식물과 함께 현금 ○만원을 제공받았다는 익명의 신고가 들어와 신고자의 이야기를 들어 보았다.

신고자의 신고내용이 구체적이며 디테일한 부분까지 자세하게 말하는 것을 종합적으로 봤을 때 충분히 신뢰가 갈 만하여 조사를 하였고 조사결과 그 신고자는 A후보자의 선거사무장이었던 사람으로부터 음식물과 현금을 제공받았고, 전 선거사무장은 현 선거사무장으로부터 활동비로 수백만원을 받고 신고자에게 음식물과 금품을 건넸던 것이었다.

A후보자는 돈을 쓰는 데 있어 나름 연막을 치기 위하여 선거사무장을 교체하여 건너 건너 돈을 위법하게 쓴 것이었다.

우리 위원회에서는 전 선거사무장과 현 선거사무장을 고발 하였고 결국 선거사무장이 벌금 300만원을 받아 후보자가 당선무효가 되었다. 공직선거법에는 당선자 본인이 형의 선고를 받지 않더라도 선거사무장 등이 벌금 300만원 이상의 형을 받는 경우 본인의 당선이 무효로 되는 규정이 있다.

그 당시 이해가 안 되었던 것은 언론기관의 여론조사뿐만 아니라 지역 분위기, 종합적인 정황을 아무리 살펴봐도 압도적으로 상대후보를 앞섰는데 무리하게 선거법을 위반하며 돈을 써야만 했는가 하는 의문이었다.

예상대로 개표결과 압도적인 표 차이로 당선을 했지만, 결국 법원의 최종 판결 결과 선거사무장이 '후보자의 당선무효형'에 해당하는 벌금 300만원을 선고받았고 후보자는 당선무효로 직을 상실하였다.

후일담이지만 그 당선자가 워낙 돈이 많아 주위 참모 또는 지인들의 부추김에 넘어갔다는 소문이 돌았었다.

후보자들을 옆에서 지켜보면 본인도 분명 잘해야 하지만 그에 못지 않게 함께 선거운동을 해 나갈 참모나 선거사무장 등도 정말 믿을 만한 사람을 잘 선택하는 것이 중요하다는 생각이 들었다.

우리 옛 속담에 "등잔 밑이 어둡다"라는 말이 있으니, 사실 적은 멀리 상대편에 있을 뿐만 아니라 내 가까운 주위에도 종종 있을 수 있다는 것을 직시하고 항상 살펴보고 또 말을 아껴야 할 것이다.

"등잔 밑이 어둡다" 하는 말은 선거관리위원회에 오래 근무할수록 더욱 더 분명하게 느껴질 뿐만 아니라 "열 길 물속은 알아도 한 길 사람 속은 모른다"는 속담도 함께 선명하게 느껴지는 것은 무슨 까닭일까?

4. 금품제공과 가상전화번호

법을 해석하다 보면 벌칙 등에 있어 반드시 주의해야 할 필요가 있는 법조문이 있다.

다음 세 가지 행위 중 가장 무거운 벌칙을 적용받는 후보자는 누구일까? 생각해 보기로 하자.

첫 번째: 후보자가 선거운동을 위하여 유권자에게 금전 또는 향응을 제공한 경우.

두 번째: 후보자가 선거운동을 위해 새마을금고로부터 제공받은 회원들의 휴대전화 가상번호를 다른 사람에게 제공한 경우.

세 번째: 후보자가 유효기간이 지난 휴대전화 가상번호를 즉시 폐기하지 아니한 경우(규칙 제15조의5(휴대전화 가상번호의 제공)의 제3항의 규정에 휴대전화 가상번호의 유효기간은 가상번호 제공일부터 선거일 전일까지이다).

그냥 법을 보지 않고 상식적으로 위 세가지 내용중 위반행위가 가장 큰 사항부터 마음속으로 나열해 보자.

위탁선거법 제70조에는 당선인이 위탁선거범죄로 인해 당선무효 되는 조건을 규정하고 있으며 당선인이 해당 위탁선거에서 위탁선거법에 규정된 죄를 범하여 징역형 또는 100만원 이상의 벌금형을 선고받은 때와 당선인의 배우자나 직계존비속이 해당 위탁선거에서 제58조(매수 및 이해유도죄)나 제59조(기부행위의 금지·제한 등 위반죄)를 위반하여 징역형 또는 300만원 이상의 벌금형을 선고받은 때에는 당선인의 당선은 무효로 한다고 규정되어 있다.

그리고 위탁선거법 제10장 벌칙에는 제57조부터 제68조까지 제한·금지에 대한 행위내용과 처벌에 관한 규정을 두고 있다.

그러면 위탁선거법 제58조(매수 및 이해유도죄) 제1항과, 제66조(각종 제한규정 위반죄) 제1항을 비교하여 살펴보기로 하자.

위탁선거법 제58조(매수 및 이해유도죄) 선거운동을 목적으로 다음 각 호의 어느 하나에 해당하는 행위를 한 자는 ○년 이하의 징역 또는 ○만원 이하의 벌금에 처한다.

1. 선거인(선거인명부를 작성하기 전에는 그 선거인명부에 오를 자격이 있는 자(해당 위탁단체에 가입되어 해당 법령이나 정관등에 따라 위탁선거의 선거권이 있는 자 및 해당 위탁단체에 가입 신청을 한 자를 말한다)를 포함한다. 이하 이 조에서 같다)이나 그 가족 또는 선거인이나 그 가족이 설립·운영하고 있는 기관·단체·시설에 대하여 금전·물품·향응이나 그 밖의 재산상 이익이나 공사(公私)의 직을 제공하거나 그 제공의 의사를 표시하거나 그 제공을 약속한 자

위 법조문의 경우 후보자가 선거운동을 위하여 유권자에게 금전 또는 향응을 제공 할 경우의 선고 기준을 규정하고 있다.

제66조(각종 제한규정 위반죄) ① 다음 각 호의 어느 하나에 해당하는 자는 ○년 이하의 징역 또는 ○만원 이하의 벌금에 처한다.
1~3 생략.
4. 제30조의3제9항제2호를 위반하여 휴대전화 가상번호를 다른 자에게 제공한 자
5. 제30조의3제10항을 위반하여 유효기간이 지난 휴대전화 가상번호를 즉시 폐기하지 아니한 자

위 법조문의 경우 휴대전화 가상번호를 다른 자에게 제공하거나 유효기간이 지난 휴대전화번호를 폐기하지 않았을 경우의 선고 기준을 규정하고 있다.

참고로 휴대전화 가상번호에 대해 부연설명을 하자면 후보자는 선거운동을 위하여 새마을금고 구성원의 이동전화번호가 노출되지 않도록 생성한 휴대전화 가상번호를 위탁단체로부터 제공받아 선거운동을 위해 사용할 수 있다.

즉 위 조항은 휴대전화 가상번호를 사용할 때 지켜야 할 규정을 설명하고 이를 지키지 않았을 때의 처벌 규정을 설명한 것이다.

그럼 처음으로 다시 돌아와서 후보자가 선거운동을 위하여 유권자에게 금전 또는 향응을 제공한 경우와, 제공 받은 휴대전화 가상번호를 다른 자에게 제공하거나, 가상전화번호 유효기간인 선거일 전일까지 가상전화번호를 폐기하지 않은 경우 어떤 행위가 처벌이 가장 무거울까?

당연히 후보자가 당선을 하기 위하여 새마을금고 회원등 유권자에게 금품을 제공하거나 음식물을 제공하는 것이 위반행위가 제일 무거울 것이라는 생각이 들것이다.

금품 음식물 제공의 경우, 말할 필요도 없이 선거관리위원회나 사직기관에서 중대범죄로 다루며 또한 50배 과태료 제도도 있기 때문이다.

제공 받은 휴대전화 가상번호를 선거운동을 위해 배우자 또는 선거운동원에게 제공하여 별 생각 없이 함께 선거운동을 할 수 도 있을 것이고, 선거일 전일까지 선거운동을 하는 금쪽 같은 시간에 자칫 휴대전화 가상번호를 폐기하지 못할 수도 있을 것이기 때문이다.

또한 일반적으로 생각하면 휴대전화 가상번호를 다른 사람에게 제공하거나 선거를 하루 앞둔 시점에 휴대전화 가상번호를 폐기하는 일은 대수롭지 않게 생각할 수도 있기 때문이다.

하지만 정답은 의외로 생각될 수 있을 것이다.

세 행위의 정답은 모두 "같다"이며, 이 세 행위의 처벌 수위는 모두 "3년 이하의 징역 또는 3천만원 이하의 벌금에 처한다"이다.

후보자가 선거운동을 하면서 유권자에게 금품을 제공하거나 허위사실을 유포하는 행위 등은 법에 위반된다는 사실을 잘 알고 조심하지만 위 휴대전화 가상번호를 다른 사람에게 제공하거나, 유효기간이 지난 가상전화번호를 폐기하지 않는 행위가 3년 이하의 징역 또는 3천만원 이하라는 사실을 잘 인지하지 못할 것이다.

예비후보자 또는 후보자의 선거운동원(후보자가 지정한 1인)은 전화를 이용한 선거운동을 할 수 있기 때문에, 자칫 후보자는 제공받은 가상전화 휴대번호를 별 죄의식 없이 선거운동원에게 줄 수 있기 때문이다.

또한 위탁선거법 제30조의3(선거운동을 위한 휴대전화 가상번호의 제공)10항을 보면 '휴대전화 가상번호를 제공받은 후보자는 유효기간이 지난 휴대전화 가상번호를 즉시 폐기하여야 한다'라고 규정되어 있고, 제66조(각종 제한규정 위반죄) 제1항 제5호를 보면 '유효기간이 지난 휴대전화 가상번호를 즉시 폐기하지 아니한 자'는 역시 3년이하의 징역 또는 3천만원 이하의 벌금에 처하도록 규정되어 있으니 각별히 유의해서 관련 규정을 지켜야 하며 크게 문제가 되지 않을 것 같은 사소해 보이는 금지 행위가 자칫 당선무효형에 해당하는 선고를 받을 수도 있는 것이다.

법에 관한 격언을 몇 개 살펴보면 다음과 같다.

"권리위에 잠자는 자는 보호받지 못한다", 즉 자신의 권리를 스스로 주장하지 않으면 법이 보호해 주지 않는다는 의미이고 "무지는 면책의 사유가 되지 않는다", 즉 법을 모르는 것이 자신의 책임을 피할 수 있는 방패가 되지 못한다는 뜻이다. 법적 책임은 법을 알지 못한다고 해서 면제되지 않는다.

이 책 내용 중간중간 후보자가 꼭 알아야 할 사항, 주의해야 할 사항 등을 설명해 놓았다. 시간 날 때마다 틈틈이 읽어 사소한 실수로 불이익을 받는 일이 없도록 해야 하겠다.

제 3 절 아는 것이 힘이다.

1. 아는 후보자와 모르는 후보자

새마을금고 이사장선거에서 당선을 위해 할 수 있는 선거운동방법은 무엇일까? 법조문을 정리해 보면 다음과 같다.

제25조(선거공보) ① 후보자는 선거운동을 위하여 선거공보 1종을 작성할 수 있다.
제26조(선거벽보) ① 후보자는 선거운동을 위하여 선거벽보 1종을 작성할 수 있다.
제27조(어깨띠·윗옷·소품) 후보자등은 선거운동기간 중 어깨띠나 윗옷(上衣)을 착용하거나 소품을 이용하여 선거운동을 할 수 있다.
제28조(전화를 이용한 선거운동) 후보자등은 선거운동기간 중 전화와 문자를 이용하여 선거운동을 할 수 있다.
제29조(정보통신망을 이용한 선거운동) ① 후보자등은 선거운동기간 중 정보통신망을 이용하여 선거운동을 할 수 있다.

제30조(명함을 이용한 선거운동) 후보자는 선거운동기간 명함을 이용하여 선거운동을 할 수 있다.

제30조의4(공개행사에서의 정책 발표) ① 예비후보자와 후보자는 해당 위탁단체가 개최하는 공개행사에 방문하여 자신의 정책을 발표할 수 있다.

위탁선거법에서 후보자 등이 선거운동을 할 수 있는 방법을 찾아보면 위의 7가지 방법과 몇 줄 되지 않는 선거운동 방법에 대한 설명이며 이 법조문을 갖고 선거운동방법을 찾는다면 막연할 뿐만 아니라, 할 수 있는 선거운동방법이 무엇인지, 할 수 없는 선거운동방법은 무엇인지 전혀 알 수가 없다.

하지만 할 수 있는 선거운동 방법을 이 책에서 살펴보면 무궁무진하다.

예를 들면 후보자가 되려는 사람이 선거운동기간 전에 추석, 설날, 정월대보름등에 의례적인 인사말을 문자메시지(동영상, 화상, 음성등 포함)로 회원에게 보낼수 있으며, 선거운동기간 전에 자신의 직·성명이 게재된 의례적인 내용의 명절현수막을 거리에 게시할 수 있고 명절인사 신문광고도 낼 수 있다.

물론 본인을 지지해 달라는 선거운동성 문자나 현수막이나 신문광고는 포함되지 않는다. 위탁선거법 제28조에 규정된 전화를 이용한 선거운동을 할 때 문자외의 음성·화상·동영상 등은 보낼 수 없다.

그렇다면 후보자가 A4 용지에 직접 선거운동용 손글씨를 작성하여 카메라로 촬영한 이미지파일을 유권자에게 보낼 수 있을까? 후보자가 선거공보에 "△△대학교 행정대학원 최고관리자과정"을 이수하였는데 "△△대학교 행정대학원수료"라고 게재할 수 있을까? 대학교를 졸업했는데 고등학교 졸업이라고 게재하는 것은? 아니 "독학"으로 쓰는 것은 가능할까? 새로 도입된 선거운동원의 교체 선임에 대한 제한은 있을까?

문자메시지를 보낼 때 컴퓨터를 활용한 자동동보통신의 방법으로 발송할 수 있도록 규정되어 있다. 그러면 발송횟수나 비용에 대한 제한은 있을까? 선거운동을 위한 윗옷·소품에 발광기능을 부착할 수 있을까? 후보자가 자신의 명함에 자신의 기표란에 기표한 투표용지 그림을 게재할 수 있을까? 해답은 이 책 안에 있다.

선거법을 잘 모르는 후보자는 자전거를 타고 결승점을 향해 달리고, 선거법을 잘 아는 후보자는 벤츠를 타고 달리는 경우와 같지 않을까?

혹시 ChatGPT를 들어 본 적이 있는지?

OpenAI에서 개발한 인공지능 언어 모델로, 대화 형식으로 사용자와 소통하며 질문에 답하거나 다양한 주제에 대해 도움을 줄 수 있는 챗봇이다.

이 모델은 방대한 텍스트 데이터를 학습해 자연스럽고 유창한 언어 처리가 가능하며, 사용자의 요청에 따라 정보를 제공하거나 창의적인 작업을 지원할 수 있다.

필자는 최근 이 ChatGPT를 활용하여 거의 신세계를 경험하고 있다. 원래 문과출신이라 물리, 화학, 컴퓨터 등은 체질적으로 맞지 않으며 심지어 방에 있는 전등도 교체하기가 쉽지 않아 함께 사는 분에게 부탁한다.

하지만 이 ChatGPT를 사용하고부터는 과거에 상상도 할 수 없었던 일을 해내곤 한다.

"아이폰 11의 데이터를 새로 구입한 아이폰 16프로로 그대로 옮기는 '마이그레이션'", "독일에서 개설한 우리나라의 카카오뱅크와 비슷한 독일 인터넷계좌 'N26'어플 복원하기" 등은 ChatGPT를 사용하기 전에는 감히 상상도 할 수 없었던 일들인데 ChatGPT의 도움을 받아 해내는 내 자신을 보면서 바뀐 세상 그리고 뿌듯함을 동시에 느꼈다.

단언컨대, 필자가 쓰고 있는 "새마을금고 위탁선거: 해설, 그리고 실전 가이드" 책이, 처음 위탁선거법의 적용을 받는 새마을금고 후보자의 "ChatGPT"임을 필자는 확신한다.

2. 선거관리위원회의 경고

충북위원회에서 지도과장을 할 때의 일이다.

제7회 전국동시지방선거가 한창 진행되고 있을 때 △△에 근무하는 공무원을 조사하게 되었다.

국가공무원법 제65조에 공무원은 정치운동을 할 수 없게 규정되어 있고 공직선거법 제9조에도 공무원은 선거에 대한 부당한 영향력의 행사 기타 선거 결과에 영향을 미치는 행위를 할 수 없도록 되어 있다.

이 공무원이 조사받는 이유는 초등학교 동창 등 열 명 정도가 친목을 도모하기 위해서 만든 카카오 단체 대화방에 본인의 지인인 기초의원 후보자 명함을 올린 것이었다.

단지 명함만 올렸을 뿐이고 후보자의 인적사항이나 지지해달라거나 성원해 달라거나 하는 그 어떤 글도 올리지 않았다.

선거관리위원회는 선거법위반행위에 대해 조사하고 그 결과를 검토하여 관할 수사기관에 수사의뢰 또는 고발할 수 있다.

하지만 고발 등 처벌만이 능사가 아니며 선거관리위원회의 조사 방향과 목적에 깨끗한 선거분위기 조성을 위한 예방에도 큰 가치를 두고 있다.

예를 들면 공직선거법 제257조(기부행위의 제한금지등 위반죄)에 보면 금지된 기부행위를 한 자는 5년 이하의 징역 또는 1천만원 이하의 벌금에 처한다고 규정되어 있다.

그러면 후보자가 기부행위제한금지를 위반하여 선거구 안에 있는 초등학생에게 1,000원을 주었다고 하면 법에는 금액에 대한 한도나 규정이 없고, 따라서 분명히 위반되니까 고발을 해야 할까? 1000원으로 고발하기에는 너무 가혹하지 않을까?

이렇게 법에는 저촉 되지만 위반행위가 가벼운 경우 선거관리위원회는 행정처분을 내린다. 위반행위의 경중을 살펴 중한 경우 고발 등 조치를 하고 경한 경우 행정처분인 '주의' 또는 '경고'를 주는 것이다.

어쨌든 이 공무원은 단순히 명함을 올리기만 했지 지지해 달라거나 하는 등의 글을 올리지 않아 행정처분인 '주의'와 '경고' 사이에서 고민하다 예방 차원에서 경각심을 주기 위해 '경고' 처리하기로 하였다.

후보자 명함을 올리면서 지지해 달라거나 하는 말이 있었으면 고발 등 그 이상의 조치도 생각해 볼 수 있었으나 단순히 아무 말 없이 명함만 올린 사례였는데 얼마 후 검찰에 고발되어 기소가 되었다는 이야기를 직원들로부터 듣게 되었다.

아! 지지글 없이 10명 정도 모인 단체 대화방에 후보자 명함만 올려도 기소가 되는 구나 하는 생각에 좀 의아스러웠고, 선거가 종료되고 후에 어떻게 고발되었는지 이야기를 듣고 의아해 했던 생각의 의문이 풀렸다.

선거관리위원회로부터 경고를 받고 위반자가 "아 이런 행위를 하면 안 되겠구나"하고 이후 하지 않았으면 아무 일 없었을 텐데 선거관리위원회의 경고를 무시하고 선거일 당일에 그 후보자 명함을 다시 단체 대화방에 올린 것이었다.

처음 선거관리위원회에 신고했던 누군가가 선거일에 명함이 다시 올려진 것을 보고 검찰에 직접 신고를 한 것이었다. 위반자가 검찰에 기소되었다는 이야기를 들은 후 결과가 어떻게 되었는지 잘 모른다.

하지만 공직선거법 제266조 제1항의 규정에 보면 선거법을 위반하여 벌금 100만 원 이상을 선고받으면 그 직에서 퇴직하여야 함은 물론이고 향후 5년간 공무원을 다시 할 수도 없는 상황이 될 수도 있는 어렵고 힘든 상황이 된 것이었다.

본인이야 본인이 선거관리위원회의 경고를 무시하고 다시 단톡방에 올리는 철없는 행위를 했으니 당연히 고생해야 하지만, 그 가족들은 남편 또는 아빠가 조사받고 결과가 나오기까지 얼마나 힘들고 힘든 마음 고생을 할까 하는 생각이 들었다.

이 사례를 보면서 두 가지 조심해야 한다는 생각이 들었으니 첫째, 선거관리위원회의 경고를 가벼이 여기지 말아야 한다는 것이다.

위탁선거법 또는 공직선거법의 규정에 관할 수사기관에 고발 또는 수사 의뢰할 수 있는 조건이, 선거의 공정을 현저하게 해치는 것으로 인정될 때와 중지, 경고, 시정명령을 이행하지 않을 때이다.

즉 현저하게 선거의 공정을 해칠 때와, '경고' 두 번은 같은 조건을 갖는다.

선거 종료 후 기소를 한 해당 검사와 차를 한잔 할 기회가 있어 대화를 하던 중 기소된 단톡방 관련 공무원 이야기가 나왔다.

단톡방에 명함을 올려 추후 이런 행위를 하지 말라는 선거관리위원회의 경고에도 불구하고 또 단톡방에 재차 올린 것이 참고가 되었다고 했다.

둘째, 이러한 신고가 이루어진 장소가 초등학교 친구들의 단체대화방이었다.

인원도 많지 않은 열 명 남짓한 단체 대화방이었으니 이정도면 얼마나 친한 친구들일지 예상이 되지만 아니러니하게도 두 번이나 신고를 했다.

처음은 선거관리위원회에 두 번째는 검찰에… 선거관리위원회에 근무하면 선거법 위반행위에 대한 신고가 들어온다.

어떤 사람들이, 후보자와 어떤 관계에 있는 사람들이 신고를 많이 할까? 상상에 맡기겠다.

3. 이의제기

위탁선거법 제25조 제6항은 후보자 및 선거공보와 선거벽보의 내용 중 경력·학력·학위·상벌·범죄경력에 관하여 거짓으로 게재되어 있음을 이유로 이의제기를 하는 때에는 관할위원회에 서면으로 하여야 한다고 규정되어 있으며 이의제기를 받은 관할위원회는 후보자와 이의제기자에게 그 증명서류의 제출을 요구할 수 있고, 그 증명서류의 제출이 없거나 거짓 사실임이 판명된 때에는 그 사실을 공고하여야 한다.

또한 위탁선거법 제25조 제7항은 같은 법 제6항에 따라 허위게재사실을 공고한 때에는 그 공고문 사본 1매를 선거일에 투표소의 입구에 첨부하여야 한다.

이의제기를 할 수 있는 사람에는 제한이 없으며, 누구든지 이 절차에 따라 이의제기를 할 수 있으며 이의제기자는 상대 후보자는 물론 선거권이 없는 자도 가능하다.

이의제기자, 또는 후보자가 관련 증명서류를 제출하면 선거관리위원회는 관련 사항을 조사·확인한 후 그것이 거짓이 아닌 것으로 밝혀진 경우 이의제기자에게 그 사실을 통지하여야 하는 반면 후보자 또는 이의제기자가 증명서류를 제출하지 않거나, 조사·확인결과 거짓사실로 밝혀지는 경우 해당선거관리위원회는 그 사실을 공고하여야 한다.

우리나라 헌법 제27조 제4항에는 「형사 피고인은 유죄의 판결이 확정될 때까지는 무죄로 추정된다」로 규정되어 있으며, 또한 형사소송법 제275조의2 「피고인은 유죄판결이 확정될 때까지는 무죄로 추정된다」로 되어 있어, 피의자나 피고인이 법적으로 유죄가 되기 전까지는 무죄로 간주되는 "무죄 추정의 원칙"을 따르고 있다.

또한 국가공무원법 제60조의 규정에는 「공무원은 재직 중은 물론 퇴직 후에도 직무상 알게 된 비밀을 엄수하여야 한다」라고 규정되어 있다.

따라서 선거관리위원회에서 후보자가 금품제공 또는 허위사실 공표등 해당선거와 관련하여 명백한 선거법 위반행위로 고발하는 경우에도 위 '무죄 추정의 원칙'에 따라 절대 그 사실을 알릴 수가 없다.

언론에 보도자료를 제공할 때에도 신분, 성명, 장소 등을 모두 ○○으로 기재하여 때로는 기자들로부터 항의를 받기도 하는데 이는 위반행위가 명백하다고 판단되고 광범위하게 조직적으로 발생했어도 마찬가지이며, 만약 이러한 사실을 유권자가 알게 되면 선거 판세에 커다란 영향을 끼칠 만한 행위 또한 마찬가지로 절대 비밀을 엄수하여야 한다.

또한 선거관리위원회는 후보자가 선거법을 위반한 경우 위반행위의 경중을 판단하여 전체적으로 위반행위가 가벼울 경우 '주의', '경고'등 행정조치를 내리게 되며 위반행위가 무거운 경우 고발등의 조치를 취하게 된다.

이의제기의 경우 위반행위의 가볍고 무거운 것과는 상관없이 선거공보등의 내용에 경미하더라도 거짓이 있으면 이를 공고하고 선거일 모든 투표소의 입구에 그러한 사실을 첨부하도록 되어 있다.

유권자의 경우 선거법 위반행위에 대해 '공명선거협조요청', '주의' 또

는 '경고' 등 비교적 중대하지 않은 행정처분 수준인지 사직당국에 '고발'
하는 수준인지 잘 알지 못한다.

통상적으로 선거관리위원회에서 '주의'는 선거법을 위반했지만 경미한
위반행위일 때 주는 행정조치이며 '주의' 정도로 끝날 정도의 경미한 거
짓이라도 이의제기를 통해 공고되고 투표소에 첩부되면 후보자는 생각보
다 큰 처분을 받게 된다.

필자의 개인적인 생각으로 이의제기 제도는 자칫하면 후보자가 행한 위
반행위보다 훨씬 더 많은 불이익을 보게 될 수도 있는 것이다.

따라서 후보자는 이 점을 각별히 유념하고 선거공보 등 제작시 근거와
자료가 확실한 사항만을 기재하여야 할 것이며, 이 정도면 괜찮겠지 하
는 생각은 버리고 신중에 신중을 기하여야 하며 상대 후보자로부터 이의
제기가 들어올 경우를 대비하여 근거자료 등을 잘 구비해 놓아야 할 것이다.

제3장

당선을 위한 한걸음II:
유권자와의 신뢰구축

제3장

당선을 위한 한걸음 Ⅱ: 유권자와의 신뢰구축

제 1 절 민심은 천심

1. 지방자치단체장의 착각

꽤 오래전에 ○○군 선거관리위원회에서 사무과장으로 근무할 때의 일이다.

그 당시 선거관리위원회에서는 정치자금의 투명성을 위해 노력하고 있었고 이를 위한 방안으로 기탁금제도에 대한 홍보 및 모금에 진심을 다할 때였다.

기탁금제도란 국가기관인 선거관리위원회가 일정한 자격을 갖춘 각 개인으로부터 정치자금을 받아 일정한 요건을 갖춘 정당에 배분하여 지급하는 제도이다.

이는 정치자금 기부자와 기부받는 자 간에 발생할 수 있는 청탁 등의 폐해를 예방함으로써 건전한 민주정치의 발전을 도모하기 위한 것이며 기탁금을 기부할 수 있는 대상은 당원이 될 수 없는 공무원, 사립학교 교원도 기탁금을 기탁할 수 있다.

당시 나는 인근 타 시·군 선거관리위원회와 기탁금 모금액을 비교해 보았는데 우리 ○○군이 인구수가 가장 적은 이유도 있었겠지만 어쨌든 압도적으로 최하위였다.

대부분의 기탁금 기탁자는 일반인이 아닌 공무원이 대부분이었고 그 이유는 기탁자가 10만원 범위 내에서 기탁금을 내면 연말정산 때 10만원이 세액공제되므로 기탁자 입장에서는 손해 보는 일은 아니지만 신청하고 돌려받고 하는 절차 등이 번거롭고 쉬운 일은 아니었다.

어쨌든 젊은 과장이었던 나는 다른 시·군보다 뒤지는 것을 받아들이기 어려워 학교 등 발로 뛰며 우리나라 정치발전을 위해 도와달라고 호소 했고 대부분의 기관에서 긍정적으로 받아들여져 기탁하고자 하는 공무원의 수가 점증하고 있었다.

그리고 공무원 수가 가장 많은 기관인 ○○군청의 군수를 찾아가서 우리 ○○군 선거관리위원회가 현재 어려운 상황에 있으니 ○○군 공무원이 많이 참여해서 우리나라 정치 발전을 도와주셨으면 좋겠다 하는 그간의 사정을 어렵게 이야기하고 도움을 요청하였다.

그러나 돌아온 대답은 싸늘했다. 군수의 대답은 "그게 나하고 무슨 상관이냐?" 하는 차디찬 말뿐이었고 5분도 안 된 면담은 창피함과 무안함을 뒤로한 채 군수실을 나와야 했다.

보통은 그런 부탁이 왔을 때 본인이 아무리 하기 싫어도 "아 그러십니까? 한번 고려해 보겠습니다" 하는 정도가 아닐까? 후에 알았지만 ○○군수는 내게만 그런 것이 아니고 다른 사람들에게도 그렇게 한다는 이야기를 들었다.

그분의 그런 모습은 어디에서 나왔을까? 당시 그 군수는 첫 번째 당선을 한 상태였고 임기가 한창 진행 중이었을 때 언론기관의 여론조사는 압도적으로 현 군수의 우세였다. 거의 매 여론조사마다 80퍼센트 이상의 지지를 얻고 있었고 차기 군수후보로 나올 것을 거론되는 사람들의 지지도는 10퍼센트를 넘지 못할 정도로 워낙 강력한 지지를 받고 있었고 이를 알고 있는 주변사람들도 인정하는 분위기였다.

그러니 다음 선거에 당선은 말 그대로 따놓은 당상이라는 분위기였고, 이에 해당 군수의 생각은 어차피 다음 선거에도 당선될 텐데 하는 생각으로 이로 인해 주변 사람들이나 군민에게 잘할 필요가 없다는 생각이 들었는지 모르겠다.

어쨌든 같은 기관에서 온 내게도 저렇게 불친절하니 다른 사람들에겐 어떨까 하는 생각을 해서 사무실에 복귀해 직원들에게 이런저런 이야기를 했더니 직원들도 그런 이야기를 알고 있다고 했다.

그 후에 인사발령으로 그 위원회를 떠나 △△위원회에서 근무를 하게 되었고 몇 년 뒤 △△위원회에서 전국동시지방선거를 잘 치른 후 어느날 문득 ○○위원회의 해당 군수가 생각났다.

80퍼센트 이상의 지지를 받았고 감히 다른 후보도 나설 생각을 못했으니 당선은 물론이고 과연 몇 표나 차이가 날까 해서 검색을 해 본 그 순간 내 눈을 의심했다.

잘못 본 것이 아닐까 하고 눈을 씻고 다시 봤지만 다른 후보자가 당선이 되어 있었고 믿어지지 않는 나는 선거를 치른 해당위원회 사무과장에게 전화를 걸어 다시 한번 확인을 하였으나 역시 다른 제3의 후보자가 당선이 되어 있었다.

멀리 떨어져 있으니 그 과정을 알 수도 없었고 알 필요도 없었지만 그때 그런 생각이 들었다. "민심은 천심이구나, 유권자들은 정말 무섭구나, 세상에 공짜는 없구나" 하는 생각이 들었었다.

2. 공감과 경청

선거에서 공감과 경청은 후보자의 성공에 필수적인 요소이며 이 두 가지는 유권자와의 신뢰를 쌓고 효과적인 선거운동을 전개하는 데 중요한 역할을 한다.

유권자들은 자신이 처한 상황과 문제를 이해해 주는 후보자를 선호하며 이는 선거에서뿐만 아니라 일상생활에서 가족은 물론 친구 동료들과의 관계에서도 마찬가지이다.

후보자가 자신의 공약과 정책을 통해 유권자들의 걱정과 필요를 이해하고 공감할 때, 유권자는 그 후보자와 감정적으로 연결된다고 느끼며 이때 유권자가 하는 이야기가 본인의 생각과 달라도 우선은 고개를 끄떡여 주고 공감하는 것이 중요하다.

모든 사람은 전부 자기만의 고유한 안경을 쓰고 세상을 보고 있으니 그 이유는 타고난 유전자와 커가면서 주변의 환경에 변화하고 자기만의 색깔로 세상을 보고 판단한다.

옳고 그름의 문제가 아니라 일단은 그 사람의 생각을 이해해 줄 필요가 있으니 이를 두고 면전에서 옳고 그름을 따진다면 본인에게 결코 이로운 결과를 바랄 수 없다.

공감(Empathy)은 다른 사람의 감정을 이해하고 그 감정을 함께 느끼는 능력을 말하며 인지적 공감과 정서적 공감의 두 가지 형태가 있다.

인지적 공감이란 다른 사람의 감정이나 관점을 이해하는 것이며 그 사람이 어떤 상황에서 어떻게 느끼는지 지적으로 이해하는 것을 의미하고 정서적 공감이란 다른 사람의 감정을 실제로 느끼는 것이며 그 사람의 감정을 자기 감정처럼 느끼는 것이다.

공감은 사람들 간의 관계를 깊게 하고, 서로의 경험을 더 잘 이해할 수 있게 해 주며 신뢰를 구축하고 갈등을 해결하는 데 도움을 줄 수 있으며 경청(Active listening)은 단순히 소리를 듣는 것을 넘어, 상대방의 말을 주의 깊게 듣고 이해하며 반응하는 것이다.

상대방의 말을 집중해서 듣는 것은 물론이고 상대방의 말을 요약하거나 반복하여 이해도를 확인하고, 더 깊은 이해를 위해 열린 질문을 던지며 상대방의 감정을 이해하고 있다는 것을 표현하는 것 등은 중요한 경청의 자세이다.

유권자들은 감정적으로 자신과 연결된 후보자에게 더 끌리며, 후보자가 유권자들의 감정을 이해하고, 이를 바탕으로 감성적인 메시지를 전달하면, 더 강력한 지지를 받을 수 있다.

경청은 대화 상대방에게 존중을 표현하고, 그들의 의견을 진지하게 받아들이는 태도를 보여주며 효과적인 경청은 갈등을 예방하고 문제를 해결하는 데 매우 중요할 뿐만 아니라 사람의 마음을 얻는 데 무엇보다도 가장 중요하다.

경청을 통해 후보자는 유권자들이 주는 피드백을 받고, 그에 따라 정책이나 공약, 선거운동방법 등 전략을 수정하거나 개선할 수 있고 이를 통해 더 많은 유권자들의 요구를 반영한 효율적인 선거운동을 펼칠 수 있다.

선거에서 공감과 경청은 후보자가 유권자들과의 관계를 강화하고, 효과적인 정책을 제시하며, 후보자에 대한 지지를 성공적으로 이끌기 위한 핵심 요소이다.

공감은 유권자들의 감정과 상황을 이해하는 데 도움을 주고, 경청은 그들의 의견과 요구를 반영하여 정책의 실효성을 높이는 데 기여하며 이 두 가지를 잘 활용하는 후보자는 유권자들로부터 더 큰 신뢰와 지지를 받을 수 있으며, 이 모든 것의 출발점은 후보자의 '진심'이라는 것을 한시도 잊어서는 안될 것이다.

또한 역지사지(易地思之)란 '처지를 서로 바꾸어 생각한다'는 뜻으로, '진심'으로 가는 출발점이라 필자는 생각한다.

3. 한걸음 또 한걸음

필자는 술도 못마시고 담배도 피우지 못하며 소주 2잔 이상 마시면 머리도 아프고 가슴이 쿵쾅쿵쾅 고동치듯이 뛴다.

평생을 술을 배우려고 해 보았지만 타고난 유전은 어쩔 수 없는 거 같았으니, 우리 가족 중 4형제가 충주 남한강 강가 식당에서 함께 매운탕을 먹으면서 맥주 반 병을 다 마시지 못한 것은 아직도 잊혀지지가 않는다.

남자로 태어나서 술을 못하면 담배라도 배우자 해서 25살 넘으면서부터 30년 넘게 계속 시도를 해 보았지만 아직도 배우지 못했으니 이 어찌 가슴 아프지 아니할 수 있으랴.

하지만 술과 담배를 못하는 대신 등산을 좋아하고, 달리는 마라톤을 좋아하고, 자전거 타는 것을 좋아한다.

마흔 즈음에, 내 인생에 마흔되는 것을 기념하려고 춘천 의암호에서 열리는 조선일보 마라톤에 참가해서 완주를 했고 쉰 즈음에 내 인생 내 나이에 앞 숫자가 바뀌는 것을 기념하려고 동료들과 함께 자전거를 타기 시작해서 한강, 금강, 낙동강, 영산강 등 사대강은 물론 인천 아라서해갑문부터 부산 낙동강 하구둑까지 약 633km를 종주했다.

국토종주 과정에 가장 큰 오르막으로 유명한 '이화령'은 충북 괴산군과 경북 문경시에 있는 고개로 입구에서 꼭대기 까지 거의 5km 정도 업힐이 계속되는 난코스다.

친구들과의 모임이 마침 이화령 근처에서 1박 2일로 있어 평소 이 구간이 걱정되었던 나는 자전거를 차에 실고 가서 미리 타보려고 했다. 아침 일찍 일어나서 문경쪽에서 긴장된 마음으로 업힐을 시작하였고 '오르다가 힘들어서 못오르면 그냥 돌아오자' 하는 생각이었다.

1단 기어로 땀을 흘리면서 조금씩 오르기 시작했지만 역시 쉽지 않았으니 땀을 뻘뻘 흘리면서 겨우겨우 1시간쯤 올라갔을까? 갑자기 내 시야에 들어온 앞서가는 자전거 1대는 순간적으로 내 눈을 의심하게 했다.

그렇게 심한 오르막을 연세가 지긋하신 한 분이, 논에 물대러 가는 옷차림으로, 어렸을 때 보았던 소위 '짐발이 자전거'로 유유자적하며 아주 편안하게 평지처럼 편하게 오르고 계셨다. 수백만 원 주고 산 자전거로, 1단기어를 넣고, 땀을 뻘뻘 흘리면서 올라갈까 아니면 포기하고 돌아갈까를 고민하면서 가는 나의 모습과 너무 대조적이었다.

'힘들지 않나요?', '어떻게 그렇게 편하게 가시나요?'라는 질문에 '근처에 조그마한 밭이 있어서 자주 올라온다'고 하셨다.

'자출사'라는 말이 있다. 사무실을 자전거로 출퇴근하는 사람들을 지칭하는데 여기에 빠진 사람들은 눈이 오나 비가 오나 바람이 불어도 늘 자전거로 출퇴근을 한다. 이러한 '자출사'가 가끔 한강을 종주하거나 한달에 한두 번씩 장거리를 타는 사람들보다 훨씬 더 다리도 튼튼하고 오르막길도 잘 오른다. 마치 이화령 오르는 길에 만났던 사람처럼 말이다.

선거도 이와 마찬가지인 것 같다.

선거 때가 되어서야 부랴부랴 준비하는 사람보다 평소에 하루하루 그리고 한걸음 한걸음 준비하는 사람이 훨씬 더 당선 가능성이 높은 것이다.

몇 년 전에 직접 겪은 사례로, 재·보궐선거에 있어 A, B, C후보자가 있었는데 그 지역의 과거 선거결과와 분위기로 보았을 때 A가 유리한 가운데 B가 경합을 벌이고 나머지 C후보자는 당선권 밖이었다.

선거가 한 달 반 정도 남은 상태에서의 여론조사도 이를 뒷받침했다.

하지만 선거를 보름정도 남기고 C후보자의 지지율이 두 배로 뛰어 올라 세 후보자 모두 박빙을 이루었고 많은 사람들이 혹시 설문조사에 문제가 있는 것이 아닐까 하는 생각을 했지만 며칠 뒤 여론조사에서는 C후보자가 단독 선두에 올라섰다.

지역 주민들의 이야기를 들어 보니 선거 시작 아주 오래전부터 한 사람 그리고 또 한 사람을 만나 인사하고 선거법에 위반되지 않는 범위에서 바닥 민심을 다지고 진심을 전달했던 것이었다. 결국 선거는 C후보자의 당선으로 끝이 났다.

아무리 좋은 자전거에 좋은 옷을 입고 전국을 화려하게 다녀도, 하루하루 그리고 한걸음씩 실력을 쌓는 '자출사' 그리고 그 높은 고개인 '이화령' 동네 마실 가듯이 가는 그분을 못 이기는 것과 같은 이치다.

어릴 때부터 산을 좋아했던 필자는 히말라야 안나푸르나와 랑탕을 홀로 배낭하나 메고 자유여행으로 두 번 다녀왔다.

처음 안나푸르나 베이스 캠프(ABC)를 갔을 때 푼힐 전망대로 해서 능선을 따라 6일 동안 올라야 목적지까지 갈 수 있었는데 첫날 하루종일 걷고 힘들어서 앞으로 5일 동안 더 올라갈 수 있을까 하는 생각에 갈 길을 지도로 보면 정말 엄두가 나지 않았다.

하지만 아침 7시 정도부터 저녁 5시 정도까지 매일 걸어서 결국은 꿈에 그리던 해발 4,130미터의 안나푸르나 베이스캠프(ABC)에 도착을 했으니 그 멀고 높은 곳도 결국은 한걸음, 한걸음이 모여서 이룬 목표였다.

선거도 마찬가지로 요행이나 대박을 바라지 않고 한걸음, 한걸음 진심으로 유권자를 대할 때 반드시 좋은 결과를 얻으리라 생각된다.

제 2 절 소중한 한 표

1. 한 표의 가치

한 표의 가치는 어느 정도일까?

2002년 실시된 제 3회전국동시지방선거에서 실제로 있었던 이야기이다.

△△시의원선거에서 ◇◇당 ○○후보는 ◆◆당 ●●후보에게 한 표 차이로 낙선했으며 낙선 뒤 들렸던 이야기는 당시 낙선한 후보자의 가족 중 한 사람이 투표소에 간발의 차이로 늦어 투표를 못했고 그 결과 한 표 차이로 아쉽게 패배의 쓴 잔을 마셨다는 소문도 돌았다.

낙선한 후보자는 추측컨대 몇 날 며칠을 잠을 못 이루었으리라는 생각이 든다.

절치부심, 절차탁마로 4년 동안 다음 선거를 준비했으리라. 4년 후 다시 맞붙은 두 후보자의 투표결과는 과연 어떻게 되었을까? 결과는 지난번 선거에서 한 표 차이로 아쉽게 낙선한 ◇◇당 ○○후보의 승리였다.

얼마나 그날을 위해서 준비하고 또 준비했을까? 그러면 지난번 한 표 차이로 아쉽게 졌었는데 이번에는 몇 표 차이로 이겼을까? 결과는 한 표 차이로 이겼다.

지난번에는 한 표 차이로 낙선하고 두 번째 선거에서는 한 표 차이로 당선되었으니 실제로 영화나 드라마 같은 일이 우리 주변에서도 일어난다.

한 표의 가치는 우리가 평소 생각하는 것보다 훨씬 더 소중하고 중요하다.

1776년 미국에서는 영어 외에 독일어를 공용어로 사용하자고 투표를 했는데 하원의원 투표결과 찬성 41 반대 42로 독일어 공용이 무산되었다.

1867년 미국에서는 러시아로부터 알래스카 땅을 720만 달러에 사들이려 하였는데 이때 이를 반대하는 정치인들도 많아 상원의원에서 투표를 하게 되었고 결과는 한 표 차이로 매입을 결정하게 되었다.

후에 금광과 유전이 발견된 알래스카는 6천억 달러의 가치를 지닌 것으로 확인되었다.

대한민국 공직선거에서 동표(同票)나 한 표 차이로 당락이 결정된 사례는 여러 차례 있었으며 특히 지방선거에서 이러한 사례가 자주 발생하였다.

공직선거법 제190조에 따르면, 지방선거에서 최다 득표자가 2인 이상일 경우 연장자 순으로 당선인을 결정하며 과거 6차례의 지방선거에서 이러한 사례는 총 7번 있었다.

예를 들면 제1회 전국동시지방선거에서 전남 신안군의 고서임·윤상옥 후보는 모두 379표를 얻었으나, 나이가 1살 더 많은 윤 후보가 당선되었으며 한 표 차이로 차이로 당락이 결정된 경우도 모두 13번 있었다.

이러한 사례들은 한 표의 중요성을 보여주며, 유권자의 한 사람의 참여가 선거 결과에 큰 영향을 미칠 수 있음을 시사한다.

한 표가 모여 열 표, 백 표가 되고 그 표들이 모여 당선이 되는 것임을 잊지 말고 후보자는 유권자 한사람 한사람에게 진심을 다 해야 할 것이다.

2. 한 사람의 힘

2000년 미국 대선은 제43대 대통령을 선출하기 위해 11월 7일 실시되었다.

공화당의 후보인 조지 부시 주니어는 제41대 대통령인 조지 부시의 아들이자 당시 텍사스주 주지사였고, 민주당 후보인 엘 고어는 빌 클린턴 행정부의 부통령이었다.

한치의 양보 없는 치열한 경쟁 끝에 결국 플로리다주의 투표 결과에 따라 대통령이 결정되는 순간이었다.

선거결과는 플로리다주의 몇 백표 차이로 결정되었는데 부시 후보가 플로리다주에서 겨우 537표 차이로 승리하며 플로리다주의 선거인단을 가져 갔고 결국 미국 전체 대선에서 승리하였다.

결국 인구수가 3억 5천명에 달하는 미국이라는 큰 나라를 움직이는 대통령이 겨우 수백명의 유권자에 의해 결정된 셈이었다.

당시 미국 대선의 유권자 수는 2억 3천만 명이었으며 투표한 유권자 수는 66.8%로 1억 6천 8백만 명 정도였는데 결국은 500여 명에 의해 결정되었다.

한 표, 한 사람의 선택이 얼마나 중요한지 극명하게 보여주는 사례라할 수 있으며 개개인의 선택이 모여 국가의 미래를 결정하는 큰 힘을 가진다는 것을 증명한 선거였다.

1649년, 영국 의회는 찰스 1세를 '영국의 전통적인 법과 의회의 권리를 무시하며 전제적이고 독단적으로 통치하였다'는 이유로 반역죄로 기소하고 처형 여부를 표결에 부쳤다.

그 결과 단 1표 차이로 처형이 결정되었고, 이는 유럽 역사에서 군주가 법적 재판을 받고 처형된 첫 사례였다.

1월 30일 런던 화이트홀에서 찰스 1세가 참수되었고, 이는 왕권 신수설의 몰락과 의회 권력의 강화로 이어졌으며 찰스 1세의 처형 결과로 영국은 왕정을 폐지하고 잉글랜드 연방(Commonwealth)이라는 공화정을 수립했다.

이 역사적 결과로 군주의 권위가 신성불가침하지 않으며 법과 국민의 뜻에 종속될 수 있음을 보여주었을 뿐만 아니라 의회가 군주에 대한 우위를 확보하여 입헌주의와 민주주의로 나아가는 기초를 마련하였고 이후 유럽에서 군주의 절대 권력을 제한하려는 움직임에 영향을 미쳤다.

찰스 1세의 처형은 단 1표 차이로 결정되었지만, 영국과 유럽 정치에 큰 변화를 가져온 상징적 사건으로, 현대 민주주의의 발전에 중요한 영향을 미쳤다.

3. 유권자의 마음

　지방 선거때 일이다. 지도계장을 하면서 현장에서 단속활동을 하다 보면 자연스레 후보자들과 안면이 있게 되며 그 이유는 단속도 중요하지만 적극적인 안내를 통해 법을 위반하는 사례를 없애는 것도 우리 선거관리위원회가 해야 할 일이기 때문이다.

　선거가 끝나고 개표를 했는데 선거운동 현장에서 자주 만났었던 후보자가 단 2표 차이로 패배했고 그 후보자는 안타까운 마음에 개표소에서 재검표(개표계수를 다시 하는 것)를 요구하여 재검표를 해 봤지만 결과는 마찬가지였다.

　평소 지역에서 인품도 좋고 친절하며 사람들과의 관계도 좋다는 평이 많았고 어느 정도 당선가능성도 충분한 사람이었다.

　선거가 끝나고 얼마 후 그 후보자가 근처를 지나다 위원회 사무실을 들르게 되어 함께 차를 마시며 이야기를 나누게 되었고 패배의 아픔을 듣다가 새삼 놀랐다.

　2표 차이의 낙선! 그 이유는 모두 본인의 생각이 너무 짧아서 였다고 하면서 선거운동기간에 있었던 일을 얘기하는 것이다.

　시장통에서 거리연설을 하고 난 후 다른 장소로 이동하려는데 맞은 편 과일가게 사장의 부인이 응원한다고 하면서 사과를 하나 깎아 주셨다고 한다. 감사하다고 인사를 드린 후 가려는데 사장이 나와서 가게 앞에 연설차를 계속 대놓아서 가게 간판이 안 보여서 손님이 줄어드니 차를 옮겨달라고 했다한다.

　결론적으로 그때 그 가게 주인분들께 죄송하다면서 차를 옮겼으면 당선이 됐을 거라는 얘기였다.

　그러나 당시 매일매일 선거운동 하느라 지쳐 있던 후보자는 다소 짜증 섞인 말투로 "낼부터는 안 댈 테니 오늘은 그냥 둬 달라"고 말을 하게 되었고 주인분들은 "선거도 좋지만 주민들 생계도 중요하지 않냐"라면서 작은 실랑이가 있었다고 한다.

그래서 후보자는 다음 선거유세 일정이 있기에 사무원에게 마무리짓도록 한 후 다른 말 없이 그 자리를 떠났다고 한다.

또한 나중에 들어 보니 현장에 연설차 기사가 없어서 차는 부득이 다음 날 점심 때가 되어서야 옮겼고 아침에는 후보자의 선거사무실로 항의 전화까지 하였다고 한다.

그러면서 그때 후보자 본인의 선거운동만 생각하지 않고 가게 주인분들의 입장을 한 번 더 생각해서 정중히 사과드리고 연설차를 빼든지, 아니면 정중히 양해를 구하든지 했다면 응원한다고 사과를 깎아 준 사장의 부인도 그리고 차를 옮겨 달라던 남편과 그 과일가게에 앉아 대화를 나누던 서너 명의 아주머니들까지, 그들의 표가 자신의 표가 아니었을까 하는 깊은 후회를 하는 것이었다.

'더군다나 사과를 깎아 주실 정도로 지지하셨던 분들인데..', '조금만 더 신경썼다면 당선이 되었을 텐데'라는 생각과 뒤늦은 자책을 하는 것이었다.

물론 그분들의 표가 낙선한 후보자의 표가 아니었을 수도 있다.

그러나 사소하게 생각하고 처리한 순간이 평생 후회로 남게 되는 모습이 아닐 수 없다.

후보자는 표 차이가 많이 나든 적게 나든 한 표 한 표는 모두 소중하다는 생각으로 선거에 임해야 할 것이며 선거를 시작함에 앞서 유권자를 대하는 마음가짐과 태도를 어떻게 할 것인지 고민해 보아야 할 것이다.

선거에서 한 표는 유권자의 마음의 표현이기 때문이다.

제 3 절 유권자의 의식에 대한 이해

1. 위탁선거 유권자

중앙선거관리위원회는 임기만료 공직선거 또는 위탁선거와 관련하여 유권자 의식조사를 실시한다.

이를 살펴보면 선거와 관련한 유권자의 후보자 선택기준이라든지, 당선인에게 무엇을 바라는지 등을 살펴볼 수 있어 후보자가 선거에 출마할 때 참고가 될 사항이 많이 있다. 그래서 제1회 전국동시조합장선거와 관련하여 중앙선거관리위원회가 조사하여 발간한 유권자 의식조사를 정리하여 살펴보겠다.

조사대상은 전국동시조합장선거 조합원이고 조사방법은 구조화된 설문지를 활용한 전화면접조사를 하였다. 유효 표본은 1,000명이고 조합원리스트를 활용하여 표본을 선정하였고 조사기관은 (주)월드리서치이다.

먼저 조합장 당선인에게 바라는 점은 조합의 미래 청사진 마련 – 조합원 직원 복지향상 – 정책·공약 준수 – 조합원들의 화합 순이었다.

대체로 유권자들은 조합과 관련한 미래의 청사진에 높은 관심을 보였다.

후보자들의 선거법 준수정도를 과거와 비교하면 매우 잘 지켰다(28.7%), 대체로 잘 지켰다(56.0%). 대체로 안 지켰다(7.0%), 전혀 안지켰다(2.0%) 순이었다.

선거관리위원회에 위탁 전과 후를 비교하면 85% 정도가 위탁 전에 비해 선거법을 잘 지킨다는 의식을 갖고 있는 것을 알 수 있다.

포상금 또는 과태료 제도의 효과성에 대해서는 매우 효과가 있었다(42.2%), 다소 효과가 있었다(33.9%)로 매우 과태료 제도에 대해 긍정적인 효과가 있다고 생각하고 있으며 효과가 없었다고 대답한 유권자는 20%정도였다.

투표시 후보자의 선거법 준수 여부를 반영한다는 응답은 94.4%로 압도적인 높은 비율을 나타내고 있으며 반영하지 않겠다는 응답은 5.6%에 그쳤다.

유권자들은 위탁선거가 공정하게 선거법이 지켜지는 가운데 치루어지는 것을 원하고 있으며 선거법을 준수하는 후보자에 대한 적극적인 지지를 보내고 있다.

선거관리위원회의 역점활동에 대해서는 선거법 위반행위에 대한 예방·단속(47.1%), 투·개표 등 선거사무의 공정한 관리(23.4%), 조합원의 투표 참여 독려(18.0%) 순이었다.

후보자의 선거법위반행위를 알게 되었을 때 신고할 생각이 있느냐는 물음에 75.2%가 신고할 의향이 있다고 대답했으며 신고의향이 없는 24.8%의 응답자 중 그 이유에 대해 지역연고 때문이 44.8%, 신분노출우려가 16.9%였다.

따라서 이번 제1회 전국동시새마을금고 이사장선거에서도 이러한 신고 의향은 계속 되리라고 생각된다.

후보자 선택 시 고려사항은 인물·능력이 40.9%로 가장 높은 응답률을 보였고 조합에 대한 전·현직 활동경력이 26.9%, 정책 및 선거공약이 18.4%, 주위 평가가 8.1% 순이었다.

후보자 선택 시 도움이 된 사항에 대한 질문에는 주변의 평판이 39.4%로 가장 높았고 후보자의 홍보물(선거벽보·선거공보)이 32.4%로 그 뒤를 이었으며 후보자의 문자메시지가 14.9%, 후보자의 전화 선거운동이 3.0%로 가장 낮았다.

따라서 평소 후보자에 대한 평판은 물론 중요하고 또한 홍보물에 대한 중요도가 상당히 높아 홍보물 작성 시 관심과 주의를 기울여야 할 것이다.

물론 제1회 전국동시새마을금고 이사장선거에서는 예비후보자 제도가 신설되고 또 선거운동을 할 수 있는 사람이 후보자 외에 1명이 추가되어 이를 고려한 선거운동 전략을 수립해야 할 것이다.

당선인에게 바라는 점을 물었을 때 조합의 미래·청사진 마련이 27.9%로 가장 높은 응답률을 보였고 조합원 복지향상이 26.2%, 정책·공약 준수가 23.6%, 조합원들의 화합이 20.1%응답률을 보였다.

조합장선거에 있어 개선되어야 할 사항으로 선거운동 방법 확대가 37.2%로 가장 필요하다고 생각하고 있으며 돈 선거 근절방안 마련도 22.4%로 응답하였다.

위에서도 설명했지만 2025년 실시되는 선거에 있어 선거운동방법에 대한 확대의 일환으로 예비후보자 제도가 도입되고 선거운동을 할 수 있는 사람이 1명 더 확대된 것은 바람직한 제도 개선이라고 생각할 수 있겠다.

2. 공직선거 유권자

공직선거는 대통령, 국회의원, 지방자치단체장 등 공공기관의 대표자를 선출하는 선거로, 국가 또는 지방정부의 공직을 맡을 사람을 선출하고, 위탁선거는 공공기관이 아닌 기관이나 단체의 대표자나 임원을 선출하는 차이점이 있다.

그러나 선거의 기본 원칙인 보통, 평등, 직접, 비밀 투표 원칙을 따르고 위탁선거의 경우에도 공직선거와 마찬가지로 중앙선거관리위원회에 의해 관리되는 점, 후보자 등록, 선거 운동, 투표 및 개표 등의 과정 등 공직선거와 위탁선거는 그 대상과 법적 근거에서 차이가 나지만, 선거의 기본 원칙과 절차적 측면에서는 유사한 부분이 많다.

또한 가장 중요한 점은 공직선거와 위탁선거의 유권자가 대부분 겹친다는 부분일 것이다.

따라서 공직선거에 있어 유권자의 의식을 살펴보는 것도 중요한 일이라 하겠다.

2024년 4월 10일에는 제22대 국회의원선거가 치루어졌다. 중앙선거관리위원회에서 이 선거에 대한 유권자의 의식을 조사하여 발표하였다.[4]

그 내용을 살펴보면 다음과 같다.

조사대상은 전국 17개 시·도 거주 만 18세 이상 유권자이고 조사방법은 컴퓨터를 활용한 전화면접조사 방식을 활용하였다. 유효 표본은 1,500

---

4) 제22대 국회의원선거(2024. 4. 10.)에 관한 유권자 의식조사, 중앙선거관리위원회

명이고 응답률은 16.7%로 중앙선거관리위원회에서 의뢰하여 한국갤럽조사연구소에서 실시하였다.

지역구 후보자 선택 시 고려사항을 묻는 질문에 소속정당이 28.9%로 가장 응답률이 높았고 정책/공약이 27.0%, 능력/경력이 22.4%, 도덕성이 16.5%, 주위의 평가가 2.8%, 마지막으로 학연/지연 등 개인적 연고가 0.5%로 가장 낮았다.

투표 효능감에 대한 동의 정도는 '선거에서의 내 한 표의 중요성'이 78.5%로 가장 높았고 '선거를 통한 국가전체 미래 결정'이 72.0%로 그 뒤를 이었으며 '선거를 통한 일상생활 및 삶의 질 결정'이 57.5%의 응답률을 보였다.

후보자 선택 시 정보획득 경로에 대한 물음에 TV대담 · 토론회 및 방송연설이 21.7%로 언론기사 및 보도 21.6%와 함께 제일 높은 응답률을 보였으며, 유튜브 등 동영상 플랫폼이 19.2%로 그 뒤를 이었다. 포털사이트 등 인터넷이 18.6%, 선거벽보 등이 6.5%, 가족 · 친구 등 주변 사람이 5.2%, 페이스북 등 SNS가 3.6%였다

이런 후보자 선택 시 정보획득 경로에 관한 조사는 4년 전 국회의원선거 설문조사와 상전벽해의 차이점을 보이고 있다.[5]

4년 전 21대 국회의원선거에서 후보자 선택 시 정보획득 경로에 대한 물음에 포털사이트 · 인터넷이 43.4%로 압도적으로 높았고, 그 뒤를 이어 TV가 30.9%, SNS가 9.3%, 주변 사람들이 6.5%, 신문 3.9% 순이었다.

포털사이트 · 인터넷이 21대 국선 43.4%에서 22대 국선에는 18.6%로 줄어든 반면에 유튜브 등 동영상 플랫폼이 19.2%로 중요성이 높아졌으며, SNS는 정보획득경로 비율이 9.3%에서 3.6%로 낮아졌다.

선거관련 제도를 묻는 질문과 관련 포상금/과태료제도 인지도를 묻는 질문에 82.3%가 알고 있다고 답했으며 17.6%가 모른다고 응답했다.

마지막으로 선거관리위원회의 역점과제에 대한 질문에는 '투 · 개표등

---

5) 제21대 국회의원선거(2020. 4. 15.)에 관한 유권자 의식조사, 중앙선거관리위원회

선거사무의 공정한 관리'가 40.4%로 가장 높았으며 '선거사범에 대한 철저한 조사 및 조치'가 21.1%로 그 뒤를 이었으며 '선거관련 법과 제도의 개선방안 마련'이 14.5%, '유권자의 투표참여 독려'가 10.9%의 응답률을 보였다.

제4장

당선을 위한 한걸음 III : 전략과 비전의 설계

제4장

당선을 위한 한걸음III: 전략과 비전의 설계

제 1 절 명분과 목표 그리고 비전

선거에서 명분, 목표, 그리고 비전은 후보자가 유권자들에게 자신을 효과적으로 알리고 지지를 얻기 위해 필수적인 요소이다. 각각의 개념이 선거에서 왜 중요한지 구체적인 사례를 들어 설명해 보겠다.

1. 명분 확립

명분은 후보자가 선거에 출마하는 이유와 그 출마가 정당한지를 설명하는 근거이며 이는 후보자가 어떤 가치를 추구하고, 왜 자신이 그 자리에 적합한지를 유권자에게 설득하는 핵심 요소이다.

명분이 분명할수록 유권자들은 후보자의 의도를 신뢰할 수 있고 출마의 이유가 명확하면, 유권자들은 그가 우리를 위해 일하려는 사람이라고 믿게 되는 정당성을 부여해 준다.

명분이 약하거나 혼란스럽다면 유권자들에게 확신을 주기 어려울 뿐만 아니라 단순한 공약 이상의 것으로, 후보자의 도덕적 정당성과 진정성을 나타낸다.

사례로 영국에서 명분을 앞세워 당선된 '윈스턴 처칠'의 1940년 총리 취임을 들 수 있다.

처칠은 제2차 세계대전 중, 영국이 큰 위기에 처한 상황에서 총리로 선출되었으며 당시 영국은 독일의 위협에 직면해 있었고 처칠은 "자유와 민주주의를 끝가지 지키기 위해 나치 독일에 끝가지 맞서 싸우겠다"라는 명분을 내세워 국민의 지지를 얻었다.

그는 국민들에게 현실의 어려움과 위험을 솔직하게 전달하면서도 영국의 생존과 전쟁에서의 승리를 위한 비전을 제시했으며 그의 유명한 연설 '피, 수고, 눈물, 그리고 땀'은 단순한 정치적 슬로건을 넘어 국가의 명분을 강조하여 전쟁중 지도자로서 확고한 지지를 받게 만든 요소였다.

이처럼 처칠의 승리는 국가적 위기 속에서 명분을 강조한 리더십이 국민의 마음을 움직인 사례이다.

2. 목표 설정

목표는 후보자가 명분을 바탕으로 구체적으로 이루고자 하는 그 무엇이다. 명분이 출마의 이유라면, 목표는 그 명분을 어떻게 실현할 것인지를 나타낸다. 목표는 후보자의 정책과 공약을 통해 실현될 수 있는 구체적인 방향성을 보여주며 유권자에게 "당선되면 무엇을 할 것인가?"에 대한 유권자와의 약속이다. 실현 가능한 목표는 후보자의 신뢰도를 높이고, 유권자들에게 실질적인 변화에 대한 기대감을 준다.

이와 관련한 사례로 2017년 프랑스 대선에서 에마뉘엘 마크롱은 자신을 "새로운 정치, 혁신적인 경제정책"의 주창자로 내세웠다. 그의 목표는 프랑스 경제를 글로벌 경쟁에 맞춰 개혁하겠다는 구체적인 목표를 세웠고 노동 시장을 유연하게 하고, 규제를 완화하며, 일자리를 창출 하고자 했다.

또한 그는 프랑스가 유럽연합(EU) 내에서 주도적인 역할을 하도록 하겠다는 목표를 제시했으며 이는 브렉시트 이후 불안정했던 EU 상황에서 마크롱의 목표는 명확하고 시의적절한 것이었다. 이처럼 구체적인 경제 개혁과 유럽 통합이라는 목표를 통해 마크롱은 많은 유권자들에게 실질적인 변화를 약속하며 지지를 얻었다.

3. 비전 제시

비전은 후보자가 바라보는 더 큰 그림, 장기적인 방향성이다. 비전은 후보자가 어떤 사회, 어떤 국가를 만들고자 하는지를 제시하며, 유권자들에게 영감을 주고 미래를 함께 그려 보게 하며 결국 유권자들의 마음을 움직이고 지지를 결집할 수 있다.

이와 관련한 사례로 2008년 미국 대선의 버락 오바마 후보를 들 수 있다. 버락 오바마는 2008년 대선에서 "변화와 희망(Hope and Change)"이라는 비전을 제시했다. 이 비전은 구체적인 정책을 넘어서 미국의 미래에 대한 큰 그림을 그리고 있었다. 오바마는 미국 정치의 오래된 관행을 바꾸고, 더 포용적이고 진보적인 정치를 구현하겠다는 비전을 제시했고 이는 '워싱턴의 정치 엘리트'를 극복하고, 더 많은 국민의 목소리를 반영하는 정치 구조를 만들겠다는 의미였다. 또한 오바마는 인종, 성별, 계층의 경계를 넘어 모두가 함께하는 미국을 만들겠다는 비전을 제시했다. 이는 인종차별 문제를 극복하고, 다문화 사회로 나아가겠다는 포괄적인 미래상을 담고 있었으며 이 비전은 그 자체로 유권자들에게 강력한 영감을 주었고, 많은 이들이 그와 함께 더 나은 미국을 꿈꾸게 만들었다. 오바마의 비전은 구체적인 정책 이상의 의미를 지녔고, 미국 사회 전반에 변화를 기대하게 했다.

명분은 후보가 왜 출마하는지에 대한 설득력 있는 이유를 제공하고 목표는 그 명분을 실현하기 위한 구체적인 계획과 행동 방안을 제시한다.

또한 비전은 그 이상의 미래 지향적인 계획을 통해 장기적인 변화를 제시한다.

이 세 가지가 유기적으로 결합될 때, 후보자는 유권자들에게 강력한 메시지를 전달할 수 있고, 신뢰를 얻어 선거에서 성공할 가능성이 높아진다.

이러한 명분과 목표 그리고 비전을 확고히 하면 하는 후보자가 하는 말에 힘이 실리고 이러한 힘은 유권자들에게 후보자를 신뢰하며 믿음을 주는 중요한 요소가 된다.

제 2 절 인사가 만사

1. 인사가 만사(personal management is everything)

"인사가 만사"라는 말이 있다. "사람을 어떻게 뽑고 배치하느냐가 모든 일의 성패를 좌우한다"는 뜻이다.

이는 조직이나 프로젝트에서 적절한 인재를 적재적소에 배치하는 것이 성공의 핵심이며, 사람을 잘 선택하고 관리하는 것이 모든 일의 성공 여부를 결정짓는 중요한 요소라는 뜻이다.

선거도 예외가 될 수는 없다.

벌써 15년 전의 일이다. ㅁㅁ자치단체장 재선거는 전 군수 ○○○과 지역사회단체회장인 △△△두 입후보 예정자로 압축이 되었다. 어느날 전 군수 ○○○입후보 예정자로부터, "△△△입후보 예정자가 그의 참모역할을 하고 있는 ㅁㅁㅁ에게 선거운동 대가로 수천만 원을 주었다"는 신고가 들어 왔다.

지도계장과 함께 언제 어떻게 조사할지에 대한 의논을 했지만 조사 결과에 대해 기대는 크게 하지 못하였으며 그 이유는 모든 증거는 참모역할을 하고 있는 ㅁㅁㅁ의 진술뿐이었기 때문이었다. 단 둘 이외에 아무도 없는 곳에서 일어난 일을 밝힌다는 것은 사실상 불가능하기 때문이었다.

하지만 조사가 끝나고 직원이 조사결과에 대해 이야기 하는데 깜짝 놀랄 수밖에 없었는데 그 이유는 당연히 그런 일 없었다고 진술할 줄 알았는데 그게 아니었다. 처음부터 끝까지 아주 자세하게 언제 어디에서 얼마를 어떻게 받았고 무슨 이야기를 했으며 받은 돈도 지금 집에 보관하고 있다라고 진술할 뿐만 아니라 심지어 조사 과정에서 묻지 않은 내용도 □□□가 친절하고 자세하게 설명을 하였다고 하였다. 결국 △△△입후보 예정자는 입후보를 할 수 없었고, 선거법 위반행위가 인정되어 법원으로부터 벌금을 받고 정치를 그만두게 되었다.

어떻게 △△△입후보 예정자의 참모역할을 하는 사람이 △△△입후보 예정자가 언제 어디서 얼마를 어떻게 본인에게 주었는지, 본인도 처벌받을 수 있는 상황에도 불구하고 통장 거래내역까지 보여주며 진술을 할 수 있을까? 깨끗한 선거문화 정착을 위해서 그랬을까? 독자 여러분의 상상에 맡기겠다.

오랫동안 선거관리위원회에 근무하면서 선거운동하는 사람들의 안을 들여다 보면 후보자 본인은 깨끗하게 법을 준수하면서 선거를 치루려고 하는데 주변의 사람들이 금품제공 등 불법행위를 조장하는 경우를 많이 보아 왔다.

그 사람들은 후보자를 위하는 것이 아니라 본인의 이익만을 챙기려 후보자를 이용하는 경우도 종종 보아 왔다.

또한 선거가 시작되면 선거관리위원회에 금품 수수 등 위법행위에 대한 신고를 하는 사람들이 있다. 깨끗한 선거문화를 정착하기 위해서 정말 소중한 분들이다.

신고를 하시는 분들을 보면 정말 깨끗한 선거문화 정착을 위해서 어렵게 결정을 내려 신고하시는 분이 대부분이지만 또 많은 부분이 상대편 후보보다는 같은 편에 있는 사람들인 경우도 적지 않은 것이 사실이다.

"인사가 만사"이며 선거에 뜻이 있는 입후보 예정자는 다음 사항을 주의해야 할 것이다.

첫째, 믿을 만한 사람을 신중하게 선별해야 한다. 선거 과정에서 함께 일하는 사람들은 신뢰할 수 있는 인물들로 구성되어야 하며 그들의 성향, 과거 경력, 윤리적 판단 등을 충분히 검토한 후에 역할을 맡겨야 한다.

둘째, 팀원과의 꾸준한 소통이 필요하고 후보자와 팀원 간의 소통이 적극적으로 이루어져야 함은 물론 팀원들의 생각과 상황을 주기적으로 파악하고, 그들이 소외감을 느끼지 않도록 지속적으로 소통하는 것이 중요하다.

셋째, 충성심보다 능력과 윤리성을 평가해야 한다. 단순히 충성심에 의존하지 말고, 그들의 능력과 윤리적 판단력을 평가해야 하며 단순히 충성심만을 강조하면 오히려 다른 후보가 더 좋은 제안을 했을 때 다른 생각을 할 가능성이 커진다.

넷째, 팀원들에게 동기를 부여해야 하며 선거의 중요성과 가치를 공유하고, 함께 성공을 이루고자 하는 목표 의식을 심어주어야 한다.

다섯째, 가장 중요한 것은 후보자의 준법선거에 대한 의식이다. 새마을금고 이사장은 새마을금고를 맑고 투명하게 경영해야 하며 이러한 역할은 금고 내에서만 끝나는게 아니라 지역 발전과 사회발전 나아가 국가발전에까지 이어지는 것이다.

이런 중요한 일을 할 대표가 선거과정이 깨끗하지 못하면 새마을금고를 깨끗하게 운영하지 못할 것은 자명한 일이다.

2. 인사가 만사(greetings are everything)

한국은 오래전부터 "동방예의지국"으로 불릴 만큼 예의와 인사를 중요시 하는 나라다. 이는 유교사상과도 깊이 연관되어 있으며 또한 인사는 사람을 존중하고 관계를 원활하게 만드는 기본적인 소양이며 인사를 통해 상대방을 존중하고 배려하는 마음을 전하며 좋은 첫인상은 사람간의 관계를 더욱 긍정적으로 발전시킨다.

"인사가 만사다" 앞에서 설명한 인사(personnel)의 의미가 아니라, 인사(greeting)을 의미하는 이 말은 결국 사람을 대하는 기본적인 예의인 인사가 모든 일의 성패를 좌우할 수 있음을 강조하는 표현이다. 이는 선거에서도 그대로 적용된다.

후보자가 유권자에게 밝고 친근하게 인사하는 것은 유권자와의 거리를 좁히고 신뢰를 형성하는 첫걸음이며 후보자가 선거운동 중 유권자들과 눈을 맞추며 손을 잡고 밝게 인사하면 후보자를 친밀하게 느끼고 그에 대한 호감이 상승하며 이는 결국 선거에서 중요한 표심을 움직이는 원동력이 된다.

인사는 단순한 말 이상의 감정을 전달할 수 있다. 유권자들은 후보자의 공약이나 정책도 물론 중요하게 생각하지만 후보자가 어떤 사람인지, 어떻게 다가오는지를 통해 그 사람의 성품과 진심을 평가한다. 또한 후보자가 만든 공약이 참 공약인지 또는 거짓공약인지도 후보자에 대한 신뢰감에서 판단할 수 있는 것이다.

1992년 미국 대통령선거 당시, 빌 클린턴은 주로 대중들과의 소통에 많은 시간을 할애했다. 지역 사회를 비롯해 다양한 현장에서 유권자들과 손을 맞잡고, 직접 인사하면서 공감을 불러 일으켰고 특히 젊은 유권자들에게 큰 호응을 얻었으며 "친근한 사람"이라는 인상을 심어주었고 그의 인사는 단순한 격식이 아니라 유권자들에게 그가 그들의 목소리를 듣고 있음을 확신시키는 중요한 요소로 작용했다. 빌 클린턴의 이러한 인사와 소통전략은 그를 '소통형 지도자'로 인식하게 되었고 당시 H.W. 조지 부시 대통령을 이기고 당선되는 데 큰 기여를 하였다.

후보자가 유권자에게 밝은 얼굴로 진심을 담아 인사를 하는 것은 매우 중요하며 인사는 단순한 격식이 아니라 유권자와 소통하고 신뢰를 쌓는 핵심적인 방법이다.

유권자에게 친근함, 신뢰, 진정성을 전달할 수 있으며 결국 선거에서 여론을 형성하며 중요한 지지로 이어질 수 있다.

제 3 절 말 한마디와 『당선무효』

우리 옛 속담에 "말 한마디로 천냥 빚을 갚는다"라는 말이 있다.

'냥'은 철전이 만들어진 고려 성종 때부터 쓰인 화폐단위이며 엽전을 열 개 합치면 한 돈이 한 돈을 열 개 모으면 한 냥이 되니 천 냥은 매우 매우 큰 돈이다. 현재 가치로 치면 1억 원 정도 되는 돈이다. 사실 갚을 수 없을 만큼의 큰 돈도 말만 잘 하면 갚을 수 있다니 말의 중요성을 새삼 강조한 속담이지만 반대로 말을 잘못하면 그 반대의 상황도 될 수 있다는 의미로 말의 중요성을 강조한 속담이다.

선거에 있어서는 꼭 맞는 속담이니 그 이유는 한 마디의 말로 당선무효형까지 선고받을 수 있기 때문이다.

그 사례를 실제 일어난 판례를 예를 들어 설명해 보겠다.

참고로 아래의 사례는 모두 사전선거운동으로 판결을 받은 사례이며 본 책 『제5장 선거운동의 이해』에 선거운동의 정의와 선거운동으로 보지 않는 "선거에 관한 단순한 의견개진 및 의사표시"와 "입후보와 선거운동을 위한 준비행위"의 개념, 중앙선거관리위원회의 유권해석, 그리고 판례 등에 대해 자세히 설명하였으니 꼭 숙지하고 선거에 임하였으면 한다.

1. 공직선거의 자치단체장 I

당선인 ○○○는 단체장 선거를 한 달 반 정도 앞둔 시점에 ○○초등학교 총동창회에 참석한 후, 각 졸업회수별로 설치된 천막 수개 소를 돌면서 천막 안에 있던 유권자에게 "시장은 A, 구청장은 B 주고, 시의원은 C 주고"라는 선거운동성 발언을 수차례하였다.

이 당시 이러한 발언을 녹음하거나 녹화한 사실은 없고 다만 4명의 참고인이 이러한 발언을 들었다고 진술한 사건이며 이 사건은 1심에서 벌금 90만 원이 선고되었고 피고인과 검사 모두 항소하였다.

공직선거법 제58조 제1항에 규정된 '선거운동'은 특정후보자의 당선 내지 낙선을 위하여 필요하고도 유리한 모든 행위로서 당선 또는 낙선을 도모한다는 목적의사가 객관적으로 인정될 수 있는 능동적·계획적 행위를 말하므로 구체적으로 어떠한 행위가 해당하는지 여부를 판단하는 데 있어서는 그 행위의 명목뿐만 아니라 그 행위의 태양 즉 그 행위가 행하여지는 시기·장소·방법 등을 종합적으로 관찰하여 그것이 특정 후보자의 당

선 또는 낙선을 도모하는 목적의지를 수행하는 행위인지 여부를 판단하여야 한다.[6]

2심에서 이러한 발언이 선거운동에 해당되느냐는 판단에 대해 피고인이 이 사건 당시 (갑)당의 예비후보자로 선출되었고, 전에 시장으로 재직 중 동창회 체육대회에 참석한 사실이 없음에도 전국동시지방선거를 한달 보름 남짓 남겨둔 시점에서 많은 시민들이 모인 체육대회에 참석한 점, 참석자들이 대부분 피고인을 예비후보자로 인식하고 있었던 점, 자신의 명함을 배부하였던 점, 피고인이 참석자들에게 '(갑)당이 많이 어려우니 좀 도와주십시오'라고 하면서 '제 고등학교 후배 C를 도와주십시오'라고 명시적으로 말한 점 등 제반상황을 종합적으로 판단하였을 때 피고인과 C의 당선을 도모하려는 목적의사 하에 이루어진 선거운동에 해당한다고 충분히 인정할 수 있다고 판시하였다.

또한 제반사항을 종합적으로 판단하였을 때 원심에서 선고한 벌금 90만원은 양형기준에서 정한 권고형 범위(벌금 50만원~165만원) 내에서 당선무효형에 해당하지 않은 90만원을 선고한 것으로 그것이 무겁다거나 가볍지 않다고 판단하였다.

따라서 피고인과 검사의 항소는 이유 없어 이를 모두 기각한다고 판시하였다.[7]

공직선거법 제264조(당선인의 선거범죄로 인한 당선무효)는 당선인이 당해 선거에 있어 공직선거법에 규정된 죄를 범함으로 인하여 징역 또는 100만원이상의 벌금형의 선고를 받았을 때는 그 당선은 무효로 한다고 규정되어 있으며 위탁선거법 또한 제70조(위탁선거범죄로 인한 당선무효)에도 당선인이 해당 위탁선거에서 이 법에 규정된 죄를 범하여 징역형 또는 100만원 이상의 벌금형을 선고받은 때에는 그 당선은 무효로 한다라고 규정되어 있다.

위 2심에서 벌금 90만원 선고 사유에 '피고인이 이 사건 범행을 대체로

---

6) 대법원 2011. 10. 27. 선고 2011도5344 판결
7) 대구고등법원 2019. 1. 17. 선고 2018노527 판결

시인하면서 자신의 잘못을 깊이 반성하고 있는 모습을 보이고 있는 점'을 들었다.

만약 피고인이 자신의 잘못을 깊이 반성하고 있는 모습을 보이지 않았다면 당선무효형에 해당하는 벌금 100만원도 선고 받을 가능성이 있는 사건이란 생각이 들었으니 말 한마디로 천 냥 빚을 갚는 것이 아니라 말 한마디로 천 냥 빚을 지는 경우도 발생하는 것이다.

2. 공직선거의 자치단체장 II

A는 ○○광역시 ○○구 구청장이다. 선거에 의하여 취임하는 지방자치단체장은 선거운동을 할 수 없고 누구든지 공직선거법의 규정에 의한 공개장소에서의 연설·대담장소 등 허용하는 경우를 제외하고는 선거운동을 위하여 확성장치를 사용할 수 없으며, 선거운동기간 전에 공직선거법에 규정된 방법을 제외하고 선거운동을 하면 안 된다. 그럼에도 불구하고 위 A는 2019년 12월 11일 ○○광역시 ○○구 제21대 국회의원선거 입후보 예정자 B의 300여 명이 모인 출판기념회에 참석하여 설치된 확성장치인 마이크로 "이제 30년 정도 골목을 지키고 있으며 이제 좀 제대로 키워줄 때가 되지 않았나, … 그렇게 해가지고 본선에 나가가지고 무난히 이길 수 있도록 격려를 해 주시기 바랍니다"라는 내용의 B지지 발언을 하였고, 2019년 12월 28일 ○○광역시 ㅁㅁ구 제21대 국회의원선거 입후보 예정자(당시 국회의원)의 C의 700여 명이 모인 의정보고회에 참석하여 설치된 확성장치인 마이크로 "우리 C의원 이제 반동가리 했습니다. … 꼭 한번 재선을 시켜가지고"라는 내용의 C지지 발언을 하였으며 2020년 1월 8일 제21대 국회의원선거 입후보예정자 B의 500여 명이 모인 출판기념회에 참석하여 설치된 확성장치인 마이크로 "진짜 C후보 인물도 좋고, 성품도 좋고, … 좋은 사람 뽑아가지고 … 국가 경영할 자격이 있잖아요.."라는 내용의 발언을 하였다.

이렇게 A는 선거운동을 할 수 없는 사람임에도 선거운동 기간 이전에 확성장치를 이용하여 B후보를 당선되게 할 목적으로 그의 지지를 호소하는 발언을 하였다.

A와 변호인은 '당시 당내경선을 앞둔 시기였고 발언의 내용에 비추어 볼 때 A의 행위는 경선운동에 해당되거나 일상적·의례적·사교적 행위에 불과하여 선거운동에 해당되지 않는다'라는 등의 이유로 무죄를 주장하였다.

법원은 첫째 A가 지지호소 발언을 하였을 무렵 B 등은 국회의원선거에 입후보할 의사를 직접적 또는 간접적으로 밝혀 대다수의 선거인들은 위와 같은 사실을 알 수 있었고, 또한 A가 그 장소에 참석하여 '본선에서 이기도록 해달라', '재선에 보탬이 되도록 해달라', '현명한 유권자들은 표심을 숨겨야 한다'라는 등 후보자의 당선을 연상시키는 말로 당내경선의 승리만을 염두에 둔 것이 아니라 제21대 국회의원선거에서 당선될 수 있도록 투표해 달라라는 취지로 보아야 보아야 하는 등 제반 사항을 종합적으로 판단하여 A의 주장은 받아들일 수 없으며 A에게 벌금 500만원을 선고 하였다.[8]

앞에서도 설명했지만 공직선거법 제264조(당선인의 선거범죄로 인한 당선무효)는 당선인이 당해 선거에 있어 공직선거법에 규정된 죄를 범함으로 인하여 징역 또는 100만원 이상의 벌금형의 선고를 받았을 때는 그 당선은 무효로 한다고 규정되어 있다.

따라서 A는 본인의 선거운동을 위한 것이 아니라 다른 선거 다른 후보자의 선거운동을 하였을 뿐만 아니라 세 차례의 선거운동 발언으로 당선무효형 이상의 벌금을 선고 받았다는 사실은 선거에 임할 때 선거법을 철저히 준수하고 또한 발언도 신중하게 해야 함을 다시 한번 강조하는 사례이다.

3. 위탁선거의 조합장

A후보자는 □□조합장으로 재직하여 오다가 2019년 3월 13일 실시된 제2회 전국동시조합장 선거에서 다시 당선되었고, B는 위 조합의 이사이다.

---

8) 울산지방법원 2021. 1. 15. 선고 2020고합291 판결

한편 위 조합의 조합장 선거는 지역별 대의원 49명이 투표하여 조합장을 선출하는 방식을 취하고 있다.

A후보자는 2018. 12. 14. 조합장 선거 불출마 의사를 밝혔다가, 2019. 2. 18. 출마의사를 밝힌 사실이 있으며 2019. 2. 19. A후보자와 그를 지지하던 B이사는 출마의사를 확실히 하고 지지를 호소하여 지지 기반을 조성하고자 하였다.

A후보자는 자신을 지지하던 선거인 C에게 전화를 해 B이사가 연락하는 모임에 참석한 후 자신을 자연스럽게 출마 선언을 할 수 있도록 분위기 조성을 해 달라는 부탁을 하였다.

한편 B이사는 2019. 2. 21. 선거인의 명단과 연락처를 파악하기 위해 조합직원에게 명부 교부를 신청하여 A후보자를 지지할 것으로 보이는 선거인 18명에게 전화로 2월 22일 □□조합 사무실로 모이도록 하였다가 조합 직원으로부터 거절 당하자 이를 A후보자에게 알린 후 장소를 변경하여 인근 커피숍으로 모이게 하였다.

또한 B이사는 2019년 2월 22일 커피숍에 선거인 전체 선거인수의 36.7%인 18명이 모인 자리에서 "현재 조합장이 일을 잘 보고 있는데 이분이 아니면 조합이 곤란해질 수 있으니 조합장을 더 하도록 하는 것이 좋겠다", "우리 조합을 위해서 대의원들이 조합장님께서 한 번 더 조합장을 하시도록 권해 보자"라는 등 A후보자에 대한 지지를 호소하였다.

A후보자는 일부 선거인의 출마 권유에 출마하겠다는 의사를 표시 했으며 일부 선거인이 "또다시 번복하는 것 아니냐?"라고 질문하자 "그럴 일 없을 거다"라고 의사를 분명히 하였다.

이로써 A후보자와 B이사는 공모하여, 조합장선거의 후보자가 아닌 B이사로 하여금 A후보자의 당선을 위한 선거운동을 하는 동시에 선거운동기간이 아님에도 선거운동을 하였다.

법원은 A후보자와 B이사에게 각 벌금 200만원을 선고하였다.9)

---

9) 청주지방법원 2019. 10. 30. 선고 2019고단1437 판결

위 사건은 A후보자가 대법원까지 상고하였지만 대법원은 상고를 기각하였다.

제 4 절 지피지기면 백전백승

1. 선거의 시작과 끝

지도계장을 할 때의 일이다. 국회의원선거의 선거운동 기간이었다. 지역에서 소문이 A후보자가 매일 저녁 10시쯤이면 읍내 오래된 3층 건물에 들어가 무슨 일을 꾸민다는 것이다.

선거라는 것이 항상 상대 경쟁자가 있기 마련이니 별의별 소문이 무성할 수밖에는 없지만 선거 막바지에 다다를 쯤 어느날 저녁 9시경 이와 관련된 신고 전화가 들어왔다.

A후보자가 법에서 정한 사무소가 아닌 별도 사무실(불법 유사기관 설치, 불법 사조직 운영)을 차려 놓고 선거운동을 하고 있다는 것이다. 신고자는 건물이 어디인지만 알고 그 외에 누가 어떤 불법 선거운동을 하는지는 자세히는 모른다고 하는 것이었다.

그래서 급히 단속요원과 함께 그 건물로 나가 보았다. 3층 건물이었는데 지하실은 불이 꺼져 있고 1층은 간판가게, 2층은 웅변학원, 3층은 주인세대 같았다.

신고의 신빙성은 없지만 신고가 접수되면 현장 확인을 꼭 해야 하므로 단속요원과 함께 건물로 들어가 보려던 차에 건물 앞에 승용차 한 대가 도착하더니 A후보자가 혼자 내려서 건물 입구로 들어가는 것이었다.

맞은편에서 보고 있던 나는 정말로 이 건물에 불법 유사기관을 설치하고 전화 등으로 선거운동을 하고 있겠구나 하는 생각이 뇌리를 스쳤다.

단순한 허위 신고일지도 모른다는 생각에서 이제는 얼마나 많은 사람들이 건물 안에서 불법 선거운동을 하고 있을지, 안에서 어떤 일이 일어나고 있을지 가늠할 수 없는 상황이 된 것이다.

단속요원과 단둘이서 감당할 수 없을 수도 있겠다는 생각이 들어 우선 관내 경찰에게 협조 전화를 하고 기다렸더니 곧 순찰차와 함께 경찰 4명이 현장에 왔다.

시간은 저녁 10시 반쯤 된 것 같았다. 경찰 2명은 1층 입구에서 대기하고 다른 경찰 2명과 함께 건물을 수색하기 시작했고 지하실은 잠겨 있었고 1층을 지나 2층에 올라갔는데 A후보자가 거기에 있었다.

2층 그곳은 웅변학원이었고 우리가 들어갔을 때 A후보자는 교실 한쪽에 연단에 서서 연설을 하고 웅변학원 선생님 같아 보이는 분이 앞에 앉아 계셨으니 그 모습을 보고 아차 아니구나 하는 생각이 드는 순간이었다.

애초에 불법 유사기관, 불법 사조직이라는 것은 없었던 것이다.

학원 측에 신고를 받고 현장확인을 위해 왔다고 양해를 구한 후 경찰분들은 돌아가고 후보자와 잠시 대화를 나누었다.

처음엔 조금 언짢아 하셨지만 신고가 접수되면 확인을 해야 하는 상황을 이해한다면서 그 바쁜 시기인 선거운동기간에 웅변학원을 오게 된 이유를 말씀해 주셨다.

'나의 단점을 극복해야 선거에서 이길 수 있다고 생각합니다.' A후보자가 한 말이다.

A후보자는 공무원 출신으로 평소 남들 앞에서 연설을 해 본 적이 많지 않아서 시장거리, 대로변에서 연설을 하면 목소리가 작게 나오고 대중을 집중시키는 연설을 하기가 어려웠다는 것이었다.

그런 단점을 스스로 알기에 선거운동기간 전부터 매일 저녁 10시에 웅변학원 수업을 들으러 온다는 것이었고 그렇게 매일매일 웅변을 배우고 연습을 하니 자신감도 생기고 남들 앞에서 얘기할 때나 대중 앞에서 연설할 때도 떨림 없이 할 수 있게 되었다고 한다.

그 얘기를 나눈 뒤 며칠 후 그 후보자는 국회의원선거에 당선되었다.

선거에서는 언제나 상대 후보자의 단점을 찾게 마련이다. 그러나 위와 같은 사례는 A 후보자처럼 본인 스스로의 단점을 찾아 이를 극복하려고 노력하는 사람이 당선된다는 사례를 남긴 것임에 의미가 크다 할 것이다.

'지피지기면 백전백승이다!' 내가 어떤 사람인지, 단점은 무엇이 있는지, 고칠 것은 무엇인지를 깊이 고민해 보고 이를 보완하는 것도 선거전략의 중요한 요소라 하겠다.

선거의 시작과 끝은 후보자 본인이다.

2. 나만의 강점

새마을금고이사장선거에서 선거공보, 선거벽보, 전화, 소견발표 등 선거운동방법에는 여러 가지가 있다. 그 방법들 중 어느 것이 더 효과적인지는 아무도 알 수 없을 것이다.

후보자는 가능한 할 수 있는 모든 선거운동 방법으로 스스로를 유권자에게 알리며 최선을 다한 후에 선거일에 그 결과를 겸허히 받아들일 뿐이다.

그러나 선거관리위원회에 있으면서 후보자들의 선거운동 방식에 대해 느낀 점이 있으니 후보자라면 모두 열심히 선거운동을 할 것이고 이는 당연한 것이다.

그렇다면 열심히 선거운동을 한다는 것은 어떤 의미일까? 법 테두리 안에서 경쟁자보다 더 눈에 띄고 더 부각되게 하려면 어떤 방법으로 선거운동을 해야 할까?

지난 수십 년간 선거에 출마하는 후보자들을 보아 온 결과 자신의 강점을 정확히 알고 이를 살리는 후보자가 훨씬 당선에 가까웠다.

이를테면 선거벽보, 선거공보에 새마을금고와 연계해서 남들과 차별화될 수 있는 본인만의 강점을 찾아 담거나 유권자를 만났을 때 또는 소견발표 때도 이를 강조하면서 자신을 알리는 것이다.

대다수의 사람들은 남들의 장점과 단점은 명확히 캐치하면서도 정작 본인의 장점과 단점은 잘 모르는 경우가 많다.

후보자는 스스로의 장점이 무엇인지 생각해 보고 이를 선거운동에 어떻게 활용해 볼지도 심사숙고할 필요가 있을 것이다.

제 5 절 **정책선거와 네거티브**

1. 인쇄물

오랫동안 선거관리위원회에서 근무하다 보면 지나간 일이 잘 기억이 나지 않지만 특별히 몇 개의 장면은 선명하게 잊혀지지 않고 기억이 나는 경우가 있으니, 1990년대 후반에 □□군 선거관리위원회에서 주무관으로 국회의원선거를 치룰때 당시 20대 후반이었던 나는 정치인에게 별로 관심이 없었다.

선거가 공정하게 별 탈 없이 잘 치루어지는 것에만 관심이 있었고 특히 예산집행 등 회계업무를 담당했던 나는 누가 당선이 될지에는 별로 관심이 없는 편이었다.

다만 그 당시 국회의원 선거구가 3개의 군으로 이루어져 있었고 A와 B 후보자는 각각의 군에서 출마하여 정당이나 인물보다는 지역이 이슈가 되었으며, 한 후보자는 공무원 출신이었고 다른 후보자는 전 국회의원의 보좌관인 정치인이라는 점도 관심을 끌었고 결정적으로 공무원 출신이었던 후보자는 공교롭게도 내 중학교 친구의 형이었다.

당시 여론조사 등을 보면 A후보와 B후보가 오차범위 내에서 엎치락 뒤치락하면서 우열을 가리기가 힘들었고, 당시 선거관리위원회에서 일했던 선거부정감시단의 의견, 지역여론도 모두 박빙이라는 데 이견이 없었다.

일을 하면서 마음 한편에는 이왕이면 친구 형이 당선되었으면 좋겠다라는 생각을 하고 있었던 것도 사실이었지만 친구의 형인 A후보자가 제출한 소형인쇄물을 살펴보던 나는 적잖이 실망을 감출 수 없었다.

정말 30여 년 전의 일이지만 그때 그 소형인쇄물을 보면서 실망했던 순간은 지금도 박제처럼, 어제 일처럼 선명하게 생각나니 그 이유는 제출된 인쇄물의 절반이 상대후보에 대한 비방에 가까운 좋지 않은 내용이었다.

8페이지 중 4페이지는 후보자 본인의 홍보에 관한 사항이었고, 나머지 반인 4페이지는 상대방 후보의 안 좋은 면을 부각하여 풍자한 내용이었고 그냥 보기에도 민망스러울 정도였다.

물론 법적으로는 위반사항이 없어 제출이 되었고 특별히 법적인 문제는 없었지만 어린 마음에도 이러면 표를 얻는 데 좋지 않을 텐데 하는 생각이 들었다.

물론 상대후보에 대한 어느 정도의 견제도 필요하지만 선을 넘으면 오히려 독이 되어 돌아올 것 같았다.

선거에 출마하는 이유는 내가 그 직에 당선되어서 주민들과 국민들을 위해 일을 하기 위함이고 내가 당선되면 어떤 정책을 어떻게 펼쳐나가고 재원은 어떻게 마련하는지, 철학은 무엇인지 등 나에 대한 이야기를 하는 것이 맞다고 생각한다.

물론 선거과정에서 네거티브 전략도 필요하지만 그것은 필요한 최소한에 그쳐야 할 것이라고 생각한다.

결국 친구 형인 후보자는 당선되지 못하였다.

상대 후보를 헐뜯고 비방하는 네거티브 선거를 치르고자 하는 후보자는 유권자가 먼저 알아보며 이러한 방법이 후보자 본인에게 표를 더 가져다줄지 빼앗아 갈지는 한 번쯤 더 진지하게 고민해 보아야 한다.

전 미국 대통령 버락 오바마는 자신의 선거전략에서 주로 긍정적인 메시지에 집중했으며, 네거티브 전략에 대해 회의적인 입장을 여러 번 밝혔다.

오바마는 "부정적인 공격보다는 긍정적이고 희망을 주는 메시지가 사람들을 더 강하게 움직인다"라고 강조했다.

오바마는 2008년 대선 당시 상대후보인 존 맥케인을 공격하기보다는 "희망"과 "변화"를 강조하며 유권자들에게 앞으로의 비전과 정책을 제시했다.

네거티브 전략은 일시적으로 상대방의 지지율을 낮출 수 있지만, 장기적으로는 유권자들에게 피로감과 그 후보에 대한 부정적인 이미지를 줄 수 있다.

남아프리카 공화국의 지도자였던 넬슨 만델라는 "상대를 존중하지 않으면 신뢰를 얻을 수 없다"라고 하였다. 그는 선거에서 상대방을 깎아내리는 대신, 자신이 실현할 가치와 목표에 집중했으며, 이로 인해 신뢰와 지지를 얻을 수 있었다.

세계적인 투자자 워런버핏은 네거티브 전략이 자신의 평판을 망칠 수 있음을 경고하는 발언을 한 바 있다. 그는 "평판은 구축하는 데 20년이 걸리지만, 무너지는 데 5분이면 충분하다"라고 말했다.

네거티브 전략은 오히려 자신의 평판을 손상시키고 유권자들이 등을 돌리는 결과를 초래할 수 있다.

네거티브 전략은 단기적인 효과는 있을 수 있지만 장기적으로 유권자에게 신뢰를 얻기 어렵고 긍정적인 메시지와 유권자 설득을 통해 신뢰를 쌓는 것이 더욱더 중요하며 이는 35년간 선거를 관리하며 옆에서 후보자들을, 당선자들을 지켜본 필자의 생각과도 절대적으로 일치한다.

2. 합동연설회

필자가 지도계장으로 근무했던 때인 2000년 치루어진 제16대 국회의원선거에서 ○○초등학교 합동연설회장 정문 옆에서 듣던 A후보자의 연설은 20년이 지난 지금에도 웬일 인지 잊혀지지 않고 기억 속에 남아 있다.

당시 두 국회의원 후보자는 국회의원선거에서 두 번째 진검승부를 펼치는 중이었으니 첫 번째 진검승부는 1996년 실시된 15대 국회의원선거에서 A후보는 B후보를 300여 표 차이로 이겨 국회의원에 당선되었고 B후보는 낙선후 4년 동안 절치부심, 절차탁마의 자세로 당선을 위해서 노력했다.

그도 그럴 것이 낙선자 본인은 유권자 수 9만여 명 중, 6만여 명 투표에 300표 차이 낙선은 자다가도 벌떡 일어날 수밖에 없는 억울함이었고 그 억울함에 해당 선거관리위원회에 재검요청 등 선거소송으로 이어졌으며 법원의 재검 결과 표 차이는 오히려 1표가 더 늘어나는 상황이 되었다.

선거에 돌입되기 전 여론조사와 지역 분위기는 제15대에서 당선되었던 현직 국회의원 A후보자가 한참 앞서가고 있었지만 후보자등록을 한 후 선거일이 가까워지면서, B후보의 입장에서는 하늘이 도와서인지 B후보자가 속한 정당의 바람이 불기 시작했다.

정치에 크게 관심이 거의 없는 나도 그 바람을 느낄 만큼 많이 불기 시작했으니, 물론 지금도 선거를 치르다 보면 바람이 불지만, 그 당시의 바람은 지금과 비교할 수 없이 큰 거대 태풍급 바람이었다.

그 바람에 힘입어 B정당 사람들과, B후보자의 선거운동원 등 관계자 등은 물론 상대후보자인 A후보자 측근들도 긴장을 하며 B후보자가 앞서 간다는 말들을 조심스럽게 입 밖에 내기 시작했다.

선거일을 며칠 앞두고 지금은 제도적으로 폐지된 합동연설회가 △△운동장에서 개최되었고 B후보자의 연설이 시작되었고 지도계장으로서 혹시 법에 위반되는 허위사실을 말하지는 안 할까 우려되어 듣기 시작한 지 얼마되지 않아 내 귀를 의심하기 시작했다.

처음 인사를 한 후 연설이 시작되자마자 상대후보에 대한 단점, 의혹, 등을 이야기하기 시작하였는데 끝이 날 기미가 보이지 않았다.

어? 저 후보자 왜 저러지? 후보자들의 당선 여부와 전혀 관련이 없는 선거관리위원회 직원인 나도 듣기 불편할 정도로 상대방에 대한 비판이 계속 되었다.

합동연설회를 통해 후보자 본인이 당선되면 주민을 위해 이런 이런 일을 예산을 어떻게 확보해서 무슨 무슨 일을 하겠다 하는 공약과 정책을 내놓아야 하는데 연설 내내 상대후보에 대한 단점을 이야기하였다.

물론 잠깐 동안의 상대방에 대한 비판 등은 필요할지도 모르지만, 연설을 시작해서 거의 끝날 때까지 상대방에 대한 비판은 그치지 않고 계속되었고 개인적으로 나오는 전혀 상관없는 연설이었지만 매니페스토 정책선거를 지향하는 선거관리위원회 직원으로서는 속으로 안타깝다는 생각을 하지 않을 수가 없었다.

결과는 16표 차이로 B후보가 또다시 낙선이었다.

오랫동안 선거관리위원회 근무하면서, 멀리서 또는 가까이서 후보자들과 당선자들을 지켜본 결과, 본인의 정책이나 공약보다 다른 후보자의 단점에 대해 지나치게 걸고 넘어가거나 더 나아가서 비방하거나 하면 결코 득표하는 데 전혀 도움이 되지 않고 오히려 감표 요인이 된다는 것을 그동안의 옆에서 지켜본 경험으로 확실하게 알게 되었다.

그러기 위해서는 후보자 자신의 확고한 신념과 의지가 있어야 함은 당연하다 할 수 있으며, 이야기를 들어 보면 당선에 도움이 안 되는 네거티브 전략은 주로 후보자 본인의 생각보다 주변 참모나 측근들에 의해 발생하는 것 같았다.

물론 참모나 측근들의 달콤한 말에 흔들리는 것도, 흔들리지 않는 것도 후보자의 능력이고 자질임은 두 말할 나위가 없다.

3. 매니페스토 정책선거

매니페스토(Manifesto)란 선거에 출마하는 후보자가 유권자에게 지킬 수 있는 제대로 된 정책공약"을 제시하는 것으로, 구체적인 목표, 실시 기한, 이행 방법, 추진 우선순위, 재원 조달 방안 등을 함께 제공하는 것이며. 매니페스토(Manifesto)는 라틴어의 '증거'를 뜻하는 마니페스투스(manifestus)에서 유래한 것이며, '과거의 행적을 설명하고 미래 행동의 동기를 밝히는 공적 선언'을 의미한다.

매니페스토 정책선거는 후보자가 구체적이고 실현가능한 정책을 제시하도록 유도함으로써, 유권자들에게 신뢰를 주고 정책을 중심으로 한 판단기준을 제공한다.

이를 통해 후보자는 당선 가능성을 높일 수 있으며, 당선 이후에도 공약 이행에 대한 평가를 통해 재선이나 장기적인 정치 경력에 긍정적인 영향을 미칠 수 있다.

따라서 매니페스토 정책선거는 단순히 유권자와의 신뢰 관계를 형성하는 것뿐만 아니라, 후보자의 당선과 지속적인 정치적 성공에도 중요한 역할을 한다.

이는 정치의 책임성과 투명성을 높이는 데 기여하고, 궁극적으로 민주주의의 질을 향상시키는 데 필수적이다.

매니페스토 운동은 180년 전 영국에서 시작되었으며, 보수당 문헌에 의하면 1834년 탐워스(Tamworth)에서의 선거에서 당시 로버트 필(Robert Peel) 당수가 매니페스토를 제시하였고 현재와 같은 매니페스토는 1935년 보수당의 매니페스토가 시초라고 할 수 있다.

1997년 노동당(토니 블레어)이 매니페스토를 통해 집권에 성공하고 그 후 재집권에도 성공하면서 세계의 주목을 받게 되고 이후 미국, 독일, 프랑스, 호주, 일본 등 여러 선진국으로 전파되어 각국의 실정에 맞게 발전되고 있으며, 미국에서는 매니페스토를 '플랫폼(platform)'으로 부르고 독일에서는 '선거강령(Wahlprogram)'이라는 표현을 사용하고 있다.

미국의 경우 정책분석 및 유권자 단체들이 정치인들의 공약을 추천하고 그 실천 여부를 평가하는 시스템이 발전하였다.

그 예로 FactCheck.org나 Politifact와 같은 기관들이 후보자의 공약 실현여부를 감시하고 평가한다.

우리나라의 매니페스토 운동은 혈연·학연·지연 등의 연고주의와 비방·흑색선전 등 네거티브 선거, 당선만을 위한 선심성 공약, 금권 등을 통하여 당선되려는 기존의 선거관행을 없애고 정책공약 및 실천으로 평가받는 깨끗한 선거문화를 이룩하기 위하여 중앙선거관리위원회 주도하에 2006년 5·31 지방선거에서 처음 도입되었다.

새마을금고이사장선거에서의 매니페스토 정책선거는 매우 중요하다.

금고 이사장은 조합을 대표하는 자리로 지위와 권한이 클 뿐만 아니라 주요 사업에 대한 집행권한도 가지고 있어 효율적인 사업추진을 위해서는 구체적이고 실현가능한 공약 구상 및 제시가 매우 중요하며, 금고와 관련된 사업계획 수립이나 예산 집행은 금고단위로 이루어지는 경우가 대부분이므로 수요자별 맞춤형 매니페스토 공약 제시를 통하여 향후 공약 실천 가능성을 극대화할 수 있다.

위탁선거의 경우 본인을 알릴 기회가 공직선거와 비교하여 적어 차별화되고 구체적인 매니페스토 공약 제시를 통하여 인지도 부족의 한계를 극복 가능하며 이사장선거에 출마하는 후보자 정보를 회원들이 충분히 공유하고 있을 경우에는 회원의 후보자에 대한 올바른 판단을 돕기 위해 더욱 더 차별화되고 구체적인 매니페스토 공약의 제시가 필요하다.

공약은 후보자가 당선된 후 임기동안 수행하고자 하는 주요 정책 사업에 대하여 금고 회원에게 제시하고 실천을 약속하는 청사진이며 좋은 공약을 만들기 위해서는 먼저 전문가 자문, 여론수렴, 언론·문헌 정보 수집, 현지 조사 등을 통하여 금고 내 현안이 무엇인지를 파악하여 공약작성에 필요한 핵심 정보를 수집하여야 한다.

수집된 현안에 대한 분석을 통하여 목표를 설정한 후 해야 할 일의 우선순위를 정해야 하며 공약추진의 효과와 공약들 간의 충돌여부 등을 함께 검토해야 하고 해야 할 일을 정했다면 그에 따른 해결방법을 찾아야 하며, 그 과정에서 재원마련 가능성, 현행 새마을금고 정관이나 제도와의 충돌 여부, 임기 내 추진 가능성 등을 함께 고려해야 한다.

특히, 최근 3회까지 위탁선거로 치른 조합장선거의 경우 설문조사 등을 살펴보면 회원의 후보자 선택시 공약의 사전 평가 및 사후 이행평가에 대한 관심이 그 어느 때보다 높아지고 있음을 유념하여 금고 이사장선거에서도 최종공약을 선정해야 할 것이다.

매니페스토 공약은 구체적으로 무엇(목표: what)을 할 것인지, 왜(이유: why) 하여야 하는지, 어떻게(방법, 재원: how) 목표를 달성할 것인지, 언제(기한: when) 시작해서 언제까지 완료할 것인지의 요건을 갖추어 작성해야 한다.

공약이나 정책을 만들때도 이러한 단계를 거쳐 활용 가능한 꼼꼼하고

제4장 당선을 위한 한걸음Ⅲ: 전략과 비전의 설계 **83**

단단한 공약을 만들면, 이를 유권자에게 설명하거나 알릴 때도 말에 힘이
생겨 후보자들로부터 신뢰를 얻을 수 있으며 이는 곧 당선에 한 걸음 다
가가는 길이 될 것이다.

제5장

선거운동의 이해

제5장

선거운동의 이해

제 1 절 정의

1. 개요

선거운동은 후보자와 유권자와의 관계에 있어 득표를 위한 과정으로써 매우 중요한 선거과정이다.

선거운동의 성패는 결국 당선 또는 낙선으로 이어지기 때문에 선거운동은 후보자에게 있어서는 최선을 요하는 과정이고 최대의 기회와 공정한 기회가 요구되는 선전의 장이어야 하며 유권자에게 있어서는 자신의 합리적 투표를 위해서 후보자에 관한 각종 정보를 획득할 수 있는 기회의 장이어야 한다.

이러한 선거운동과정은 상대자가 있는 경쟁과정이기 때문에 공정성이 요구되고 선거의 자유가 보장되어야 하며 또한 유권자 입장에서는 유권자의 알 권리가 충족되어야 함은 물론이다.[10]

또한 선거운동은 유권자가 경쟁하는 여러 정치세력 가운데 선택을 통해 선거권을 행사할 수 있도록 그 판단의 배경이 되는 정보를 제공하는 기능

---

10) 손재권, 공직선거의 이해, 동양미디어, 2016.

을 수행하므로, 후보자 및 후보자가 되고자 하는 사람이 여러 의견 등을 자유롭게 발표하고 교환할 수 있는 자유가 보장되어야 하며 대의민주주의를 원칙으로 하는 현대 민주정치 아래에서는 국민이 선거에 참여하는 것이 반드시 필요하고 국민이 선거과정에서 의견을 자유로이 교환하고 발표함으로써 정치적 표현의 자유는 비로소 그 기능을 다 하게 된다.[11]

반면 선거운동을 제한하는 이유는 새마을금고 임원선거는 선거인들이 비교적 소수이고, 선거인들 간의 연대 및 지역적 폐쇄성이 강하며, 선거과정에서 공정성을 확보하는 데 어려움이 있는데 비해 불법적인 행태의 적발이 어렵다는 특수성을 가지므로, 공직선거법에 의해 시행되는 선거에 비해 선거운동의 방법을 제한할 필요성이 인정된다.

선거인들은 대부분 임원선거의 후보자들과 가까운 친인척이나 이웃, 친구, 선·후배 관계인 경우가 많고, 이사장이나 이사가 선거인 개개인의 이해관계에 직접적인 영향을 미칠 수도 있어 임원선거 과정에서 공정성을 확보하는 데 많은 어려움이 있고 이러한 상황에서 선거운동의 방법을 제한 없이 허용하게 되면 새마을금고 임원선거가 후보자들의 능력, 인품, 공약이 아니라 인맥이나 경제력에 의하여 좌우되거나 실질적으로 특정 후보자를 위한 형식적인 선거로 전락할 우려도 배제할 수 없어서이다[12].

2. 개념

위탁선거법에서 "선거운동"이란 당선되거나 되게 하거나 되지 못하게 하는 행위를 말한다.

다만 선거에 관한 단순한 의견개진이나 입후보와 선거운동을 위한 준비행위는 선거운동으로 보지 아니한다(위탁선거법 제23조).

그동안 대법원은 선거운동의 의미와 판단기준에 대하여 「선거운동이란 당선되거나 되게 하거나 되지 못하게 하기 위한 행위」를 말하는바, 특정

---

11) 헌법재판소 2011. 12. 29. 선고 2007헌마1001 결정
12) 헌법재판소 2018. 2. 22. 선고 2016헌바364 결정

선거에서 특정 후보자의 당선 또는 낙선을 도모한다는 목적이 객관적으로 인정될 수 있는 능동적·계획적 행위이어야 한다[13]라고 판시하였다.

그런데 대법원은 2016. 8. 26. 전원합의체 판결을 통하여 최근 선거운동의 판단기준을 더 제한적으로 제시하고 선거운동에 관한 판단을 더 엄격하게 해야 한다는 의견을 내놓았다.

그 내용을 살펴보면 선거운동은 특정 선거에서 특정 후보자의 당선 또는 낙선을 도모한다는 목적의사가 객관적으로 인정될 수 있는 행위를 말하는데, 이에 해당하는지는 당해 행위를 하는 주체 내부의 의사가 아니라 외부에 표시된 행위를 대상으로 객관적으로 판단하여야 한다.

따라서 그 행위가 당시의 상황에서 객관적으로 보아 그와 같은 목적의사를 실현하려는 행위로 인정되지 않음에도 그 행위자가 주관적으로 선거를 염두에 두고 있었다거나, 결과적으로 그 행위가 단순히 선거에 영향을 미친다거나 또는 당선이나 낙선을 도모하는 데 필요하거나 유리하다고 하여 선거운동에 해당한다고 할 수 없다.

또한 선거 관련 국가기관이나 법률전문가의 관점에서 사후적·회고적인 방법이 아니라 일반인, 특히 선거인의 관점에서 그 행위 당시의 구체적인 상황에 기초하여 판단하여야 하므로, 개별적 행위들의 유기적 관계를 치밀하게 분석하거나 법률적 의미와 효과에 치중하기보다는 문제된 행위를 경험한 선거인이 그 행위 당시의 상황에서 그러한 목적의사가 있음을 알 수 있는지를 살펴보아야 한다.

당선 또는 낙선을 도모하는 목적의사가 있었다고 추단하려면, 단순히 선거와의 관련성을 추측할 수 있다거나 선거에 관한 사항을 동기로 하였다는 사정만으로는 부족하고 특정 선거에서의 당락을 도모하는 행위임을 선거인이 명백히 인식할 만한 객관적인 사정에 근거하여야 한다.

특히 공직선거법이 선거일과의 시간적 간격에 따라 특정한 행위에 대한 규율을 달리하고 있는 점과 문제가 된 행위가 이루어진 시기에 따라 동일

---

13) 대법원 2008. 9. 25. 선고 2008도6282 판결

한 행위라도 선거인의 관점에서는 선거와의 관련성이 달리 인식될 수 있는 점 등에 비추어, 그 행위를 한 시기가 선거일에 가까우면 가까울수록 명시적인 표현 없이도 다른 객관적 사정을 통하여 당해 선거에서의 당선 또는 낙선을 도모하는 의사가 있다고 인정할 수 있겠으나, 선거가 실시되기 오래전에 행해져서 시간적으로 멀리 떨어진 행위라면 단순히 선거와의 관련성을 추측할 수 있다는 것만으로 당해 선거에서의 당락을 도모하는 의사가 표시된 것으로 인정될 수는 없다.

선거운동은 그 대상인 선거가 특정되는 것이 중요한 개념표지이므로 문제된 행위가 특정 선거를 위한 것임이 인정되어야만 선거운동에 해당한다고 볼 수 있는데, 행위 당시의 상황에서 특정 선거의 실시에 대한 예측이나 확정 여부, 당해 행위의 시기와 특정 선거일 간의 시간적 간격, 그 행위의 내용과 당시의 상황, 행위자와 후보자의 관계 등 여러 객관적 사정을 종합하여 선거인의 관점에서 문제된 행위가 특정 선거를 대상으로 하였는지를 합리적으로 판단하여야 한다. 선거운동은 특정한 선거에서 당락을 목표로 하는 행위이므로, 문제된 행위가 특정 선거를 위한 것이라고 인정하려면, 단순히 어떤 사람이 향후 언젠가 어떤 선거에 나설 것이라는 예측을 할 수 있는 정도로는 부족하고, 특정 선거를 전제로 그 선거에서 당락을 도모하는 행위임을 선거인이 명백히 인식할 수 있는 객관적 사정이 있어야 한다.

이것 역시 그 행위를 한 시기가 선거일에 가까우면 가까울수록 명시적인 표현 없이도 다른 객관적 사정을 통하여 특정 선거를 목표로 하는 선거운동임을 쉽게 인정할 수 있을 것이다.

따라서 그와 같은 일상적인 사회활동의 인지도와 긍정적 이미지를 높이려는 목적이 있다 하여도 그 행위가 특정한 선거를 목표로 하여 그 선거에서 특정인의 당선 또는 낙선을 도모하는 목적의사가 표시된 것으로 인정되지 않는 한 선거운동이라고 볼 것은 아니다.[14]

---

14) 대법원 2016. 8. 26. 선고 2015도11812 전원합의체 판결

이는 종전에 대법원이 당선이나 낙선에 필요하고도 유리한 행위라면 폭넓게 선거운동에 해당한다는 취지로 판단하거나, 문제된 행위가 정치인의 인지도를 높인다거나 선거인에게 영향을 미칠 목적이 있다는 이유만으로 선거운동에 포함시켜야 한다는 기존의 해석론을 재검토한 것이며, '당선 또는 낙선을 도모한다는 목적의사'라는 주관적 요소는 행위자가 아닌 선거인을 기준으로 판다하여야 한다는 기준을 제시하였다는 데 큰 의미가 있다[15].

우리나라 선거법은 엄격하고 어렵고 또 까다롭기까지하다.

과거 1960년대에 부정선거가 만연하였고, 이에 대한 반성과 깨끗한 선거를 해야 하겠다는 의지의 산물로 탄생한 선거법이라 일면 당연한 면도 있지만, 이제는 어느 정도 공명선거가 정착되었으니 금품선거 또는 비방 흑색선전을 제외한 다른 선거운동 방법은 풀어주어도 되지 않나 하는 생각을 해 본다.

즉 '돈은 묶고 입은 푼다'라는 항간의 말처럼 돈이 들지 않는 선거운동은 과감하게 허용해도 될 때가 되지 않았나 한다.

대법원은 위탁선거법 제23조에서 규정하고 있는 선거운동에 대해서도 다음과 같이 판시하였다.

> '선거운동'이란 위탁선거법 제3조에서 규정한 위탁선거에서의 당선 또는 낙선을 위하여 필요하고도 유리한 모든 행위로서 당선 또는 낙선을 도모한다는 목적의사가 객관적으로 인정될 수 있는 능동적·계획적인 행위를 말하고, 구체적으로 어떠한 행위가 선거운동에 해당하는지 여부를 판단함에 있어서는 단순히 그 행위의 명목뿐만 아니라 행위 태양, 즉 그 행위가 행하여지는 시기·장소·방법 등을 종합적으로 관찰하여 그것이 특정 후보자의 당선 또는 낙선을 도모하는 목적의지를 수반하는 행위인지 여부를 선거인의 관점에서 객관적으로 판단하여야 함.[16]

'후보자가 되려는 사람'이란 선거에 출마할 예정인 사람으로서 그 신

---

15) 대검찰청, 위탁선거법 벌칙해설, 2019, 74쪽
16) 대법원 2017. 3. 22. 선고 2016도16314 판결

분·접촉대상·언행 등에 비추어 선거에 입후보할 의사를 가진 것을 객관적으로 인식할 수 있을 정도에 이른 사람을 말한다.

선거는 오늘날 자유민주주의 국가에서 통치기관을 구성하고 그에 대한 정당성을 부여하는 한편 국민스스로 정치적 의사형성과정에 참여하여 국민주권과 대의민주주의를 실현하는 핵심적인 수단이다.

또한 민주적인 국가의 선거는 본래 자유로워야 하며 이는 우리나라의 최고법인 헌법이 보장하고 있다. 하지만 동시에 공정하게 행하여지지 않으면 부정선거와 과열된 선거운동으로 사회경제적인 손실과 부작용이 생길 것이다.

선거의 공정성이란 국민의 선거의 자유와 선거운동등에 있어서의 기회의 균등이 담보되는 것을 의미하므로, 선거의 공정성 없이는 진정한 의미에서의 선거의 자유도 선거운동등의 기회균등도 보장되지 못한다고 할 수 있다[17].

3. 성립요건

대법원의 판례 등을 종합하여 보면 선거운동이 되기 위하여는 첫째, 특정선거에 관한 행위일 것, 둘째 특정 후보자를 위하여 하는 행위일 것, 셋째, 당선 또는 낙선목적이 객관적으로 인정되는 행위일 것 등의 요건을 충족해야 한다. 이에 대해 구체적 요건에 대해 살펴보면 다음과 같다.[18]

가. 선거의 특정

선거운동은 대상인 선거가 특정되는 것이 중요한 개념표지이므로 문제된 행위가 특정선거를 위한 것임이 인정되어야만 선거운동에 해당한다.

특정 선거를 대상으로 한 것인지의 여부는 행위 당시의 상황에서 특정선거의 실시에 대한 예측이나 확정 여부, 행위의 시기와 특정 선거일 간

17) 헌법재판소 2001. 8. 30. 선고 99헌바92 결정등 참조
18) 대검찰청, 위탁선거법 벌칙해설, 2019, 74쪽

의 시간적 간격, 행위의 내용과 당시의 상황, 행위자와 후보자와의 관계 등 여러 가지 객관적 사정을 종합하여 선거인의 관점에서 합리적으로 판단하여야 한다.

그러나 선거일의 공고가 미리 없다고 해서 선거가 특정되어 있지 않다는 것은 아니며, 선거일 공고 전이라 하더라도 사회통념상 장래의 선거가 무슨 선거인지 객관적으로 인식할 수 있는 정도이면 특정의 선거라고 볼 수 있다고 해석된다.

나. 후보자의 특정

선거운동은 당선 또는 낙선을 목적으로 하는 특정한 후보자의 존재를 필요로 한다.

「특정한 후보자」란 반드시 이미 입후보한 후보자만을 가리키는 것이 아니고 장래에 입후보하려고 하는 자도 포함되며 이때 입후보하려고 하는 자라 함은 입후보할 것을 예정하면 족하고 확정적 결의까지 요구되는 것은 아니다.[19]

「특정한 후보자」라고 할 때의 "특정"이란 1인에 한정되는 것이 아니고 후보자가 수인일 경우라도 특정의 후보자로 인정된다.

다. 당선 또는 낙선의 목적이 객관적으로 인정되는 행위

선거운동은 당선 또는 낙선을 궁극적인 목적으로 하는 행위이다.

「당선 또는 낙선」을 목적으로 한다는 것은 당선 또는 낙선을 용이하게 하기 위한 행위로, 당선 또는 낙선 가능성의 유무와는 무관하고 당선 또는 낙선을 목적으로 행하여지는 이상 그것이 직접적이거나 간접적이거나를 불문으로 한다.

대법원은 위탁선거법 제23조에서 규정하고 있는 '당선되게 할 목적'에

---

19) 대법원 1975. 7. 22. 선고 75도1659 판결

대하여 금전·물품·향응, 그 밖의 재산상의 이익이나 공사의 직을 제공받은 당해 선거인등의 투표행위에 직접 영향을 미치는 행위나 재산상 이익 등을 제공받은 선거인 등으로 하여금 타인의 투표의사에 영향을 미치는 행위 또는 특정 후보자의 당락에 영향을 미치는 행위를 하게 만들 목적을 의미한다고 판시하였다.[20]

또한 문제가 된 행위가 이루어진 시기에 따라 동일한 행위라도 선거인의 관점에서는 선거와의 관련성이 달리 인식될 수 있는 점 등에 비추어, 그 행위를 한 시기가 선거일에 가까우면 가까울수록 명시적인 표현 없이도 다른 객관적인 사정을 통하여 당해 선거에서의 당선 또는 낙선을 도모하는 의사가 있다고 인정할 수 있겠으나, 선거가 실시되기 오래전에 행해져서 시간적으로 멀리 떨어진 행위라면 단순히 선거와의 관련성을 추측할 수 있다는 것만으로 당해 선거에서의 당락을 도모하는 의사가 표시된 것으로 인정 될 수는 없을 것이다.[21]

4. 선거운동의 주체

헌법에는 선거운동은 각급 선거관리위원회의 관리하에 법률이 정하는 범위 안에서 하되, 균등한 기회가 보장되어야 한다고 규정되어 있다.

2005년 12월 29일 위탁선거법이 제정된 이후 선거운동은 후보자만 할 수 있도록 규정되어 있었지만 최근 2004년 1월 개정된 위탁선거법에서는 후보자외에 후보자가 지정한 1인도 함께 선거운동을 할 수 있도록 개정되었다.

또한 예비후보자 제도도 처음 도입되어 선거기간 전 30일부터 선거관리위원회에 예비후보자 등록을 한 후 위에 설명한 후보자가 지정한 1인과 함께 정해진 선거운동을 할 수 있다.

후보자와 후보자가 그의 배우자, 직계존비속 또는 해당 위탁단체의 임

---

20) 대법원 2017. 3. 22. 선고 2016도16314 판결
21) 대검찰청, 위탁선거법 벌칙해설, 2019, 74쪽

직원이 아닌 조합원·회원 중 지정하는 1명이 제25조부터 제30조의4까지의 규정에 따라 선거운동을 하는 경우(제30조의4에 따른 방법은 후보자가 하는 경우에 한정한다)를 제외하고는 누구든지 어떠한 방법으로도 선거운동을 할수 없다(위탁선거법 제24조 제1항).

여기에서 후보자가 지정한 1인이란1. 후보자의 배우자, 2. 후보자의 직계존비속, 3. 해당 위탁단체의 임직원이 아닌 조합원·회원 중 후보자가 정한 1사람을 말한다.

즉 지정한 1인은 후보자의 배우자가 될 수도 있고, 후보자의 직계존비속이 될 수도 있고, 해당 위탁단체의 임직원이 아닌 조합원·회원이 될 수도 있다.

또한 앞에서 설명한 예비후보자 제도가 도입되어 예비후보자와 예비후보자가 그의 배우자, 직계존비속 또는 해당 위탁단체의 임직원이 아닌 조합원·회원 중 지정하는 1명은 위탁선거법 제24조의2(예비후보자) 제7항에 규정된 방법의 선거운동을 할 수 있다.

결국 후보자 또는 예비후보자가 선거운동을 하는 경우 (예비)후보자 포함 최대 인원은 2인이다.

후보자가 지정한 1인은 위탁선거관리규칙 제11조의3(선거운동원 및 활동보조인의 선임신고 등) 제1항의 규정에 따라 "선거운동원"이라 하겠다.

5. 선거운동기간

선거운동은 후보자등록마감일의 다음 날부터 선거일 전일까지에 한정하여 할 수 있다(위탁법 제24조 제2항).

다만 위탁선거법 제30조의2(선거일 후보자 소개 및 소견발표)의 규정에 따라 후보자가 선거일 또는 결선투표일에 자신의 소견을 발표하는 경우 선거운동을 할 수 있으며 직선제가 아닌 총회제와 대의원제 선거의 경우가 이에 해당된다.

또한 예비후보자는 선거운동기간 전에도 법에 정한 일정한 방식의 선거운동을 할 수 있는바, 위탁선거법 제24조의2 제7항에 따른 선거운동을 할 수 있다.

후보자로 등록한 경우 후보자로서 선거운동을 할 수 있는 선거운동기간 개시일까지 시간상의 공백이 있는바, 이 기간 동안 선거운동은 예비후보자의 선거운동방법에 따라 하여야 한다.

선거운동기간을 규정한 취지는 기간의 제한 없이 선거운동을 무한정 허용할 경우에는 후보자 간의 지나친 경쟁, 이로 인한 선거관리의 어려움, 경비와 노력의 과다 소요로 인한 막대한 사회경제적 손실, 후보자 간의 경제력 차이에 따른 불공평의 발생하게 되고 아울러 막대한 선거비용을 마련 할 수 없는 젊고 유능한 신참 후보자의 입후보 기회를 빼앗는 결과를 가져올 수 있고, 아직도 우리가 바라는 이상적인 선거풍토를 이루지 못하고 금권·관권 선거 등 이 문제되어 왔으며 이러한 상황아래 위와 같은 폐해를 방지하고 공정한 선거를 실현하기 위하여 선거운동의 기간에 제한을 두는 것이 위헌이라고 단정할 수 없다.[22]

선거운동기간 전이나 선거일에 선거운동을 한 경우에는 위탁선거법 제66조(각종 제한 규정 위반죄) 제2항의 규정에 의해 3년 이하의 징역 또는 3천만원이하의 벌금에 처한다.

원칙적으로 선거기간 개시일 0시부터 선거일 전일 24시까지 선거운동을 할 수 있으나 개별 선거운동 방법을 규정한 위탁선거법 조문에서 그 시간을 명시하여 제한하는 경우가 있다.

예를 들어 위탁선거법 제28조 전화를 이용한 선거운동은 오후 10시부터 선거운동을 할 수 없으므로 선거일 전일 오후 10시 전까지만 선거운동을 할 수 있다.

법에서 선거운동기간을 제한하는 취지는 기간의 제한 없이 선거운동을 무한정 허용할 경우, 후보자 간의 지나친 경쟁이 선거관리의 곤란으로 이어져 부정행위의 발생을 막기 어렵고, 후보자간의 무리한 경쟁의 장기화

---

22) 헌법재판소 2005. 9. 29. 선고 2004헌바52 결정

는 경비와 노력이 지나치게 들어 사회경제적으로 많은 손실을 가져올 뿐
만 아니라 후보자간의 경제력 차이에 따른 불공평이 생기게 되고 아울러
막대한 선거비용을 마련할 수 없는 젊고 유능한 신참 후보자의 입후보 기
회를 빼앗는 결과를 가져올 수 있으며, 아직도 우리가 바라는 이상적인
선거풍토를 이루지 못하고 금권·관권 등 과열선거가 문제되어 이러한 폐
해를 방지하고 공정한 선거를 실현하기 위하여 선거운동의 기간에 제한을
두는 것은 위헌이라 할 수 없다.[23]

다만 예비후보자로 등록한 자는 예비후보자가 지정한 1인과 함께 위탁
선거법 제24조의 제27항의 규정에 따라 선거운동기간 전에 예비후보자
등의 선거운동방법으로 정한 일정한 방식의 선거운동을 할 수 있다.

제 2 절 선거운동으로 보지 않는 행위

1. 선거에 관한 단순한 의견개진 및 의사표시

선거에 관한 단순한 의견개진과 의사표시의 범위는 선거에 있어서 특정
후보자를 당선되거나 되게 하거나 되지 못하게 하기 위한 의사표시가 아
닌 의견의 개진 또는 의사의 표시를 말하는 것이다.

구체적으로 어떠한 행위가 선거운동에 해당되는지, 선거에 관한 단순한
의견의 개진인지 또는 의사의 표시인지 하는 것은 형식적으로 결정되는
것이 아니라 그 행위의 시기·장소·방법·대상 등의 태양에 따라 종합적
으로 실태를 관찰하여 그 행위가 특정 후보자의 당선 또는 낙선을 위한
목적의식인가 또는 특정 후보자의 득표를 위하여 직접 간접적으로 필요하
고 유리한 행위에 해당하는가 하는 실질적 판단에 의할 수밖에 없다.[24]

페이스북 사용자가 관심 있는 게시물을 공유하거나 이에 대한 본인의

---

23) 헌법재판소 2005. 9. 29. 선고 2004헌바52 결정
24) 중앙선거관리위원회 1963. 8. 26. 회답

짧은 글을 덧붙인다고 하여 그러한 사정만으로 선거에 관한 단순한 의견 개진 또는 의사표시에 해당하는 것을 넘어, 일반 선거인의 관점에서 특정 선거에서 특정 후보자의 당선 또는 낙선을 도모하려는 목적의사가 명백히 드러났다고 보기 어렵다.[25]

이와 관련하여 하급심 판례에서 페이스북 이용자가 선거가 임박한 시기에 ① 신문 기사 (△△시민, 이○○ 의원 역사교과서 막말 주민소환 추진 기사)를 공유하고, '△△시민들을 응원하고 지지합니다. 국회의원은 역시 잘 뽑아야 합니다. 자전거쇼, 눈물쇼, 진정성쇼. 쇼는 그냥 쇼'라는 글을 덧붙여 직접 작성하거나 ② '선거 때마다 이기려고 전쟁 부추겨? 인자 그 번호 안 찍을 겨!'라는 내용의 팻말을 들고 있는 일반인 사진을 첨부하고 "이제 어르신들도 당 안 찍는다 다짐하고 행동에 나서…"라고 적은 개인 글을 공유한 행위는 선거운동에 해당하지 않는다고 하였다.[26]

입후보 예정자가 선거구 내의 친척과 친지의 집을 방문하여 입후보 의사를 표시하는 행위, 시민단체가 정당의 공천반대자 명단 또는 낙선대상자 명단을 기자회견의 방법으로 단순히 공표하는 행위, 사교적인 모임에서 상대방의 격려말에 대한 답례로 출마사실을 공표한 행위와 지역신문의 인터뷰 요청에 소극적으로 응한 결과 그의 사회활동 경력, 지방자치제도에 관한 의견과 완곡한 출마의사 등에 관한 기사가 신문의 인터뷰란에 실린 경우는 선거운동에 해당하지 않는다.[27]

또한 특정 후보자의 정견·정책에 관하여 좋고 나쁨, 찬성과 반대등 자신의 생각을 말하는 단순한 의견의 개진, 선거에 관한 화제가 자연스럽게 나오게 되어 학벌이나 경력으로 보아 이번 선거에서 누가 당선될 것이라는 유권자로서 가지는 관심의 일단의 표현, 입후보 의사의 결정자료로써 평소 친교가 있는 자들의 의견을 구하는 단순한 의사의 표시 등이 이에 해당한다.

---

25) 서울고등법원 2019. 1. 25. 선고 2017노182 판결
26) 서울고등법원 2019. 1. 25. 선고 2017노182 판결
27) 중앙선거관리위원회, 공직해설 1, 2020, 296쪽

페이스북 사용자가 관심있는 게시물을 공유하거나 이에 대한 본인의 짧은 글을 덧붙인다고 하여 선거운동에 이르렀다고 볼 수는 없다.[28]

2. 입후보와 선거운동을 위한 준비행위

입후보 등록을 하기 위해서는 당연히 그 준비행위가 필요하다. 이러한 준비행위는 특정 후보자의 당선 또는 낙선을 위해서 선거인에게 작용하는 행위가 아니고 후보자 또는 그 지지자 그룹 내에서의 내부행위 및 입후보를 위한 절차적 행위에 불과하므로 선거운동으로 보지 않는다.

또한 입후보 하려는 자가 자신에 대한 선거인의 지지 상황을 미리 조사하는 행위도 이에 속한다고 볼것이나 만일 그 행위로써 명시적 또는 묵시적으로 입후보 후에 자기를 위한 투표, 기타 당선을 알선하거나 의뢰하는 의사를 겸하고 있을때에는 선거운동으로 본다.

그 외에도 기탁금의 마련행위나 후보자 등록에 필요한 서류를 구비하는 행위 등이 전형적인 입후보 준비행위에 해당된다.

선거운동을 위한 준비행위는 특정 후보자의 당선 또는 낙선을 위해서 선거인에게 작용하는 행위가 아니고 후보자 또는 그 지지자 그룹 내에서의 내부행위 및 입후보를 위한 절차적 준비행위에 불과하므로 선거운동으로 보지 않는다.[29]

「선거운동을 위한 준비행위」라 함은 비록 선거를 위한 행위이기는 하나 특정 후보자의 당선을 목적으로 투표를 얻기 위한 행위가 아니라 단순히 장래의 선거운동을 위한 내부적·절차적 준비행위를 가리킨다.

그 예로 선거사무장 등 선거사무관계자, 연설원 등을 선임하기 위한 교섭행위 및 선거사무소·연설장소 등의 물색행위, 선거운동용 자동차·확성장치 등의 임차행위, 선거벽보 등 선전물의 사전 제작행위, 연설문 작성행위, 선거비용 모집행위, 예비 선거운동원들에 대한 선거법 해설강좌 실

28) 서울고등법원 2019. 1. 25. 선고 2017노182 판결
29) 대검찰청, 위탁선거법 벌칙해설, 2019, 79면

시행위 등이 있다.[30)]

어떠한 행위가 선거운동을 위한 준비행위인지는 행위자의 의사, 그 행위의 태양·시기·방법·내용 등을 종합적으로 고려하여 구체적·개별적으로 판단하여야 할 것이다.

위탁선거의 경우 선거공보 및 선거벽보의 사전 제작 및 인쇄소 물색행위, 선거운동을 할 사람을 미리 알아보는 행위, 명함의 도안을 제작하거나 컨설팅업체로부터 자문을 받는 행위, 자동동보통신으로 문자메시지를 발송할 업체들을 파악하거나 선거전략회의 등의 개최 등이 이에 해당된다.

3. 기타 선거운동으로 보지 않는 행위

가. 직무상·업무상의 행위

직무상의 행위란 법령·조례 또는 행정관행·관례에 의하여 그 지위의 성질상 필요로 하는 정당한 행위 또는 활동을 업무상의 행위란 영업행위 등 사람이 그 사회생활상의 지위에 있어서 계속·반복의 의사로서 종사하는 업무에 의한 행위를 말한다.[31)]

법령에 의하여 지방자치단체장의 직무상 행위로 허용되어 작성·배부되는 전입안내문에 전입환영 글귀를 게재하고 지방자치단체장의 직명, 성명, 사진을 덧붙인 행위,[32)] 국회의원이 선거기간 전에 의정활동에 필요한 의견이나 자료수집의 목적으로 선거와 무관하게 주민간담회나 공청회를 개최하는 행위,[33)] 지방의회의원이 의정활동보고회 개최 일시·장소 등을 알리기 위하여 의정활동보고자의 사진을 게재한 신문광고를 하는 행위,[34)] 지방자치단체장이 선거일 전 60일 전에 직무상의 행위로서 자신에 대한 선전이나 업적 홍보 없이 행정목적 수행을 위하여 주민 의견을 청취하는

---

30) 헌법재판소 2005. 10. 27. 선고 2004헌바41 결정
31) 대검찰청, 공직선거법 벌칙해설, 2019, 90쪽
32) 대법원 2002. 7. 26. 선고 2002도1792 판결
33) 중앙선거관리위원회 2016. 12. 2. 운용기준
34) 중앙선거관리위원회 2017. 12. 19. 운용기준

행위는 가능하다.[35]

한국농업경영인 중앙연합회가 그 설립 및 활동목적의 범위 안에서 입후보예정자를 초청하여 선거와 무관하게 강연회를 개최하거나 주요 정당의 농업정책을 알아보기 위하여 당해 정당의 관계자를 초청하여 정책토론회를 개최하는 것은 무방할 것이나 초청받은 입후보예정자나 정책토론자가 특정선거와 관련한 선거공약성 발언을 하거나 특정 정당 또는 입후보 예정자를 지지·호소하는 등 선거운동에 이르는 행위를 하거나 하게 하여서는 안 된다.[36]

지방자치단체장이 수신동의를 한 전입주민에게 의례적인 내용의 전입환영 문자메시지를 전송하거나 전화를 하는 것은 공직선거법상 무방할 것이나, 후보자가 되고자 하는 지방자치단체장이 선거가 임박한 시기에 불특정다수의 전입주민에게 직접 전입환영 전화를 하는 것은 그 양태에 따라 같은 법 제254조에 위반될 수 있다.[37]

나. 일상적 · 의례적 · 사교적 행위 등

어떠한 행위가 일상적·의례적·사교적 행위에 해당하는지 여부는 그 행위자와 상대방의 사회적 지위, 그들 사이의 관계, 행위의 동기, 방법, 내용과 태양 등 제반 사정을 종합하여 사회통념에 비추어 판단하여야 한다.[38]

서적에 저자와 친분관계가 있는 지방자치단체장의 의례적인 내용의 추천사 또는 출간 축하의 글을 게재하는 행위, 지방자치단체의 장이 공직선거에 입후보하기 위하여 출마에 따른 의지·정치적 견해 및 선거공약을 통상적인 기자회견을 통하여 발표하는 행위, 후보자가 되고자 하는 광역·기초지방자 치단체장이 퇴직에 즈음하여 의례적인 내용(업적·치적 제외)의 퇴임인사장을 통·리·반장에 발송하는 행위, 국회의원이 정책토론

---

35) 중앙선거관리위원회 2013. 11. 26. 운용기준
36) 중앙선거관리위원회 1997. 9. 24. 회답
37) 중앙선거관리위원회 2013. 7. 30. 회답
38) 대법원 1996. 4. 26. 선고 96도138 판결

회 개최 시 선거일 전 180일 전에 일반 선거구민에게 초청장을 발송하는 행위, 입후보예정자가 각종 행사장을 계속적으로 방문하여 참석 선거구민을 대상으로 의례적인 악수나 인사를 하는 행위, 다수의 일반 선거구민을 대상으로 출판기념회를 개최하는 행위, 후보자가 되려는 사람이 선거기간 전에 입후보 예정선거구를 순회하면서 선거구민들을 모이게 하여 선거공약 개발을 위한 의견수렴에 필요한 범위에서 주민간담회를 개최하는 행위는 선거운동으로 볼 수 없다.[39]

명예퇴직을 앞둔 지방공무원교육원 교관이 피교육생으로서 고향 후배인 읍·면장들과의 저녁 회식자리에서 "명예퇴직원을 제출하였으니 도와달라"는 등의 발언을 한 경우와 입후보예정자의 배우자가 약을 사러 갔다가 그의 남편이 입후보한다는 이야기가 나와 그의 처로서 잘 부탁한다는 취지의 말을 한 경우도 의례적 행위로서 허용된다.[40]

선거가 실시되기 오래 전에 후보자가 되고자 하는 사람이 선거구민에게 자신의 육성이 녹음된 ARS를 이용한 전화로 선거와 무관하게 의례적인 내용의 명절인사를 하는 것은 가능하나, 선거일 전 180일부터 선거일까지는 행위양태에 따라 선거운동에 해당하여 법 제254조에 위반될 수 있다.[41]

또한 예비후보자등록을 마친 이후 "노력하겠다. 열심히 하겠다"등의 정치적 포부를 담은 문자메시지를 대량으로 전송한 행위는 직접 선거를 언급하거나 지지를 호소하는 내용이 아닌 의례적인 인사의 형식이라 하더라도 문자메시지 전송 방법, 경위, 상대방 등을 종합할 때 선거인 입장에서 당선을 도모하려는 목적의사를 쉽게 추단할 수 있어 선거운동에 해당한다고 볼 수 있다.[42]

---

39) 중앙선거관리위원회, 공직선거해설 1, 2020, 304쪽
40) 중앙선거관리위원회, 공직선거해설 1, 2020, 304쪽
41) 중앙선거관리위원회 2019. 9. 9. 회답
42) 대법원 2017. 10. 31. 선고 2016도19447 판결

제 3 절 할 수 있는 사례와 할 수 없는 사례

1. 직무상·업무상 행위

• 후보자가 되려는 사람이 선거와 무관하게 순수하게 학술연구를 위한 사무소를 두는 것은 무방함. 단 운영과정에서 후보자가 되려는 사람을 지지·선전하는 등 선거운동에 이르는 경우 법 제24조 및 제66조에 위반됨.

• 후보자가 되려는 사람이 선거기간 전에 선거와 무관하게 순수한 연구를 위하여 축산농가 등을 방문하여 축산경영 실태를 조사하거나 정당한 대가를 받고 축산단체 등에 강의를 하는 것만으로는 법에 위반되지 않음. 다만 실태조사 및 강의활동 시 자신의 업적을 홍보하는 등 선거운동에 이르는 행위를 하는 경우 법 제24조 및 제66조에 위반됨.

또한 선거운동을 위하여 선거인을 호별로 방문하거나 특정 장소에 모이게 할 경우에는 법 제38조에 위반됨.

• 조합이 선거기간이 아닌 때에 그 설립 및 활동 목적의 범위 안에서 주요업무를 회원들에게 홍보하기 위해 중앙회장을 초청하여 선거와 무관하게 특강을 실시하는 것은 가능함. 다만 입후보예정자의 업적을 홍보하는 등 선거운동에 이르는 행위를 하는 경우 법 제24조 및 제66조에 위반됨.

• 조합이 선거기간 전에 선거와 무관하게 사업계획과 수지예산에 따라 해당 금고의 홍보동영상을 제작하고 조합장이 해당 영상에 출연하는 것은 직무상 행위로 보아 무방함.

다만 조합 홍보 목적의 범위를 벗어나 선거에 출마하고자 하는 조합장의 업적을 홍보하거나, 직무범위를 벗어나 조합원이 참석하는 각종 모임·행사에 계속적·반복적으로 방영하여 선거인이 특정 선거에서의 당락을 도모하는 행위로 명백히 인식될 경우에는 행위 양태에 따라 법 제24조, 제조에 위반될 수 있음.

• 각종 행사에 참석하여 의례적인 인사말을 하거나 행사 주제와 관련된 사항에 대하여 자신의 견해를 밝히는 행위는 가능함.

2. 입후보와 선거운동을 위한 준비행위

• 후보자가 되려는 사람이 선거기간 전에 선거 컨설팅 업체를 통해 컨설팅을 받고 자문비용을 지불할 경우 단순히 장래의 선거운동을 위한 내부적·절차적 준비행위로써 무방함. 다만 선거운동에 이르는 행위가 부가되는 경우 법 제24조 및 제66조에 위반됨.

• 후보자가 되려는 사람이 선거기간 전에 홀로 또는 컨설팅 업체를 통해 사전제작하거나 인쇄소를 알아보는 행위는 무방함.

3. 의례적인 전화/문자메시지

• 후보자가 되려는 사람이 그 명의로 명절 및 석가탄신일 등에 자신의 육성이 녹음된 ARS전화를 이용하여 의례적인 인사를 하는 것은 무방함. 다만 명절 국경일 등 통상적인 계기 없이 또는 계속적·반복적으로 회원들에게 전화나 문자메시지를 보내는 행위는 위반됨.

• 조합이 선거기간 전에 선거와 무관하게 명절·국경일 등 통상적인 계기가 있는 때에, 또는 금고의 운영, 사업수행, 재난 재해 안내·고지 등 직무상 행위의 일환으로 조합장의 성명 사진(음성·화상·동영상 등 포함)이 게재된 의례적인 내용의 문자메시지를 소속 회원들에게 전송하는 것은 무방함.

※ 선거와 무관한 명백한 직무상 행위일 경우 문자메시지 전송에 대한 금지 또는 제한을 할 수 없음.

• 설날·추석·명절 등에 하는 의례적인 인사말을 문자메시지(음성·화상·동영상)으로 전송하는 행위는 가능하며 이 경우 명절 등에는 정월대보름 등 세시풍속, 성년의 날, 각종 기념일 등은 포함되나 선거구민 개인의 애경사, 향우회, 종친회, 계모임 등 개인 간의 사적모임이나 행사 등은 포함되지 않음.

• 조합이 선거기간 전에 선거와 무관하게 조합의 경비로 그 설립 및 활동목적의 범위 안에서 업무와 관련된 각종 정보 등을 알리기 위한 문자메

시지(음성·화상·동영상 등 포함)를 조합장의 직·성명·사진을 게재하여 소속 회원에게 전송할 수 있음.

다만 통상 안내·고지해 오던 수준을 넘어 계속적·반복적으로 하거나, 선거기간 중에 시행하거나, 이사장에 대한 지지·선전 등 선거운동에 이르는 경우 행위 양태에 따라 법 제24조, 제28조, 제29조, 제31조 및 제 66조에 위반됨.

● 조합이 선거일에 회원들에게 단순히 투표참여 홍보를 위하여 선거일·투표장소·투표시간 등을 새마을금고의 명의로 전체 회원들에게 전송하는 것은 가능함.

● 조합이 조합장의 퇴임식 또는 조합장선거 당선인 내역을 안내하는 문자메시지를 회원에게 전송하는 것은 가능함.

● 후보자가 되려는 사람이 명절을 맞이하여 자신의 직·성명 사진이 게재된 카드 그림과 동영상이 포함된 의례적인 문자메시지를 회원과 고객 지인에게 발송하는 것은 가능하나 전송주체의 신분을 밝히는 범위를 벗어나 여러 개의 경력사항을 같이 게재하는 것은 자신을 홍보하는 행위로써 법 제24조 및 제66조에 위반될 수 있음.

또한 후보자가 되려는 사람이 특정한 계기 없이 평소 지면이나 친교가 없는 조합원 등에게 계속적·반복적으로 문자메시지를 전송하는 것은 법 24조 및 법 제66조에 위반될 수 있음.

● 후보자가 되려는 사람이 선거운동기간이 아닌 때에 자신의 직·성명을 포함하여 "2023. 3. 8.은 제3회 전국동시지방선거일입니다. 빠짐없이 투표합시다. 후보자○"라는 문자메시지를 전송하는 것은 법 제24조 및 제66조에 위반됨.

4. 의례적인 우편/안내문

● 조합이 선거기간 전 조합장의 직·성명·사진이 게재된 의례적인 내용의 연하장을 조합원에게 조합의 경비로 발송하는 것은 가능함.

• 후보자가 되고자 하는 사람이 선거기간 전에 자신의 경비로 연말연시를 맞아 조합원에게 지지호소 등 선거운동 내용 없이 의례적인 내용의 연하장(직·성명·사진)을 일회성으로 발송하는 것은 가능함.

• 조합이 조합의 명의로 조합원에게 발송하는 생일축하 카드의 내용을 조합장이 자필로 작성하는 것은 무방함.

• 조합장이 자녀의 결혼식과 관련하여 의례적인 내용의 청첩장 및 문자메시지를 전 조합원에게 발송하는 것은 가능함.

• 조합이 통상적으로 행하여 오던 고지·안내방법에 따라 그 설립 및 활동목적의 범위 안에서 행사, 조합현황 등을 알리기 위한 고지목적의 안내장이나 선거와 무관한 의례적인 내용의 축전 등에 조합장의 직·성명·사진을 게재하여 발송하는 것은 가능함.

다만 종전의 방법과 범위를 벗어난 인쇄물을 배부하거나 조합장의 업적을 홍보하는 등 선거운동에 이르는 경우에는 법 제24조, 제31조 및 제66조에 위반됨.

• 조합이 해당 법령이나 정관 등에 따른 사업계획 및 수지예산에 따라 발행하는 소식지에 선거와 무관하게 해당 조합장의 직·성명·사진을 포함한 의례적인 인사말을 게재하는 것은 가능함.

5. 언론/기사/신문광고

• 조합이 명절에 조합장의 직·성명·사진을 게재한 명절인사를 위한 신문광고를 하거나 의례적인 내용의 명절인사 및 귀성현수막을 통상적인 방법으로 거리에 게시하는 것은 가능함.

• 후보자가 되려는 사람이 선거기간 전에 자신의 직·성명·사진을 게재한 의례적인 내용의 명절인사 신문광고를 게재하거나 거리에 현수막을 게시하는 것은 가능함.

• 언론기관이 선거기간 전에 선거와 무관하게 업계의 현안이나 정책에 관하여 서면질문과 답변으로 구성된 대담 형태의 기사를 보도하는 것은

가능하나 조합장을 지지·선전하는 등 선거운동에 이르는 내용이 부가되거나, 금품 등을 매개로 조합장의 당선에 유리한 기사를 보도하는 경우에는 행위양태에 따라 법24조 및 법 제66조에 또는 제58조에 위반됨.

또한 언론기관이 뉴스 가치를 고려하여 후보자가 되려는 사람과 관련된 사항을 취재·보도하는 것은 법상 제한되지 않음. 다만 이 경우에도 후보자가 되려는 사람의 선거운동에 이르지 아니하도록 하여야 함.

● 후보자가 되려는 사람이 특정 언론사에 출마선언 사실을 알려 해당 언론사가 취재·보도의 일환으로 출마의지·공약에 관한 인터뷰 기사를 보도하거나, 언론사가 일정 지역·조합의 입후보 예정자를 대상으로 서면·전화·방문 등의 방법으로 선거운동에 이르지 않는 범위에서 출마동기·업적·공약 등을 취재하여 공평하게 보도하는 것은 가능함. 다만, 특정 입후보예정자를 지지·선전하기 위하여 계속적·반복적으로 취재·보도하거나 선거운동에 이르는 내용을 게재하는 경우 또는 금품 등을 매개로 당선에 유·불리한 기사를 보도하는 경우에는 행위양태에 따라 법 제24조·제66조에 위반됨.

6. 후보자외 선거운동

● 후보자의 지인이 동창회 소속 지인들에게 후보자를 지지하는 내용의 문자메시지를 명절 안부문자와 함께 전송할 경우 후보자가 아닌 제3자의 선거운동에 이르러 법 제24조·제66조에 위반됨.

● 선거가 임박한 시기에 조합원이 그동안 조합에서 이루어진 잘못된 사실들에 대한 인쇄물을 작성하여 조합원에게 우편으로 발송하는 것은 법 제24조·제66조에 위반될 수 있음.

● 단체를 포함한 제3자의 선거운동이 일체 금지되는 조합장선거에서 입후보예정자가 소속한 단체가 입후보예정자와 회원이 참여하는 회원 간담회, 입후보예정자 토론회, 회원 투표 등의 방법으로 후보단일화를 위한 활동을 하는 것은 선거운동에 해당되어 법 제24조 및 제66조에 위반됨.

7. 여론조사

● 여론조사기관이 언론사의 의뢰에 따라 선거운동에 이르지 아니하는 내용으로 후보자가 되려는 사람의 지지도 측정을 위하여 조합원 1,700명을 대상으로 300명의 표본을 추출하여 그 표본으로 지지도 측정 여론조사를 하는 등 통상적인 여론조사를 실시하고, 이를 의뢰한 언론사가 그 결과를 통상적인 방법으로 공표·보도하는 것은 법상 제한되지 아니함. 다만, 여론조사의 결과를 왜곡하여 보도하는 등 허위사실 공표에 이르는 경우에는 법 제61조에 위반됨.

● 후보자가 선거운동기간 중 법에서 허용되는 선거운동 방법으로 여론조사의 결과를 공표하는 것은 가능함. 다만, 선거운동기간 전에 여론조사의 결과를 공표하는 경우 공표의 목적, 시기, 방법, 대상, 내용 등을 종합적으로 고려하여 선거운동에 이르는 때에는 법 제24조 및 제66조에 위반됨.

● 후보자가 되려는 사람이 통상의 표본크기를 대상으로 선거운동에 이르지 아니하는 범위에서 통상적인 여론조사를 실시하는 것은 가능함. 다만, 필요 이상으로 자주 또는 통상의 표본크기를 벗어나 여론조사를 하는 등 조사방법이나 내용이 조합원에게 자신을 선전하거나 지지를 유도하는 행위에 이른 때에는 법 제24조 및 제66조에 위반됨. 또한 조합의 임·직원(조합장 포함)이 후보자가 되려는 사람에 대한 선거권자의 지지도를 조사·발표하는 경우에는 법 제31조에 위반됨.

● 조합장 등 조합의 임·직원은 후보자 등록 유무를 불문하고 법 제31조 제3호에 따라 후보자(후보자가 되려는 사람 포함)에 대한 선거권자의 지지도를 조사하거나 발표할 수 없음.

● 누구든지 후보자(후보자가 되고자 하는 사람 포함) 1인만을 대상으로 인지도 조사를 하는 경우에는 법 제24조 및 제66조에 위반됨.

● 후보자가 통상의 표본크기(조합원)를 대상으로 선거운동에 이르지 아니하는 범위에서 통상적인 ARS 여론조사를 실시하는 것은 가능하며, 법상 여론조사 실시기간을 제한하는 규정은 없음. 다만, 그 여론조사의 목적

이 후보자의 장점을 부각시켜 그에 대한 지지를 유도하기 위한 경우 또는
필요 이상으로 자주 실시하는 등 선거운동에 이르는 경우에는 법 제24조
및 제66조에 위반됨.

• 조합이 선거운동 목적 없이 객관적이고 공정한 방법과 내용으로 여론
조사전문기관에 위탁하여 조합원을 대상으로 조합 만족도 조사를 하고 여
론조사결과를 공표하는 것에 대해 법상 제한하는 규정이 없음. 다만, 입후
보예정자에 대한 지지도를 높이기 위하여 실시하는 경우 또는 필요 이상
으로 자주 실시하거나 설문의 구성과 내용이 특정 입후보예정자에게 편향
되도록 하는 어휘나 문장을 사용하는 등 여론조사의 배경과 목적, 시기,
내용과 방법 등을 종합적으로 고려할 때 선거운동에 이른 경우에는 법 제
24조, 제31조 및 제66조에 위반됨.

• 후보자나 언론사가 특정 후보자의 선거운동에 이르지 않는 내용으로
통상적인 방법에 따라 조합원을 대상으로 여론조사를 실시하는 것은 법상
제한하고 있지 아니함. 다만, 여론조사의 내용이 선거운동에 이르거나 타
후보자의 비방, 허위사실 유포 등에 이르는 경우에는 행위양태에 따라 법
제24조·제66조, 제61조 또는 제62조에 위반될 수 있을 것이며, 조합 임·
직원이 후보자에 대한 선거권자의 지지도를 묻는 여론조사를 실시하는 경
우에는 법 제31조에 위반됨. 아울러 여론조사에 사용하는 개인정보의 동
의 여부 및 여론조사의 실시·공표에 따른 선거관리위원회의 신고·등록
의무에 관하여는 법상 규정이 없음.

8. 투표참여 독려

• 후보자가 선거일에 자신의 성명을 나타내어 투표참여 문자메시지를
전송하는 것은 선거운동기간이 아닌 때에 선거운동을 하는 행위에 해당될
것이므로 법 제24조 및 제66조에 위반됨.

• 후보자가 본인 이름을 밝히고 본인 지지에 대한 언급 없이 후보자 또
는 제3자의 녹음된 음성을 통해 ARS투표참여 독려 전화를 하는 것은 후

보자의 송·수화자 간 직접통화에 부수되는 행위로 볼 수 없으므로 법 제24조, 제28조 및 제66조 등에 위반됨.

● 선거일에 후보자가 투표독려 문자메시지 내용에 후보자의 직·성명을 표시하지 않고 문자전송 대행업체에 위탁하여 전송하는 것은 가능함.

● 후보자가 되려는 사람이 그 명의로 선거운동기간이 아닌 때에 투표독려, 선거구 안내, 투표소 교통편의, 투표일 날씨, 선거의 중요성 등에 관한 내용의 문자메시지를 보내는 경우에는 법 제24조 및 제66조에 위반됨.

● 조합의 임·직원이 특정 후보자와 관련 없이 전체 조합원에게 단순히 투표참여를 권유하는 전화를 하거나 문자메시지를 전송하는 것만으로는 법상 제한되지 아니함. 다만, 일부 조합원에게만 전송하는 경우에는 법 제24조, 제31조 및 제66조에 위반될 수 있음.

● 후보자의 가족은 자신의 명의를 나타내어 투표참여 권유활동을 할 수 없음. 다만, 조합의 임·직원, 조합원, 일반시민은 자신의 명의를 나타내서 투표참여 권유활동을 할 수 있으나, 특정 후보자를 지지하는 것으로 평가되어 그의 투표참여 권유활동이 선거운동에 이르는 경우에는 행위양태에 따라 법 제24조 및 제66조에 위반될 수 있음.

● 투표소(순회투표소 포함)로부터 100미터 안에서 하는 투표참여 권유활동은 통상 소란한 언동에 해당될 것이므로 법 제51조 제1항에 따라 제한됨

9. 위탁선거에서 할 수 없는 선거운동

● 후보자가 위탁선거법의 규정에 따라 선거운동을 하는 경우를 제외하고는 누구든지 어떠한 방법으로도 선거운동을 할 수 없는 바, 단체가 입후보하는 회원을 돕기 위해 회원들을 대상으로 모금, 상품판매, 1일 호프, 바자회 등 행사를 열거나 온라인 계좌입금, 전화모금을 하는 것은 모금행사의 시기·내용·방법·대상 등을 종합적으로 판단할 때 선거운동에 이르는 것으로 볼 수 있는 경우에는 법 제24조 및 제66조에 위반됨.

● 단체가 조합장의 정부 훈장 수상을 축하하는 현수막을 관내에 게시하

는 것은 후보자가 되려는 조합장의 업적을 홍보하는 행위가 되어 행위양태에 따라 법 제24조 및 제66조에 위반됨.

● 조합이 조합원에게 배부하는 소식지에 언론사가 주최하는 '자랑스런 한국인 대상'을 받은 조합장 개인의 수상 사실을 게재하는 것은 후보자가 되려는 조합장을 선전하는 행위로 볼 수 있어 행위양태에 따라 법 제24조 및 제31조에 위반될 수 있음.

● 조합이 선거기간 전에 조합원을 대상으로 결산보고 및 사업계획을 보고하고 출자배당금지급, 이용고배당지급, 대의원선출을 하는 마을총회를 개최할 때 조합장이 행사에 참석하여 의례적인 축사를 하는 것은 가능하나, 그 행사 진행과정에서 조합장을 지지 · 선전하거나 업적을 홍보하는 등 선거운동에 이르는 경우에는 법 제24조 및 제66조에 위반됨.

● 조합원이 다른 조합원들의 요청 등에 따라 단순히 후보자들의 성명 · 기호를 알려주는 것만으로는 법에 위반된다고 볼 수 없을 것이나, 그 범위를 벗어나 다수의 조합원들을 대상으로 특정 후보자만의 성명 · 기호 등을 알리는 행위는 선거운동에 해당되어 법 제24조 및 제66조에 위반됨.

● 후보자가 마이크 및 유세차 등을 이용하여 선거운동을 하는 경우 법 제24조 및 제66조에 위반됨.

● 후보자가 되고자 하는 사람이 선거기간 전에 출판기념회를 개최하는 경우 통상적인 홍보사항을 안내 · 고지하는 목적 범위 내에서 다수의 조합원에게 초청장 등 인쇄물, 문자메시지, 전자우편으로 보내거나 거리에 현수막을 게시할 수 있음.

다만, 이를 계속적 · 반복적으로 하거나, 선거기간 중에 하거나, 후보자에 되려는 사람에 대한 지지 · 선전 등 선거운동에 이르는 내용이 포함되는 경우 등에는 행위양태에 따라 법 제24조, 제28조, 제29조, 제66조에 위반될 수 있음.

● 누구든지 자동차에 승차하여 선거운동(어깨띠 윗옷 소품을 이용한 선거운동 또는 명함배부등)을 하거나 자동차에 선전물을 부착하여 운행하는 등 자

동차를 사용하여 선거운동을 할 수 없음. 다만, 후보자가 선거운동기간 중에 법 제27조 및 제30조에 따른 선거운동을 하기 위하여 선전물이 부착되지 아니한 자동차를 단순히 이동수단으로써 사용하거나, 그 자동차를 제3자가 대신 운전하여 주는 것만으로는 법상 선거운동으로 볼 수 없어 제한되지 아니함.

• 선거기간 중 후보자가 어깨띠를 착용한 채 자전거 또는 오토바이를 타고 이동할 때, 자전거 등 뒤에 성명·기호·구호를 나타내는 광고판·표지물 등을 부착하는 행위는 법 제24조, 제27조 및 제66조에 위반됨.

• 후보자는 위탁선거법의 규정에 따라 선거공보·선거벽보를 작성·제출하거나 명함을 배부하는 것 외에 예비홍보물 등 별도의 인쇄물을 이용하여 선거운동을 할 수 없음.

10. 명함 등을 이용한 사전선거운동

• 후보자가 되려는 사람이 통상적으로 사용하는 업무용 명함에 자신의 학력이나 경력(수상내역 포함)을 게재하여 통상적인 수교방법으로 교부하는 것은 가능함. 다만, 명함에 선거운동에 이르는 구호를 게재하는 것은 법 제24조 및 제66조에 위반됨.

• 후보자가 되려는 사람이 사진과 학력, 경력, 간단한 인적사항을 넣은 명함을 제작하고 마을회관을 방문하여 조합원에게 간단한 자기소개와 함께 명함을 배부하는 경우, 통상적으로 업무용 명함을 수교하는 방법외에 마을회관이나 행사 등을 방문하여 다수의 조합원에게 배부하는 경우에는 행위양태에 따라 법 제24조 및 제66조에 위반됨.

11. 기타

• 이장 등이 선거일에 단순히 선거인의 교통편의를 위해 차량으로 투표소까지 이동시키는 행위는 가능함. 다만, 특정 후보자를 위하여 선거인에게 차량 등을 이용하여 교통편의를 제공하거나, 차량 등에서 특정 후보자

를 지지·선전하는 등 선거운동에 이르는 경우에는 행위양태에 따라 법 제24조·제66조, 제35조·제59조 또는 제58조에 위반됨.

- 선거일에 단체 회원들이 개인사비(1만원씩 각출)로 버스를 임차하여 투표소까지 이동하는 것은 가능함. 다만, 버스 등에서 특정 후보자를 지지·선전하는 등 선거운동에 이르는 경우에는 법 제24조 및 제66조에 위반됨.

- 조합이 해당 법령이나 정관 등에 따른 사업계획 및 수지예산에 따라 조합의 명의로 선거일에 도서지역(섬)에 거주하는 조합원들의 편의를 위하여 투표소까지 교통편의(선박, 버스 등)를 제공하는 것은 가능함. 다만, 특정 후보자를 위하여 선거인에게 선박 등을 이용하여 투표편의를 제공하거나 선박 등에서 특정 후보자를 지지·선전하는 등 선거운동에 이르는 경우에는 행위양태에 따라 법 제24조·제66조, 제35조·제59조 또는 제58조에 위반됨.

제 4 절 주요 위반행위 판례

- 예비후보자 등록을 마친 이후 "노력하겠다, 열심히 하겠다"등의 정치적 포부를 담은 문자메시지를 대량으로 발송한 행위는 직접 선거를 언급하거나 지지를 호소하는 내용이 아닌 의례적인 인사의 형식이라 하더라도 경위, 상대방 등을 종합할 때 선거운동에 해당함[대법원 2017. 10. 31. 선고 2016도 20658 판결].
- 입후보 의사를 가진 자가 입후보의 신청 전에 사전 선거운동을 한 때에는 그 후 입후보의사를 단념하거나 후보자등록을 하지 않았더라도 사전선거운동으로 처벌받는 데에는 아무런 영향이 없음[대법원 2007. 7. 26. 선고 2007도2625 판결].
- 사교적인 모임에서 상대방의 격려말에 대한 답례로 출마사실을 공표한 행위[인천지방법원 1999. 10. 20. 선고 98고합181 판결].
- 이사장선거의 후보자가 되려는 사람이 선거운동기간 전에 금고 대의

원이 운영하는 식당과 집에 찾아가 "이번에 나왔으니까 잘 부탁드립니다. 도와달라"라고 하면서 지지호소[대구지방법원 안동지원 2016. 2. 16. 선고 2015고단545판결].

■ 후보자가 되려는 사람의 배우자가 노인정, 마을회관, 도로 위에서 "남편이 농협선거에 나온다. 밀어달라"라고 말하는 등 선거운동기간 전에 총 19회에 걸쳐 선거운동을 함[대구지방법원 2023. 10. 25. 선고 2023고단2760 판결].

■ 조합원이 선거운동기간 전에 '우리 농협은 현 조합장을 하루빨리 정리해야만 합니다. 이제는 조합원들께서 해결하여야 합니다'라는 내용이 포함된 인쇄물을 조합원 약 6,270명에게 우편 발송[전주지방법원 군산지원 2023. 10. 19. 선고 2023고약2495 약식명령].

■ 후보자가 선거운동기간 전날 '○○농협 조합장후보 기호 ○번 ○○ ○'이라는 내용의 문자메시지를 160명의 조합원에게 발송[대전지방법원 2020. 12. 10. 선고 2019노3487 판결].

■ 입후보예정자가 현직 조합장에게 불리하도록 조합 운영을 비판하는 내용으로 작성된 카카오톡 메시지를 전달받은 후 선거운동기간 전에 선거인 및 선거인의 가족 총 49명에게 전송[대법원 2021. 2. 4. 선고 2020도13757 판결].

■ 입후보예정자의 지인이 네이버 블로그에 입후보예정자 선거 관련 인터뷰 기사를 1회 링크하고 기사 주소를 게재하였고, 선거기간에 카카오톡을 이용하여 선거공보 이미지 파일을 조합원에게 2회 발송[수원지방법원 안산지원 2019. 10. 30. 선고 2019고단3166 판결].

■ 평소에 연하장 등을 보낸 사실이 없는 조합원들에게 "(전) ○연합회 감사, (현) ○협동조합 선거관리 부위원장 ○올림" 등의 내용이 기재된 연하장을 3회(1회 947명 성탄절카드, 2회 947명 연말연하장, 3회 944명 설날연하장) 발송[대법원 2021. 2. 2. 선고 2020도17313 판결].

■ 입후보예정자가 선거운동기간 전에 자신에 대한 지지호소 문구와 학

력 등이 게재된 인쇄물을 제작하여 조합원 1,745명에게 우체국을 통해 발송·배부[광주지방법원 2015. 7. 16. 선고 2015고단1263 판결].

■ A조합원이 특정 후보자의 란에 붉은색으로 동그라미 기표를 한 투표용지모형과 조합원 명단을 B조합원에게 제공하며 조합원들에게 특정 후보자에게 기표하도록 설명해 주라고 지시[광주지방법원 2006. 9. 6. 선고 2006고정1299 판결].

■ 현직 조합장이 이사로 하여금 18명의 대의원들을 커피숍으로 모이게 한 후 조합장에 대한 출마 권유 유도 및 지지 호소[대법원 2020. 4. 24. 선고 2020도3070 판결].

■ 후보자의 동생이 자신의 휴대전화를 이용하여 ○축협 조합원들에게 전화하여 "형이 이번 축협 조합장 선거에 출마한다"라고 말하며 총 45회에 걸쳐 후보자에 대한 지지 호소[청주지방법원 제천지원 2015. 7. 10. 선고 2015고약699 판결].

■ 후보자가 되려는 사람이 관공서 등을 방문하여 그곳에 근무하던 공무원 등과 일일이 악수하면서 지지 부탁[광주지법 순천지원 2010. 10. 28. 선고 2010고합196 판결].

■ 선거일에 조합원이 투표소 입구에서 성명불상자 및 다른 조합원에게 '기호 2번에 투표해 달라'는 의미로 엄지와 검지 손가락을 펴 'V'자를 4회 만들어 보이고 선거관리위원회의 제지를 받았음에도 성명불상 지인을 향해 'V'자를 1회 만들어 보이며 선거운동을 함[대전지방법원 홍성지원 2023. 8. 22. 선고 2023고합36 판결].

■ 주간지역신문의 인터뷰 요청에 소극적으로 응하여 입후보예정자의 사회경력활동, 완곡한 출마의사표시 등에 관한 기사가 신문의 인터뷰 란에 실림으로써 지방의회의원선거에 다소의 도움을 받았고 입후보 예정자가 다소 이를 의식하고 있었다 하더라도 이는 신문의 보도행위로 인하여 반사적으로 얻게 된 이익에 불과하여 선거운동에 해당하지 않음[대전지방법원 서산지원 1991. 10. 25. 선고 91고합58 판결].

제6장

후보자 등의
선거운동 방법

제6장

후보자 등의 선거운동 방법

제 1 절

1. 개요

가. 선거운동의 주체

위탁선거의 선거운동은 법에 정해진 선거운동의 주체가, 정해진 기간에, 정해진 방법으로만 해야 한다.

이는 위탁선거에 있어 선거운동의 과열을 방지하고 공정성을 확보하기 위한 것이다.

선거운동의 주체는 후보자와 후보자가 그의 배우자, 직계존비속 또는 해당 위탁단체의 임직원이 아닌 조합원·회원 중 지정하는 1명(이하 "후보자 등"이라 한다)이 제25조부터 제30조의4까지의 규정에 따라 선거운동을 하는 경우(제30조의4에 따른 방법은 후보자가 하는 경우에 한정한다)를 제외하고는 누구든지 어떠한 방법으로도 선거운동을 할 수 없다(위탁선거법 제24조 제1항).

또한 중앙선거관리위원회규칙으로 정하는 장애인 예비후보자·후보자는 그의 활동을 보조하기 위하여 배우자, 직계존비속 또는 해당 위탁단체의 임직원이 아닌 조합원·회원 중에서 1명의 활동보조인(이하 "활동보조인"

이라 한다)을 둘 수 있다(위탁선거법 제24조의3).

후보자가 지정하는 1인이란 후보자 외에 후보자의 배우자나, 후보자의 직계존비속이나, 해당 위탁단체의 임직원이 아닌 조합원·회원중 한사람, 즉 "배우자", "후보자의 아버지 또는 어머니", " 후보자의 아들 또는 딸", "후보자의 손자 또는 손녀", "새마을금고의 임직원이 아닌 회원" 등을 말한다.

위탁선거규칙에서 후보자가 지정한 1인을 "선거운동원"으로 지칭하도록 규정되어 있어 앞으로는 "선거운동원"으로 표시하겠으며, "선거운동원"은 후보자가 관할위원회에 신고한 후 표지를 교부받아 잘 보이도록 달고 선거운동을 하여야 한다.

선거운동원의 지정·선임·해임 횟수에는 제한이 없어 언제든지 교체할 수 있으나 같은 시간대에 함께 선거운동을 할 수 사람은 후보자와 선거운동원 2인에 한정된다.

또한 위탁선거법 제24조의2(예비후보자)의 규정에 따라 선거기간개시일 전 30일부터 관할 위원회에 예비후보자 등록을 서면으로 신청한 후 선거운동의 주체가 될 수 있으며, 선거운동원을 지정하여 관할 위원회에 신고한 후 선거운동을 할 수 있다.

선거운동의 주체는 위탁선거법이 2014년 6월 법률 제12755호로 제정되어 3회의 전국동시 조합장 선거를 치룬 지난 2023년까지 후보자에 한정되어 있었다.

그동안 위탁선거법의 선거운동 방법이 지나치게 제한되어 있어 "후보자의 알릴 권리"와 "선거인의 알 권리"에 대한 정보의 부족 등은 언론 등에서 계속 거론되어 왔으나 실현되지 못하였다.

그나마 다행인 것은 최근 개정된 위탁선거법에서 선거운동의 주체를 확대하고 중앙회장선거에만 적용되었던 예비후보자로 제도가 새로이 도입되어 선거운동의 자유가 확대된 것은 다행스러운 일이라 하겠다.

나. 선거운동 기간

선거운동은 후보자등록마감일의 다음 날부터 선거일 전일까지에 한정하여 할 수 있다.

다만 예외적으로 제30조의2에 따라 후보자가 선거일 또는 결선투표일에 자신의 소견을 발표하는 경우는 선거일 선거운동을 허용하고 있다(위탁선거법 제24조 제2항).

따라서 원칙적으로는 선거일 전일까지만 선거운동을 할 수 있으나 총회와 대의원회에서 선출하는 선거의 후보자는 결선투표일에 자신의 소견 발표 등 위탁선거법에 정해진 선거운동을 할 수 있다.

또한 예비후보자로 등록된 사람은 선거운동기간이 아닌 경우에도 법에 정해진 선거운동을 할 수 있다.

선거일에는 어떤 선거운동도 할 수 없으며 선거일에 투표소 주변에서 후보자 또는 가족이 투표하려는 선거인을 대상으로 눈인사 또는 악수 등을 하며 선거에 영향을 미치려는 사례가 종종 있다.

지난 2006년 지방선거에 ○○군수 선거의 후보자가 선거 당일 본인의 투표소 근처에서 투표하려는 선거인 10여 명과 악수 하는 등 선거운동을 한 혐의로 기소되어 당선무효형인 벌금 100만원을 확정받아 재선거가 실시 되었다.

기부 행위 등 중대범죄가 아니었음에도 당선무효형이 선고된 사례는 극히 이례적이었는데, 판결문을 살펴보면 2위와의 표차가 10여 표에 지나지 않아 위법행위가 선거결과에 영향을 미친 점도 있었다고 기록되어 있다.

다. 선거운동 방법

위탁선거법에서 규정하고 있는 선거운동방법은 다음과 같다.

제25조(선거공보) ① 후보자는 선거운동을 위하여 선거공보 1종을 작성할 수 있다.
제26조(선거벽보) ① 후보자는 선거운동을 위하여 선거벽보 1종을 작성할 수 있다.

제27조(어깨띠 · 윗옷 · 소품) 후보자등은 선거운동기간 중 어깨띠나 윗옷(上衣)을 착용하거나 소품을 이용하여 선거운동을 할 수 있다

제28조(전화를 이용한 선거운동) 후보자등은 선거운동기간 중 전화와 문자를 이용하여 선거운동을 할 수 있다.

제29조(정보통신망을 이용한 선거운동) ① 후보자등은 선거운동기간 중 정보통신망을 이용하여 선거운동을 할 수 있다.

제30조(명함을 이용한 선거운동) 후보자는 선거운동기간 명함을 이용하여 선거운동을 할 수 있다.

제30조의2(선거일 후보자 소개 및 소견발표)총회제와 대의원제 선거의 후보자는 선거일 후보자 및 소개 및 소견발표를 할 수 있다.

제30조의4(공개행사에서의 정책 발표) ① 예비후보자와 후보자는 해당 위탁단체가 개최하는 공개행사에 방문하여 자신의 정책을 발표할 수 있다.

선거운동방법은 이사장의 선출방법인 직선제, 총회제, 대의원제에 따라 달라진다.

제 2 절 선출방식과 선거운동 방법

1. 개요

이사장의 선출방식은 새마을금고법 제18조 제5항과 같은 법 시행령 제8조의2의 규정에 따라 자산 2천억 이상은 직접 선출하며 자산 2천억 미만의 지역금고는 회원의 투표로 직접 선출하는 방법, 총회에서 선출하는 방법, 대의원회에서 선출하는 방법 중 정관으로 정하는 방법을 택하여 선출할 수 있다.

2025년 3월 실시하는 제1회 전국동시새마을금고이사장선거의 경우 전국 1,195개의 금고 중 회원직선제로 선거를 치루는 금고수는 568개, 대의원제로 치루는 금고수는 596개, 회원총회제로 치루는 금고수는 31개이다.

확인 방법은 새마을금고중앙회 홈페이지에 들어가서 사업안내(정기공시)

의 지역명 검색 메뉴에서 조회할 수 있다.

그리고 특히 주의해야 할 부분은 선출방식에 따라 후보자, 예비후보자, 선거운동원의 선거운동 방법이 다르다는 점을 정확히 알고 선거에 임해야 할 것이다.

공직선거든 위탁선거든 본인이 진심으로 법을 잘 이해하지 못해 한 행위라 하더라도 참작만 될 뿐 면제되지는 않는다.

따라서 이 글을 읽는 독자는 본인이 입후보하려는 새마을금고의 선출방식을 정확히 알고 선거운동에 임해야 할 것이다.

2. 직선제의 선거운동

568개의 금고가 직선제로 선거를 치른다.

후보자의 선거운동 방법은 선거공보(법 제25조), 선거벽보(법 제26조), 어깨띠·윗옷·소품(법 제27조), 전화·문자(법 제28조), 정보통신망(법 제29조), 명함(법 제30조), 가상번호요청(법 제30조의3), 공개행사정책발표(법 제30조의4) 등이며 선거운동원의 경우 어깨띠·윗옷·소품(법 제27조), 전화·문자(법 제28조), 정보통신망(법 제29조), 명함(법 제30조) 등의 선거운동을 할 수 있다.

또한 예비후보자의 경우 전화·문자(법 제28조), 정보통신망(법 제29조), 공개행사정책발표(법 제30조의4) 및 사전공개행사장에 한해 명함(법 제30조)을 이용한 선거운동을 할 수 있다.

3. 대의원제의 선거운동

596개의 금고가 대의원제로 선거를 치루며 현재 새마을금고 평균 선거인수는 120인이다.

후보자의 선거운동 방법은 선거공보(법25조), 전화·문자(법 제28조), 정보통신망(법 제29조), 가상번호요청(법 제30조의3), 공개행사정책발표(법 제30조의4), 선거일 후보자 소개 및 소견발표(법 제30조의2) 등이며, 선거운동원의 경우 전화·문자(법 제28조), 정보통신망(법 제29조) 등의 선거운동 방법을 활용하여 선거운동을 할 수 있다.

또한 예비후보자의 경우 전화·문자(법 제28조), 정보통신망(법 제29조), 공개행사정책발표(법 제30조의4)의 방법에 의한 선거운동을 할 수 있다.

4. 총회제의 선거운동

31개의 금고가 총회제로 선거를 치른다.

후보자의 선거운동 방법은 선거공보(법 제25조), 선거벽보(법 제26조), 어깨띠·윗옷·소품(법 제27조), 전화·문자(법 제28조), 정보통신망(법 제29조), 명함(법 제30조), 가상번호요청(법 제30조의3), 공개행사정책발표(법 제30조의4), 선거일 후보자 소개 및 소견발표(법 제30조의2) 등이며, 선거운동원의 경우 어깨띠·윗옷·소품(법 제27조), 전화·문자(법 제28조), 정보통신망(법 제29조), 명함(법 제30조) 등의 선거운동을 할 수 있다.

또한 예비후보자의 경우 전화·문자(법 제28조), 정보통신망(법 제29조), 공개행사정책발표(법 제30조의4) 및 사전공개행사장에 한해 명함(법 제30조)을 이용한 선거운동을 할 수 있다.

5. 선출방법별 선거운동 방법

선출방법별 선거운동 방법을 표로 정리하면 다음과 같다.

『선출방법별 선거운동방법』

구분	직선	총회	대의원회	비고 (주체)
선거공보 (법 §25, 규칙 §12)	○	○	○	후보자
선거벽보 (법 §26, 규칙 §13)	○	○	×	후보자
어깨띠 · 윗옷 · 소품 (법 §27)	○	○	×	후보자 등 (후보자와 선거운동원), 활동보조인
전화 및 문자 (법 §28)	○	○	○	후보자 등 (후보자와 선거운동원)
정보통신망 (법 §29)	○	○	○	후보자 등 (후보자와 선거운동원)
명함 (법 §30, 규칙 §15)	○	○	×	후보자 등 (후보자와 선거운동원), 활동보조인
선거일 소견발표 (법 §30의2, 규칙 §15의2)	×	○	○	후보자
공개행사 정책 발표 (법 §30의4 규칙 §15의7)	○	○	○	후보자

제 3 절   선거공보

1. 관계법조문

제25조(선거공보)
① 후보자는 선거운동을 위하여 선거공보 1종을 작성할 수 있다. 이 경우 후보자는 선거인명부확정일 전일까지 관할위원회에 선거공보를 제출하여야 한다.
② 후보자가 제1항에 따라 선거공보를 제출하는 경우에는 중앙선거관리위원회규칙으로 정하는 바에 따라 선거공보에 범죄경력을 게재하여야 하고, 선거공보를 제출하지 아니하는 경우에는 범죄경력에 관한 서류를 별도로 작성하여 제1항에 따른 선거공보의 제출마감일까지 관할위원회에 제출하여야 한다.
③ 관할위원회는 제1항 또는 제2항에 따라 제출된 선거공보 또는 범죄경력에 관한 서류를 선거인명부확정일 후 3일까지 제43조에 따른 투표안내문과 동봉하여 선거인에게 발송하여야 한다.
④ 후보자가 제1항 후단에 따른 기한까지 선거공보 또는 범죄경력에 관한 서류를 제출하지 아니하거나 규격을 넘는 선거공보를 제출한 때에는 그 선거공보는 발송하지 아니한다.
⑤ 제출된 선거공보는 정정 또는 철회할 수 없다. 다만, 오기나 이 법에 위반되는 내용이 게재되었을 경우에는 제출마감일까지 해당 후보자가 정정할 수 있다.
⑥ 후보자 및 선거인은 선거공보의 내용 중 경력·학력·학위·상벌·범죄경력에 관하여 거짓으로 게재되어 있음을 이유로 이의제기를 하는 때에는 관할위원회에 서면으로 하여야 하고, 이의제기를 받은 관할위원회는 후보자와 이의제기자에게 그 증명서류의 제출을 요구할 수 있으며, 그 증명서류의 제출이 없거나 거짓 사실임이 판명된 때에는 그 사실을 공고하여야 한다.
⑦ 관할위원회는 제6항에 따라 허위게재사실을 공고한 때에는 그 공고문 사본 1매를 선거일에 투표소의 입구에 첨부하여야 한다.

2. 법규요약 및 해설

선거공보는 선거관리위원회가 후보자로부터 제출받아 선거인명부 확정일 후 투표안내문과 함께 유권자, 거소투표신고인에 발송하는 선거운동용 선전인쇄물이다.

공직선거의 경우 과거 선거공보는 후보자로부터 원고를 받아 선거관리
기관이 작성·발송하였으나 1994. 3. 16. 통합선거법 제정 이후 선거공보
를 후보자 등이 작성·제출하고 선거관리위원회는 이를 제출받아 단지 발
송하는 역할만을 하고 있다. 이런 점에서 선거공보는 선거관리기관의 공
보로서의 성격은 배제되고 후보자 등의 선전인쇄물 성격을 갖게 되었다.

선거공보의 작성권자는 원칙적으로 후보자이다.

후보자는 선거운동을 위하여 선거공보 1종을 작성할 수 있으며 선거인
명부확정일 전일까지 관할위원회에 선거공보를 제출하여야 한다.

후보자가 선거공보를 제출하는 경우에는 선거공보에 범죄경력을 게재
하여야 하고, 선거공보를 제출하지 않을 경우에는 범죄경력에 관한 서류
를 별도로 작성하여 선거공보의 제출마감일까지 관할위원회에 제출하여
야 한다.

선거공보 둘째 면에는 범죄경력회보서에 게재된 내용 그대로 "범죄경
력"을 게재하여야 하며 범죄경력을 게재하지 않은 선거공보를 제출하거나
범죄경력에 관한 서류를 별도로 제출하지 않은 것이 발견된 때에는 그 후
보자의 등록은 무효로 한다.

유권자의 후보자정보에 대한 알 권리를 신장시키기 위해 금번 새마을금
고 이사장 선거에 처음으로 도입되었다.

선거공보는 작성권자인 후보자가 관할 위원회에 제출하며 관할 위원회
는 선거공보의 종수·규격·수량 및 제출기한의 규정을 위반하면 접수하
지 아니한다.

공직선거의 경우 후보자정보공개자료를 게재하지 않거나, 둘째 면이 아
닌 다른 면에 게재하는 경우 또한 접수하지 않도록 규정되어 있어 이와
같은 취지의 위탁선거 범죄경력도 공직선거를 준용하여 접수하지 않는 것
이 타당하리라 생각된다.

후보자가 제출마감일까지 선거공보 또는 범죄경력에 관한 서류를 제
출하지 않거나 규격을 넘는 선거공보를 제출한 때에는 그 선거공보는 발

송하지 않으며 제출된 선거공보는 정정 또는 철회할 수 없다. 다만 오기나 이 법에 위반되는 내용이 게재되었을 경우에는 제출마감일까지 해당 후보자가 정정할 수 있다.

또한 후보자 및 선거인은 선거공보의 내용 중 경력·학력·학위·상벌·범죄경력에 관하여 거짓으로 게재되어 있음을 이유로 이의제기를 하는 때에는 관할위원회에 서면으로 하여야 하고, 이의제기를 받은 관할위원회는 후보자와 이의제기자에게 그 증명서류의 제출을 요구할 수 있으며, 그 증명서류의 제출이 없거나 거짓 사실임이 판명된 때에는 관할위원회는 그 사실을 공고하여야 하며 허위게재사실을 공고한 때에는 그 공고문 사본 1매를 선거일에 투표소의 입구에 첨부하여야 한다.

선거공보의 규격은 길이 27센티미터 너비 19센티미터 이내이며 면수는 8면 이내이다. 앞면에는 선거명, 후보자의 기호 및 성명을, 둘째 면에는 법 제18조제4항에 따라 회보받은 범죄경력을 기재한다.

후보자의 성명은 후보자등록신청서에 기재된 성명을 기재하여야 하나 선거벽보가 선거구민을 대상으로 하는 선거운동의 한 방법으로 허용되는 것에 비추어 평상시 사용하는 성명 등을 병기하는 것까지 금지하는 것은 아니다.[43]

또한 선거공보에 QR코드 인쇄 및 NFC 칩 부착은 무방할 것이나 선거관리위원회의 통상적인 방법의 선거 공보 취급과정에서 NFC 칩의 기능이 손상되지 않도록 작성해야 한다.[44]

선거공보의 작성수량·제출수량은 예상 선거인수에 그 100분의 10을 더한 수로 하며 작성·제출할 수량의 단수가 10 미만인 때에는 10매로 한다. 후보자가 선거공보 제출수량의 전부 또는 일부를 제출하지 않은 때에는 제출해야 할 수량에서 기존에 제출한 선거공보의 수량을 뺀 수만큼의 범죄경력에 관한 서류를 제출해야 한다. 또한 관할 위원회로부터 이의제기에 대한 증명서류의 제출을 요구받은 후보자와 이의 제기자는 그 요구를 받

43) 중앙선거관리위원회 2006. 4. 18. 회답
44) 중앙선거관리위원회 2016. 2. 16. 회답

은 날부터 3일 이내에 관련 증명서류를 제출해야 한다(위탁선거규칙 제12조).

「공공단체등 위탁선거에 관한 법률」에서 학력을 정규학력으로 제한하고 있지 아니하므로 각 조합법 및 정관등에 별도 규정이 없는 한 비정규학력도 선거공보 등에 게재할 수 있다. 「초·중등교육법」, 「고등교육법」에서 인정하는 정규학력의 경우 최종학력증명서를 후보자등록 시 관할위원회에 제출하면 되고, 비정규학력의 경우 선거공보 등에 과정명 등을 사실대로 기재되 증명서 제출은 하지 않아도 된다.

주의할 사항은 비정규학력인 ○○대학교 경영대학원 '최고경영자 과정 이수'를 ○○대학교 경영대학원 '수료'로 기재 시 허위사실에 해당할 수 있으니 유의해야 하며, 또한 대학교를 졸업한 사람이 학력을 기재하지 않거나 중학교 졸업 학력만을 게재 할 수 있지만 정규 학교를 수학한 이력이 있음에도 학력 또는 경력에 '독학'으로 게재하는 행위는 허위사실공표죄에 위반될 수 있기 때문에 각별히 주의해야 한다.

벌칙규정을 살펴보면 당선되거나 되게 할 목적으로 선거공보나 그 밖의 방법으로 후보자(입후보예정자 포함)에게 유리하도록 후보자, 그의 배우자 또는 직계존비속이나 형제자매에 관하여 허위의 사실을 공표하는 경우 3년 이하의 징역 또는 3천만원 이하의 벌금에 처하며(위탁선거법 제61조 제1항), 당선되지 못하게 할 목적으로 선거공보나 그 밖의 방법으로 후보자(입후보예정자 포함)에게 불리하도록 후보자, 그의 배우자 또는 직계존비속이나 형제자매에 관하여 허위의 사실을 공표한 자는 5년 이하의 징역 또는 500만원 이상 5천만원 이하의 벌금에 처한다(위탁선거법 제61조 제1항).

선거운동을 목적으로 선거공보나 그 밖의 방법으로 공연히 사실을 적시하여 후보자(입후보예정자 포함), 그의 배우자 또는 직계존비속이나 형제자매를 비방한 자는 2년 이하의 징역 또는 2천만원 이하의 벌금에 처한다(위탁선거법 제62조).

3. 할 수 있는 사례와 할 수 없는 사례

- 선거공보에 '선거명. 후보자의 기호 및 성명'은 의무적으로 표기해야 하며 선거공보에 허위의 사실 또는 비방에 이르는 내용을 게재할 수 없음.
- 선거공보에 '자신을 기표한 투표용지 그림'을 게재하는 것은 가능함.
- 위탁선거법상 선거공보 무게의 제한도 없고 코팅하는 것도 가능하지만 통상적인 범위를 벗어나 재산상 이익을 제공할 수 있는 형태의 경우 법 제35조 및 제58조에 위반됨.
- 선거운동 목적으로 타인과 함께 사진을 촬영하여 후보자의 선거공보 · 선거벽보 · 명함 등에 게재할 수 없으나, 제3자가 직업적 도는 단순한 모델로서 출연한 사진을 게재하거나 과거에 타인과 함께 찍었던 활동 사진을 게재하는 것은 법상 무방함.
- 선거공보에 합성사진이나 선거운동 목적으로 할머니, 어린이, 청년 등 타인과 함께 찍은 사진을 게재할 수 없음.
- 단순한 모델로서 출연한 사진을 게재하거나 과거에 타인과 함께 찍었던 활동사진은 게재할 수 있으나 선거인에게 인지도와 호감도 등이 높아 후보자의 득표에 도움이 되는 인사들이 후보자로부터 출연 요청을 받고 그에 응하여 동영상 등에 출연하는 경우에는 선거운동의 고의가 인정되므로 위반됨.
- 과거 배우자와 함께 찍었던 활동사진을 게재할 수 있으나 선거운동 목적으로 함께 사진을 촬영하여 게재하면 법 제24조 및 제66조에 위반됨.
- 선거공보의 내용에 비방 또는 허위사실에 이르는 내용을 기재할 수 없음.
- 후보자가 졸업한 학교의 명칭이 변경된 경우 선거공보 등에 표기할 경우에는 졸업 또는 수료 당시의 학교명을 우선 표기하고 현재의 학교명을 괄호 안에 병기하여 기재하여야 함.

- 선거운동은 후보자 본인만 할 수 있으므로 선거공보에 제3자의 추천사를 게재하는 것은 위법임.
- 선거공보를 가지고 다니면서 직접 배부하거나 편의점 등에 비치하는 행위는 법 제24조, 제25조, 제66조에 위반됨.
- 방송통신대학교 법학과 1학년에 재학 중인 경우 선거공보에 방송통신대학교 재학 중이라고 기재할 수 있음.
- 대학교를 졸업한 사람이, 학력을 기재하지 않거나 중학교 졸업 학력만을 게재할 수 있음.
- 정규 학교를 수학한 이력이 있음에도 학력 또는 경력에 '독학'으로 게재하는 행위는 할 수 없음.
- 선거공보에 QR코드 인쇄 및 NFC 칩 부탁은 무방할 것이나 선거관리위원회의 통상적인 방법의 선거 공보 취급과정에서 NFC 칩의 기능이 손상되지 않도록 작성해야 함.
- 책자형 선거공보는 공직선거법 제65조 제2항 및 공직선거관리규칙 제30조 제1항에 따른 규격과 면수 이내에서 병풍형태로 작성할 수 있을 것임.

4. 주요 위반행위 판례

- '○○대학교 ○○대학원 고급정책개발전공 6개월 과정' 교육을 수료하였음에도 선거공보에 '○○대학교 ○○대학원 수료'라고 게재함 [서울북부지방법원 2020. 6. 10. 선고 2020고정382 판결].
- "○○대학교 행정대학원 최고관리자반", "○○대학교 경영대학원 경영자 연수과정"을 각각 이수하였을 뿐임에도 선거공보에 "○○대학교 행정대학원 수료", "○○대학교 경영대학원 수료"라는 허위사실 게재[전주지방법원 2015. 9. 4. 선고 2015고단808 판결].
- 조합장으로 재직할 당시 하나로마트 ○○지점을 개설한 사실이 없음에도 선거공보 제2면 '조합장 임기성과'란에 '하나로마트 ○○지점

개설'이라는 허위사실 게재[춘천지방법원 강릉지원 2015. 8. 13. 선고 2015고단662 판결].

■ 불우이웃돕기 성금을 동사무소에 기탁한 사실이 없음에도 선거공보에 "매월 불우이웃돕기 성금을 동사무소에 기탁하였다"는 허위사실 게재[대법원 1999. 2. 24. 선고 98도4388 판결].

■ 선거공보를 가정집 우편함에 투입하거나 선거인에게 임의로 배부[서울고등법원 1995. 12. 29. 선고 95노2832 판결].

제 4 절 선거벽보

1. 관계법조문

> **제26조(선거벽보)**
> ① 후보자는 선거운동을 위하여 선거벽보 1종을 작성할 수 있다. 이 경우 후보자는 선거인명부확정일 전일까지 관할위원회에 선거벽보를 제출하여야 한다.
> ② 관할위원회는 제1항에 따라 제출된 선거벽보를 제출마감일 후 2일까지 해당 위탁단체의 주된 사무소와 지사무소의 건물 또는 게시판 및 위탁단체와 협의한 장소에 첩부하여야 한다.
> ③ 제25조제4항부터 제7항까지의 규정은 선거벽보에 이를 준용한다. 이 경우 "선거공보"는 "선거벽보"로, "발송"은 "첩부"로, "규격을 넘는"은 "규격을 넘거나 미달하는"으로 본다.
> ④ 선거벽보의 작성수량·첩부수량·규격·제출, 그 밖에 필요한 사항은 중앙선거관리위원회규칙으로 정한다.

2. 법규요약 및 해설

선거벽보는 후보자의 정보와 공약을 알리기 위해 후보자가 제작하여 관할위원회가 제출마감일 후 2일까지 새마을금고 등의 게시판에 첩부하는 인쇄물이다.

공직선거의 경우 후보자를 알리기 위하여 우리나라 선거문화의 초창기부터 존재한 선거운동방법으로 종전에는 '선전벽보'라는 명칭이었으나, 2010. 1. 25. 법 개정으로 현재의 '선거벽보'라는 이름을 갖게 되었다.

후보자는 선거운동을 위하여 선거벽보 1종을 작성할 수 있다. 이 경우 후보자는 선거인명부확정일 전일인 2025년 2월 22일까지 관할위원회에 선거벽보를 제출하여야 한다.

후보자가 제출마감일까지 선거벽보를 제출하지 않거나 규격을 넘는 선거벽보를 제출한 때에는 그 선거벽보는 첩부하지 않으며 제출된 선거벽보는 정정 또는 철회할 수 없다. 다만 오기나 이 법에 위반되는 내용이 게재되었을 경우에는 제출마감일까지 해당 후보자가 정정할 수 있다.

선거벽보는 길이 53센티미터 너비 38센티미터로 하되, 길이를 상하로 하여 종이로 작성한다. 후보자는 관할위원회가 첩부한 선거벽보가 오손되거나 훼손되어 보완첩부하려는 때에는 공고된 수량의 범위에서 그 선거벽보 위에 덧붙여야 한다.

후보자의 성명은 후보자등록신청서에 기재된 성명을 기재하여야 하나 선거벽보가 선거구민을 대상으로 하는 선거운동의 한 방법으로 허용되는 것에 비추어 평상시 사용하는 성명등을 병기하는 것까지 금지하는 것은 아니다.[45]

후보자가 제출할 선거벽보의 수량은 해당 위탁단체로부터 통보받은 첩부수량에 그 100분의 10을 더한 수로 하고, 후보자가 보완첩부를 위하여 보관할 수량은 위탁단체로부터 통보받은 첩부수량의 100분의 30에 해당하는 수로 하되 후보자가 제출한 선거벽보의 수량이 첩부수량에 미달하는 경우 관할위원회는 선거벽보를 첩부하지 아니할 장소를 지정한다.

후보자 및 선거인은 선거벽보의 내용 중 경력·학력·학위·상벌·범죄경력에 관하여 거짓으로 게재되어 있음을 이유로 이의제기를 하는 때에는 관할위원회에 서면으로 하여야 하고, 이의제기를 받은 관할위원회는 후보

---

45) 중앙선거관리위원회 2006. 4. 18. 회답

자와 이의제기자에게 그 증명서류의 제출을 요구할 수 있으며, 그 증명서류의 제출이 없거나 거짓 사실임이 판명된 때에는 관할위원회는 그 사실을 공고하여야 하며 허위게재사실을 공고한 때에는 그 공고문 사본 1매를 선거일에 투표소의 입구에 첨부하여야 한다.

공공단체등 위탁선거에 관한 법률」에서 학력을 정규학력으로 제한하고 있지 아니하므로 각 조합법 및 정관 등에 별도 규정이 없는 한 비정규학력도 선거벽보 등에 게재할 수 있다. 「초·중등교육법」, 「고등교육법」에서 인정하는 정규학력의 경우 최종학력증명서를 후보자등록 시 관할위원회에 제출하면 되고, 비정규학력의 경우 선거공보 등에 과정명 등을 사실대로 기재하되 증명서 제출은 하지 않아도 된다.

주의할 사항은 비정규학력인 ○○대학교 경영대학원 '최고경영자 과정 이수'를 ○○대학교 경영대학원 '수료'로 기재 시 허위사실에 해당할 수 있으며, 또한 대학교를 졸업한 사람이 학력을 기재하지 않거나 중학교 졸업 학력만을 게재할 수 있지만 정규 학교를 수학한 이력이 있음에도 학력 또는 경력에 '독학'으로 게재하는 행위는 허위사실공표죄에 위반될 수 있기 때문에 각별히 주의해야 한다.

또한 선거벽보에 QR코드 인쇄 및 NFC 칩 부착은 무방할 것이나 선거관리위원회의 통상적인 방법의 선거벽보 취급과정에서 NFC 칩의 기능이 손상되지 않도록 작성해야 한다.[46]

벌칙규정을 살펴보면 당선되거나 되게 할 목적으로 선거공보나 그 밖의 방법으로 후보자(입후보예정자 포함)에게 유리하도록 후보자, 그의 배우자 또는 직계존비속이나 형제자매에 관하여 허위의 사실을 공표하는 경우 3년 이하의 징역 또는 3천만 원 이하의 벌금에 처하며(위탁선거법 제61조 제1항) 당선되지 못하게 할 목적으로 선거공보나 그 밖의 방법으로 후보자(입후보예정자 포함)에게 불리하도록 후보자, 그의 배우자 또는 직계존비속이나 형제자매에 관하여 허위의 사실을 공표한 자는 5년 이하의 징역 또는 500만

---

46) 중앙선거관리위원회 2016. 2. 16. 회답

원 이상 5천만원 이하의 벌금에 처한다(위탁선거법 제61조 제1항).

　선거운동을 목적으로 선거공보나 그 밖의 방법으로 공연히 사실을 적시하여 후보자(입후보예정자 포함), 그의 배우자 또는 직계존비속이나 형제자매를 비방한 자는 2년 이하의 징역 또는 2천만원 이하의 벌금에 처한다(위탁선거법 제62조).

3. 할 수 있는 사례와 할 수 없는 사례

- 후보자가 다수의 선거인이 왕래하는 식당 등에 선거벽보를 게시하는 경우에는 후보자 자신을 선전하는 행위가 되어 법 제24조, 제26조, 및 제66조에 위반됨.
- 후보자가 선거벽보에 자신이 조합장으로서 재임 중에 신축했던 건물 사진을 게재할 수 있음.
- 선거벽보는 위탁선거 규칙 제13조 제1항에 따라 아크릴이나 플라스틱으로 제작할 수 없으며 종이로 작성해야 함.
- 선거벽보의 내용에는 비방 또는 허위사실에 이르는 내용을 기재할 수 없음.
- 방송통신대학교 법학과 1학년에 재학 중인 경우 선거벽보에 방송통신대학교 재학 중이라고 기재할 수 있음.
- 대학교를 졸업한 사람이 선거벽보에 학력을 기재하지 않거나 대학교 학력은 기재하지 않고 고등학교 졸업 학력만을 게재할 수 있음.
- 정규 학교를 수학한 이력이 있음에도 학력 또는 경력에 '독학'으로 게재하는 행위는 할 수 없음.
- 선거벽보에 QR코드 인쇄 및 NFC 칩 부착은 무방할 것이나 선거관리위원회의 통상적인 방법의 선거 벽보 취급과정에서 NFC 칩의 기능이 손상되지 않도록 작성해야 함.

제 5 절 어깨띠 · 윗옷 · 소품

1. 관계법조문

> **제27조(어깨띠 · 윗옷 · 소품)** 후보자등은 선거운동기간 중 어깨띠나 윗옷(上衣)을 착용하거나 소품을 이용하여 선거운동을 할 수 있다. <개정 2024. 1. 30.>
> **제66조(각종제한규정위반죄)** 다음 각호의 어느 하나에 해당하는 자는 2년이하의 징역 또는 2천만원 이하의 벌금에 처한다.
> 4. 제 27조를 위반하여 선거운동을 한 자.

2. 법규요약 및 해설

이 선거운동방법은 어깨띠 · 윗옷 · 소품의 작성 · 사용 방법을 규정하고 합리적으로 제한하여 과열경쟁으로 인한 낭비를 방지하고 후보자간 자유롭고 질서있는 선거운동을 추구함을 목적으로 한다.

후보자와 선거운동원은 선거운동 기간중 종류 및 규격에 제한 없이 어깨띠나 윗옷을 착용하거나 소품을 이용하여 선거운동을 할 수 있고 어깨띠 등 소품에 표시할 수 있는 내용은 후보자의 사진 · 성명 · 기호 및 그 밖의 홍보에 필요한 사항으로 게재할 수 있는 내용에 특별한 제한은 없으나, 후보자에 관한 허위사실 등 다른 법조문에서 제한하는 내용은 금지된다.

「착용」이란 직접 몸에 두르거나 머리에 쓰는 것 내지 그와 유사한 방법으로 신체의 일부와 떨어지지 않는 상태로 사용하는 것을 뜻한다고 봄이 상당하다.[47]

「소품」이란 옷에 붙이거나 사람이 입거나 한 손으로 지닐 수 있는 정도의 크기의 것」 범위라야 하므로 한 손으로 지닐 수 있는 정도의 LED 홍보판을 소품으로 사용하거나 한 손으로 지닐 수 있는 정도 크기 이내의 드론을 직접 손에 들거나 몸에 붙이는 것은 가능하다.[48]

---

47) 서울고등법원 2014. 12. 18. 선고 201노3279 판결
48) 중앙선거관리위원회, 공직선거해설 1, 2020, 381쪽

후보자가 어깨띠 등을 착용·이용하여 행하는 선거운동 방법에는 제한
이 없어 후보자가 자신의 홍보에 필요한 사항을 게재한 어깨띠를 착용하
고 선거운동을 하거나, 선거운동을 위한 어깨띠·윗옷·소품에 발광기능
을 부착하거나, 후보자가 어깨띠를 착용한 채 자전거를 타고 이동하는 행
위는 무방하다.[49)

본 조를 위반할 경우 2년 이하의 징역 또는 2천만원 이하의 벌금에 처
한다.

3. 할 수 있는 사례와 할 수 없는 사례

- 후보자가 착용하는 어깨띠나 윗옷의 종류·규격·금액, 내용의 제한
  은 없으나 그 소품 등에 허위사실 또는 비방에 이르는 내용을 게재하
  면 행위양태에 따라 법 제61조 또는 제62조에 위반됨.
- 후보자 등은 선거운동기간 중 선거벽보와 내용 및 크기를 동일하게
  제작하여 코팅한 피켓을 선거운동에 활용할 수 있음.
- 후보자 등은 자전거를 타고 몸에 선거운동용 소품을 지니거나 두르거
  나 붙여서 선거운동을 할 수 있음.
- 후보자가 자전거 또는 오토바이 등에 자신을 선전하는 선전물을 부착
  하여 이동하는 행위는 법 제24조, 제27조, 및 제66조에 위반됨.
- 녹음기 또는 녹화기나 확성장치 등을 사용해서 선거운동을 할 수 없
  으며 위반시 법 제24조, 제27조, 및 제66조에 위반됨.
- 후보자가 자신의 홍보에 필요한 사항을 게재한 어깨띠나 상의를 착용
  하고 선거운동을 할 수 있음.
- 선거운동을 위한 어깨띠·윗옷·소품에 발광기능을 부착하여 선거운
  동을 할 수 있음.
- 어깨띠나 윗옷 또는 소품에 후보자 성명, 기호, 구호 등 선거운동을
  위해 필요한 문자·그림 등을 삽입할 수 있음.

---

49) 대검찰청, 위탁선거법 벌칙해설, 2019, 370쪽

- 후보자가 선거벽보와 동일하게 제작한 피켓 등을 제작하여 들고 다니면서 선거운동을 할 수 있음.
- 후보자와 선거운동원이 아닌 가족이나 제3자가 어깨띠나 윗옷·소품 등을 이용하여 선거운동을 하는 행위는 법 제24조, 제27조, 및 제66조에 위반됨.
- 후보자와 선거운동원은 티셔츠 및 점퍼등 선거운동용 윗옷을 동시에 입고 선거운동을 할 수 있음.
- 후보자와 선거운동원 선거운동기간 중에 LED화면이 부착된 배낭 또는 허리띠를 선거운동용 소품으로 볼 수 있음.

제 6 절 전화를 이용한 선거운동

1. 관계법조문

제28조(전화를 이용한 선거운동)
후보자등은 선거운동기간 중 다음 각 호의 어느 하나에 해당하는 방법으로 선거운동을 할 수 있다. 다만, 오후 10시부터 다음 날 오전 7시까지는 그러하지 아니하다.
1. 전화를 이용하여 송화자·수화자 간 직접 통화하는 방법
2. 문자(문자 외의 음성·화상·동영상 등은 제외한다)메시지를 전송하는 방법
제66조(각종제한규정위반죄) 다음 각호의 어느 하나에 해당하는 자는 2년이하의 징역 또는 2천만원 이하의 벌금에 처한다.
5. 제 28조를 위반하여 선거운동을 한 자.

2. 법규요약 및 해설

이 법의 취지는 전화통화나 문자메시지 전송에 의한 선거운동을 합리적으로 제한함으로써 과열경쟁으로 인한 낭비를 방지하고 질서있는 선거운

동을 도모함과 아울러 후보자 간에 형평을 꾀하기 위한 것이다.

위 선거운동의 주체는 예비후보자와 예비후보자의 선거운동원, 후보자
와 후보자의 선거운동원이며, 전화통화나 문자메시지 전송에 의한 선거운
동을 할 수 있다.

전화를 이용하는 경우 송화자·수화자 간 직접 통화하는 방법으로만 허
용되며, 시간상으로는 오전 7시부터 오후 10시까지만 가능하고 오후 10시
부터 다음날 오전 7시까지는 할 수 없다.

문자메시지를 전송하는 횟수나 대상에는 제한이 없고 공직선거법과 달
리 자동 동보통신의 방법으로도 횟수나 대상 또는 신고의 의무가 없다.

'자동 동보통신의 방법'이란 동시 수신대상자가 20명을 초과하거나 그
대상자가 20명 이하인 경우에도 프로그램을 이용하여 수신자를 자동으로
선택하여 전송하는 방식을 말한다.[50]

전화는 직접 통화하는 방법으로만 가능하므로 녹음된 내용을 일방적으
로 송출할 수 없다.

후보자 등 외의 가족이나 제3자가 전화를 이용하여 선거운동을 하거나
특정 장소에 전화를 가설하고 전화홍보팀을 운영하는 행위 등은 할 수 없다.

음성·화상·동영상을 전송한다는 의미는 음성·화상·동영상 그 자체
를 문자메시지를 통해 전송하는 경우를 의미하고, 클릭하면 동영상을 시
청할 수 있는 인터넷 주소 링크 문자를 전송한 경우에는 동영상 전송으로
볼 수 없어 선거운동 방법이 허용된다.[51]

후보자가 선거운동기간 중 휴대전화를 이용하여 송·수화자 간 직접 통
화를 한 후, 수신자에게 콜백문자서비스를 통해 선거운동 명함 앞면 이미
지와 인사말이 게재된 문자메시지를 전송할 수 있다.

위 규정을 위반하여 선거운동을 한 자는 2년이하의 징역 2천만원 이하
의 벌금에 처한다.

참고로 후보자는 전화를 이용한 선거운동을 하기 위하여 해당 위탁단체

50) 중앙선거관리위원회, 공직선거해설 1, 311쪽
51) 대법원 2015. 8. 19. 선고 2015도5789 판결

에 그 구성원의 이동전화번호가 노출되지 않도록 생성한 번호(이하 "휴대전화 가상번호"라 한다)를 이동통신사업자로부터 제공받아 후보자에게 제공하여 줄 것을 요청할 수 있으며, 위탁단체로부터 휴대전화 가상번호를 제공받은 후보자는 제공받은 휴대전화 가상번호를 제28조에 따른 선거운동 외의 다른 목적으로 사용하거나, 제공받은 휴대전화 가상번호를 다른 자에게 제공할 수 없다(위탁선거법 제30조의3).

휴대전화 가상번호란 구성원의 이동전화번호가 노출되지 않도록 생성한 번호로 위탁단체가 이동통신사업자에 요청하여 제공받은 번호를 말한다.

이때 위탁단체는 해당 단체의 구성원에게 후보자에게 가상번호를 제공한다는 사실을 알려야 하며, 구성원이 거부의사를 밝히는 경우에는 제공할 수 없다.

휴대전화 가상번호 제공에 대한 자세한 설명은 이 책 제3장 선거절차와 신고·신청 제7절에 자세하게 설명하였으니 참고하면 되겠다.

2. 할 수 있는 사례와 할 수 없는 사례

- 후보자가 선거운동기간 중에 직접 통화하는 방식으로 지지·호소를 한 후 추가로 후보자의 공약사항을 청취할 것인지 묻고 동의하는 유권자에 대하여 제3자 혹은 후보자가 미리 녹음한 음성으로 공약내용을 전달하는 것은 가능하다. 다만 상대방의 동의를 받지 않거나 제3자의 음성으로 녹음된 메시지를 들려주는 경우에는 법 제24조, 제28조 및 제66조에 위반됨.
- 서버 컴퓨터가 자동으로 사전에 입력된 조합원 전화번호로 전화를 걸고 조합원이 전화를 받으면, 제3자 혹은 후보자의 녹음된 음성으로 단순히 통화자의 계속 통화 여부를 물은 뒤, 승낙하는 조합원에 대하여 후보자가 직접 통화하는 방식으로 1:1로 지지를 호소할 수 있음. (예: ○○조합장선거 기호○번 ○○○후보입니다. 저의 약력이나 선거공약과 같은 추가정보를 얻기 위해 직접 통화를 원하시면 0번을, 거부하시려면 9번을 눌러

주십시오.) 다만, 녹음된 음성에 후보자의 성명을 밝히는 것을 넘어 후
보자를 선전하는 내용이 있는 경우에는 법 제24조, 제28조 및 제66조
에 위반됨.

• 후보자가 휴대폰 통화 연결음에 "조합장선거 기호 ○번 ○○○입니다.
많은 지지 부탁드립니다"라는 홍보멘트를 넣어 사용할 수 있음. 다
만, 후보자 외에 가족이나 제3자가 전화를 이용하여 선거운동(통화 연
결음 포함)하는 경우는 법 제24조, 제28조 및 제66조에 위반됨.

• 후보자가 선거운동기간 중 휴대전화를 이용하여 송·수화자 간 직접
통화하는 방법의 선거운동을 하면서 통신사의 레터링(글자) 부가서비
스를 이용하여 수신자의 휴대전화 화면에 발신자인 후보자의 기호·
성명을 표시할 수 있음. 다만, 레터링서비스를 이용하여 문자 외에
사진 등을 표출하는 경우 법 제24조, 제28조, 제66조에 위반됨.

• 후보자가 선거운동기간 중 휴대전화를 이용하여 송·수화자 간 직접
통화를 한 후, 수신자에게 콜백문자서비스를 통해 선거운동 명함 앞
면 이미지와 인사말이 게재된 문자메시지를 전송할 수 있음. 다만,
법 제28조 제2호에 따라 문자 외에 이미지 파일은 전송할 수 없음.

• 후보자가 선거운동기간 중 휴대전화를 이용하여 송·수화자 간 직접
통화하는 방법의 선거운동을 하면서 통신사의 이미지 전송 부가서비
스를 이용하여 수신자의 휴대전화 화면에 후보자의 명함을 표출되도
록 하는 행위는 법 제24조, 제28조, 제66조에 위반됨.

• 선거운동에 사용되는 전화기의 명의 또는 사용대수에 대하여 법상 제
한하는 규정이 없음 따라서 후보자 본인 명의 이외에 다른 사람의 명
의를 사용 할 수 있음.

• 후보자가 되려는 사람이 다수의 선거인에게 출마의사를 표현하는 경
우에는 법 제24조, 제28조 및 제66조에 위반될 수 있음.

• 후보자가 선거운동기간 중에 자신의 홍보 및 안내멘트(후보자 기호 ○
번 ○○○입니다. 많은 성원과 지지 부탁합니다 등)를 자신의 휴대폰 통화

연결음으로 사용하는 행위는 가능함.

- 후보자 등 외에 가족이나 제3자가 전화를 이용하여 선거운동을 하거나 특정 장소에 전화를 가설하고 전화 홍보팀을 운영하는 행위는 할 수 없음.

- 후보자 등은 법 제28조에 따라 오후 10시부터 다음 날 오전 7시까지는 선거운동을 위한 문자메시지를 전송할 수 없음. 다만, 법상 문자메시지 전송 횟수를 제한하는 규정은 없음.

- 후보자가 지인이나 가족 등 제3자를 시켜 문자메시지를 전송하는 그 일련의 사실행위를 자신의 지배하에 두어 자신이 직접 실행하는 것과 동일시 할 수 있는 경우라면 지인이나 가족 또는 제3자를 시켜 문자메시지를 전송할 수 있음.

- 조합원명부(책자로 된 주소록)를 이용하여 선거운동 문자메시지를 보낼 때 제한사항은 없으며 관련사항은 해당 조합에 문의하기 바람.

- 문자메시지를 선거운동 허용시간에 전송하였으나 통신망 또는 수신자의 사정(휴대폰이 꺼져 있다든지, 문자를 수신할 수 없는 장소에 있다든지 등)에 따라 부득이하게 금지 시간에 수신된 경우 법에 위반되는지 여부는 후보자가 문자메시지를 전송한 시간이 오후 10시부터 다음날 오전 7시까지에 해당하지 않는 경우라면 위반되지 아니함.

- 문자메시지로 선거운동을 하는 경우 후보자 본인 명의의 번호나 지정된 발신번호만을 사용해야 하는지에 대하여 법상 제한하는 규정이 없으므로 가능함.

- 후보자가 선거와 관련하여 개설·운영하고 있는 자신의 홈페이지 URL 주소 또는 자신의 사진이나 동영상 등을 포함한 문자메시지를 선거인에게 전송 할 수 있음.

- 후보자가 해당 위탁단체가 개설·운영하고 있는 홈페이지 게시판에 자신이 게시한 선거운동 글의 URL 주소를 선거인에게 문자메시지로 전송할 수 있음.

- 후보자가 음성·화상·동영상 등이 포함되지 않고, 단순히 문자, 색상, 숫자로만 구성된 카드형태의 문자 메시지 이미지를 전송하는 것은 가능함.
- 후보자가 문자메시지를 이용한 선거운동을 할 경우 자동동보통신의 방법으로 전송할 수 있음.
- 문자메시지를 전송하는 경우 자동동보통신 이용여부, 문자메시지 전송 횟수, 선거운동정보에 해당하는 사실, 수신거부의 의사표시를 쉽게 할 수 있는 조치 및 방법에 대하여 법상 제한하는 규정이 없음.
- 후보자가 되려는 사람이 출마예정 문자메시지를 다수의 선거인에게 전송하는 경우에는 법 제24조, 제28조 및 제66조에 위반될 수 있음.
- 후보자가 선거운동기간 중 조합원이 아닌 사람에게 선거운동용 문자메시지를 보내는 것은 가능함.

3. 주요 위반행위 판례

- 후보자가 되려는 사람이 선거운동기간 전에 선거인에게 전화를 걸어 "곧 있을 조합장선거에 나가려고 하니 잘부탁한다", "경쟁 후보가 안 나오면 나를 좀 도와달라"고 선거운동[울산지방법원 2022. 7. 15. 선고 2022노378 판결].
  - ▸ 후보자가 되려는 사람이 예비후보자로 등록한 경우에는 가능.
- 후보자의 배우자가 조합원 185명에게 전화하여 "○○○후보자의 집입니다. 도와달라고 전화드렸습니다"라고 지지 호소[대구지방법원 경주지원 2023. 10. 26. 선고 2023고단464 판결].
  - ▸ 후보자의 배우자가 선거운동원으로 지정된 경우에는 가능.
- 후보자가 되려는 사람과 11촌 관계인 자가 조합원 21명에게 "제목 ○○문중대표, 전○○문중대표, 전 조합장A. 내년도 조합장 후보 뜻 밝혔습니다. 주위 농민조합원들의 권유로 2달 남은 동안 친지분들은 하나같이 힘을 실어주시기 바랍니다. ○○○드림"이라는 문자메시지

전송[대법원 2022. 4. 28. 선고 2021도17194 판결].

  ▶ 금고의 임직원이 아닌 회원으로서 (예비)후보자의 선거운동원으로 지정된 경우에는 가능.

■ 후보자가 10명의 인원으로 하여금 선거운동을 하도록 교사하고, 피교 사자들이 선거인에게 전화를 걸어 후보자에 대한 지지 호소[대법원 2021. 4. 29. 선고 2020도16599 판결].

■ 후보자가 지인을 통해 선거운동기간 중 대량문자 발송사이트를 이용 하여 문자메시지를 발송하면서 자신의 명함사진과 함께 조합원 2,200명에 전송하도록 지시[창원지방법원 진주지원 2016. 2. 16. 선 고 2015고단719 판결].

■ 입후보예정자의 부친이 조합원 108명에게 전화하여 "아들이 ○○축 협 조합장선거에 나오니까 잘 부탁한다"라는 취지로 말하며 아들의 출마사실을 알리고 지지 호소[춘천지방법원 원주지원 2015. 7. 3. 선 고 2015고약1658 판결].

  ▶ 입후보예정자의 부친이 후보자의 선거운동원으로 지정된 경우에는 가능.

■ 입후보예정자가 조합원 1,444명에게 "○○농협이사 ○○○입니다. 12월 31일자로 이사직을 퇴임합니다. 다가오는 2015년 3월 11일, 큰 뜻을 가지고 조합장선거에 출마하오니, 많은 성원 부탁드리며, 귀댁 에도 웃음과 행복이 가득한 새해 되시길 기원합니다. -○○○ 올림 -"이라는 내용의 문자메시지 발송[창원지방법원 거창지원 2015. 6. 24. 선고 2015고단99 판결].

  ▶ 입후보 예정자가 예비후보자로 등록한 경우에는 가능.

■ 후보자인 피고인의 얼굴과 약력, 기호가 새겨진 선거운동용 명함을 촬영한 사진을 "소중한 한표 기호 4번 A에게 꼭 부탁드립니다. 조합 원을 위해 열심히 봉사하겠습니다. 사랑합니다"라는 문자메시지에 첨부하여 조합원에게 발송한 것은 위법임[광주지방법원 목포지원

2017. 3. 10. 선고 2015고단1011 판결].

■ 음성·화상·동영상을 전송한다는 의미는 음성·화상·동영상 그 자체를 문자메시지를 통해 전송하는 경우를 의미하고, 클릭하면 동영상을 시청할 수 있는 인터넷 주소 링크 문자를 전송한 경우에는 동영상 전송으로 볼 수 없어 선거운동 방법이 허용됨[대법원 2015. 8. 19. 선고 2015도5789 판결].

■ 조합장 당선자인 피고인이 328명에게 계절인사나 명절인사와 같이 단순히 안부를 묻는 문자를 전송한 사안에서 평소 문자 수신 상대방이 피고인과 친분이 있는 사람들이고 그중 조합원은 전체 조합원의 19%에 불과하여 문자 내용에 피고인의 지위를 알리거나 선거 관련 내용이 없고 문자를 보낸 시점이 전 조합장의 불출마 선언을 하기 약 6개월 전인 점에서 당선을 도모하려는 목적의사가 있었다고 보기 어렵다고 하여 문자메시지 전송이 선거운동이라고 보기 어렵다고 하여 무죄를 선고함[광주지방법원 2016. 1. 16. 선고 2015고단1470 판결].

제 7 절 정보통신망을 이용한 선거운동

1. 관계법조문

제29조(정보통신망을 이용한 선거운동) ① 후보자등은 선거운동기간 중 다음 각 호의 어느 하나에 해당하는 방법으로 선거운동을 할 수 있다. <개정 2024. 1. 30.>
  1. 인터넷 홈페이지의 게시판·대화방 등에 글이나 동영상 등을 게시하는 방법
  2. 전자우편(컴퓨터 이용자끼리 네트워크를 통하여 문자·음성·화상 또는 동영상 등의 정보를 주고받는 통신시스템을 말한다)을 전송하는 방법
② 관할위원회는 이 법에 위반되는 정보가 인터넷 홈페이지의 게시판·대화방 등에 게시된 때에는 그 인터넷 홈페이지의 관리자·운영자 또는 「정보통신망

이용촉진 및 정보보호 등에 관한 법률」 제2조(정의)제1항제3호에 따른 정보
통신서비스 제공자(이하 이 조에서 "정보통신서비스 제공자"라 한다)에게 해
당 정보의 삭제를 요청할 수 있다. 이 경우 그 요청을 받은 인터넷 홈페이지
의 관리자·운영자 또는 정보통신서비스 제공자는 지체 없이 이에 따라야 한다.
제66조(각종제한규정위반죄) 다음 각호의 어느 하나에 해당하는 자는 2년이하
의 징역 또는 2천만원 이하의 벌금에 처한다.
5. 제 29조를 위반하여 선거운동을 한 자.

2. 법규요약 및 해설

이 법의 취지는 정보통신망을 이용한 선거운동방법을 규정하고 합리적
으로 제한하여 후보자 간 자유롭고 질서있는 선거운동을 추구함을 목적으
로 하고 있다.

2024년 1월 법이 개정되기 전에는 해당 위탁단체(새마을금고, 농협 등)의
인터넷 홈페이지만을 이용하여 선거운동을 할 수 있도록 제한하였으나,
이제는 후보자 본인이 작성한 홈페이지 등 모든 인터넷 홈페이지에서 제
한없이 선거운동을 할 수 있도록 허용하였다.

페이스북, 카카오톡, 인스타그램 등 전자우편을 사용한 선거운동의 경
우 문자·음성·화상·동영상도 가능하며 전송시간도 제한이 없다.

선거운동의 주체는 예비후보자와 예비후보자의 선거운동원, 후보자와
후보자의 선거운동원이며, 인터넷 홈페이지의 게시판·대화방 등에 글이
나 동영상 등을 게시하는 방법 또는 전자우편(컴퓨터 이용자끼리 네트워크를
통하여 문자·음성·화상 또는 동영상 등의 정보를 주고받는 통신시스템을 말한다)을
전송하는 방법으로 선거운동을 할 수 있다.

관할위원회에 등록된 예비후보자 또는 후보자가 선거운동을 위하여 만
든 후보자 홍보 관련 제작물인 글, 이미지, 동영상 등을 선거운동기간 중
에 직접 PC, 스마트폰 등을 활용해 SNS(트위터, 페이스북, 카카오톡 등)로 조
합원들에게 전송할 수 있다.

위 규정을 위반하여 선거운동을 한 자는 2년 이하의 징역 2천만원 이하의 벌금에 처한다.

3. 할 수 있는 사례와 할 수 없는 사례

- 후보자가 선거운동 기간 중에 조합이 개설·운영하는 인터넷 홈페이지 게시판에 자신의 선거벽보 및 선거공보 파일 등 선거 홍보 관련 콘텐츠를 직접 업로드할 수 있음.
- 후보자 등이 인터넷 홈페이지에 선거공보, 선거운동용 명함을 스캔하여 게시하거나 특정 후보자에 대한 지지·반대를 표현한 글 또는 동영상을 게시하는 행위는 가능함.
- 후보자 등이 아닌 제3자가 SNS 등을 이용하여 선거운동을 위한 정보를 선거인에게 전송할 수 없음.
- 후보자의 선거공보, 공약, 선거운동 동영상이 게재된 전자명함 URL (개인의 홍보사항을 미니홈피 형식으로 만들어 상대방에게 URL을 전송하는 것으로 전자명함을 받은 상대방뿐만 아니라 URL주소를 알고 있는 사람이면 누구나 접속 가능)을 카카오톡으로 전송할 수 있음.
- 후보자가 선거운동을 위하여 만든 후보자 홍보 관련 제작물인 글, 이미지, 동영상 등을 선거운동기간 중에 직접 PC, 스마트폰 등을 활용해 SNS(트위터, 페이스북, 카카오톡 등)로 조합원들에게 전송할 수 있음.
- 후보자가 되려는 사람이 다수의 선거인에게 SNS(카톡 등)를 이용하여 출마의사를 전송하는 경우에는 법 제24조 및 제66조에 위반될 수 있음.
  ▶ 관할 위원회에 등록한 예비후보자와 선거운동원은 가능.
- 후보자가 회원으로 있는 단체의 네이버 밴드 운영자가 후보자를 지지하는 선거운동성 글을 게시하는 경우 선거운동을 할 수 없는 자의 선거운동에 해당되어 법 제24조 및 제66조에 위반됨.
- 후보자가 되려는 사람이 모바일 애플리케이션을 별도 제작·배부하여 조합원들 스마트폰에 설치하게 하고 해당 애플리케이션의 고유 기능

인 푸시 알림을 이용하여 자신을 지지·선전하는 메시지를 전송하는 경우 법 제24조, 제28조 및 제66조에 위반됨.

- 후보자가 되려는 사람이 개인이 운영 중인 SNS(페이스북, 네이버 밴드 등)에 조합장선거 출마와 관련하여 "○○조합장선거에 출마를 생각하고 있습니다. 많은 지지 부탁드리겠습니다"라는 문구를 게시하는 경우 선거운동에 이르러 법 제24조 및 제66조에 위반됨.
  ▶ 관할 위원회에 등록한 예비후보자와 선거운동원은 가능.
- 후보자가 되려는 사람이 선거운동기간이 아닌 때에 인터넷 홈페이지, 블로그, 카페 등을 통하여 프로필을 공개하거나 평소 생각과 생활모습 등 자신을 소개하는 활동을 하는 경우 선거와 무관한 자신의 일상적인 활동 등으로 구성된 인터넷홈페이지, 블로그, 카페 등을 개설·운영하는 것은 가능함. 다만, 자신을 지지·선전하는 등 선거운동에 이르는 내용을 게시하는 경우에는 법 제24조 및 제66조에 위반됨.
  ▶ 관할 위원회에 등록한 예비후보자와 선거운동원은 가능.
- 후보자가 선거운동기간 중 모바일 애플리케이션이나 웹페이지에 정책 및 공약, 프로필 등 광고를 이용한 선거운동을 하는 경우에는 법 제24조, 제29조 및 제66조에 위반됨.
- 후보자가 선거운동기간에 선거운동을 위하여 만든 후보자 홍보 관련 제작물인 글, 이미지, 동영상등을 직접 PC 스마트폰 등을 활용해 카카오톡 등으로 조합원이나 회원들에게 전송 또는 전달하는 것은 가능함.
- 후보자가 자신의 인터넷 홈페이지를 제작하여 선거운동에 이르는 동영상 글 등을 게시할 수 있으며 명함에 후보자의 선거운동용 홈페이지나 블로그로 이동할 수 있는 QR코드를 삽입하여 선거운동을 할 수 있음.

4. 주요 위반행위 판례

■ 비상임이사인 조합원 2명이 카카오톡 단체채팅방에 특정 후보자에 대한 반대를 호소하는 글 게시[제주지방법원 2023. 11. 29. 선고 2023고약5070 약식명령].

■ 조합원이 카카오톡을 이용하여 총 300회에 걸쳐 후보자의 비리 의혹과 검찰수사 상황이 담긴 메시지를 조합원들에게 전송[대전지방법원 2019. 11. 29. 선고 2019고약9114 약식명령].

  ▶ 해당 금고의 임직원이 아닌 회원으로서 (예비)후보자의 선거운동원으로 지정되어 허위사실공표, 비방 등 법에 위반되지 않는 내용을 카카오톡 등 SNS로 전송하는 행위는 가능.

제 8 절 명함을 이용한 선거운동

1. 관계법조문

> **제30조(명함을 이용한 선거운동)** 후보자등은 선거운동기간 중 다수인이 왕래하거나 집합하는 공개된 장소에서 길이 9센티미터 너비 5센티미터 이내의 선거운동을 위한 명함을 선거인에게 직접 주거나 지지를 호소하는 방법으로 선거운동을 할 수 있다. 다만, 중앙선거관리위원회규칙으로 정하는 장소에서는 그러하지 아니하다.
> **제66조(각종제한규정위반죄)** 다음 각호의 어느 하나에 해당하는 자는 2년이하의 징역 또는 2천만원 이하의 벌금에 처한다.
> 5. 제 30조에 따른 명함의 규격 또는 배부방법을 위반하여 선거운동을 한 자.

2. 법규요약 및 해설

이 법의 취지는 명함을 이용한 선거운동방법을 규정하고 합리적으로 제한하여 후보자간 자유롭고 질서있는 선거운동을 추구함을 목적으로 하고 있다.

후보자 등은 선거운동기간 중 다수인이 왕래하거나 집합하는 공개된 장소에서 길이 9센티미터 너비 5센티미터 이내의 선거운동을 위한 명함을 선거인에게 직접 주거나 지지를 호소하는 방법으로 선거운동을 할 수 있다.

예비후보자 등은 '위탁단체가 사전에 공개한 행사장'에 한하여 선거운동을 할 수 있다.

중앙선거관리위원회규칙으로 정하는 병원·종교시설·극장의 옥내(대관 등으로 해당 시설이 본래의 용도 외의 용도로 이용되는 경우는 제외한다)나 위탁단체의 주된 사무소나 지사무소의 건물의 안에서는 명함을 배부하거나 지지를 호소하는 방법이 금지된다(위탁선거규칙 제15조).

대의원회에서 선출하는 이사장선거의 예비후보자 또는 후보자 등은 어떤 경우에든지 명함을 이용한 선거운동을 할 수 없으며, 그 이유는 유권자인 대의원이 200명에 불과해 명함을 이용한 선거운동방법이 실효가 없다고 판단한 듯하다.

▶ **명함을 이용한 선거운동 비교**

구분	예비후보자 등	후보자 등
방법	명함을 직접 주거나 지지를 호소할 수 있음. (대의원회에서 선출하는 이사장선거는 제외)	
장소	위탁단체가 사전에 공개한 행사장	다수인이 왕래하거나 집합하는 공개된 장소
금지장소	위탁단체가 사전에 공개한 행사장 이외의 장소	• 병원·종교시설·극장의 옥내 　(대관 등으로 해당 시설이 본래의 용도 외의 용도로 이용되는 경우 제외) • 위탁단체의 주된 사무소나 지사무소의 건물 안

후보자가 명함에 개인홈페이지나 위탁단체홈페이지 또는 블로그로 이동하는 QR코드를 삽입할 수 있으며 선거운동용 명함의 종수 및 수량에 대하여는 위탁선거법상 제한하는 규정이 없다.

명함을 경로당, 식당, 이·미용실 등에 비치할 수 없으며 허위사실이나 후보자를 비방하는 내용을 게재할 수 없으며 명함을 직접 주거나 지지를 호소하는 방법으로 선거운동을 할 수 있으므로 명함을 배부하지 않으면서 지지를 호소하는 방법으로 선거운동을 하는 것도 가능하다.

그러나 후보자가 명함을 직접 주거나 '개별적'으로 지지를 호소 하는데 그치지 않고 집회를 이용하여 정견을 발표하는 등 '집단적'으로 지지를 호소하는 행위는 할 수 없다.[52]

위탁선거법 제30조의 규정을 위반하여 선거운동을 한 자는 2년이하의 징역 2천만원 이하의 벌금에 처한다.

3. 할 수 있는 사례와 할 수 없는 사례

- 후보자가 명함에 개인홈페이지나 위탁단체홈페이지 또는 블로그로 이동하는 QR코드를 삽입할 수 있음.
- 후보자가 되려는 사람이 선거운동기간 전에 선거운동을 위해 얼굴사진, 주소, 이름을 넣은 명함을 경로당 등에서 개개인에게 배부하는 경우에는 법 제24조 및 제66조에 위반됨.
- 예비후보자와 선거운동원으로 등록한 자는 위탁단체가 사전에 공개한 행사장에 한해 명함을 직접 배부하거나 지지를 호소할 수 있음.
- 선거운동용 명함의 종수 및 수량에 대하여는 위탁선거법상 제한하는 규정이 없음.
- 후보자가 선거운동용 명함 제작 시 명함 앞·뒷면에 단순한 투표소 그림 또는 자신을 기표한 투표용지 그림을 게재할 수 있음.
- 선거운동용 명함을 기재함에 있어 일부 전직의 경우에만 (전)을 표기

---

52) 대법원 2007. 9. 6. 선고 2007도1604 판결

하고 나머지 일부에는 (전)을 생략하고 '2선', '3선' 등으로 기재하는
등 선거인들이 전·현직을 오인하게 하는 경우에는 법 제61조에 위반
될 수 있음.

• 후보자가 조합원의 친목도모 모임, 조합원이 있는 식당, 조합원이 탑
  승한 관광버스 등에 방문하여 명함을 배부하는 것이 가능함. 다만,
  소유·관리자의 의사에 반하는 방법으로 선거운동을 하는 것까지 법
  에서 보장하는 것은 아니며, 후보자가 선거운동을 위하여 호별로 방
  문하거나 특정 장소에 모이게 하여 명함을 배부하는 경우에는 행위
  양태에 따라 법 제24조, 제38조 및 제66조에 위반됨.

• 후보자가 조합 사무실, 종교시설을 방문하여 조합원들에게 명함을 배
  부하거나 지지를 호소하는 경우 법 제24조, 제30조 및 제66조에 위반됨.

• 후보자가 조합 앞이나 조합 사무소 출입구 바로 밖 등 위탁단체의 주
  된 사무소나 지사무소의 건물의 안이 아닌 곳에서 명함 배부등 선거
  운동을 할 수 있음.

• 법 제30조에 따라 후보자가 선거운동기간에 선거운동을 위한 명함을
  선거인에게 직접 주도록 되어 있는바, 후보자가 경로당에 선거운동을
  위한 명함을 비치하는 것은 법 제24조, 제30조 및 제66조에 위반됨.

• 후보자가 되려는 사람이 업무용 명함을 통상적인 수교의 방법으로 배
  부하는 것은 가능함. 다만, 그 범위를 벗어나 다수의 선거인에게 업
  무용 명함을 배부하는 경우에는 행위양태에 따라 법 제24조 및 제66
  조에 위반될 수 있음.

• 후보자의 선거운동용 명함에 공약을 게재할 수 있음.

• 후보자가 선거운동기간에 마트, 시장, 찜질방, 백화점, 공원 등에서
  명함을 배부 할 수 있음. 다만 호별방문에 이르러서는 안 되며 명함
  을 배부 할 수 있는 경우에도 그 소유·관리자의 의사에 반하여 또는
  관리권을 침해하는 방법까지 위탁선거법에서 보장하는 것은 아님.

• 후보자가 관공서·공공기관의 민원실에서 명함을 배부하거나 지지를

호소하는 것은 무방하나 민원실이 아닌 사무실 등에서의 배부행위는
할 수 없음.

- 명함에 합성사진이 아닌 일반인(할머니·어린이·청년 등)과 함께 찍은
사진을 게재할 수 있음.
- 후보자가 호별방문을 하며 명함을 배부하거나, 우편함마다 명함을 투
입하는 행위는 할 수 없으며 법 제30조 및 제66조에 위반됨.
- 후보자 등이 위탁단체 총회 등에 참석하여 단상으로 나와 자신을 지
지해 줄 것을 호소하는 행위는 할 수 없다. 다만 후보자가 법 제30조
의4에 따른 공개행사에 방문하여 정책을 발표하는 행위는 가능함.

4. 주요 위반행위 판례

■ 후보자등록을 마친 후 선거운동기간 직전에 조합원이 포함된 초등학
교 총동창회 정기총회 참석자 132명을 상대로 선거운동을 위해 제작
한 명함 수십 장을 직접 주면서 지지 호소[제주지방법원 2015. 8.
20. 선고 2015고정560 판결].

■ 후보자가 ○○사찰의 부속건물인 해탈문에서 명함 배부[대법원
2015. 4. 23. 선고 2015도2979 판결].

▶ 해탈문은 사찰의 정문에 해당되며, 정면계단을 올라가서 기둥 주변의
난간 안의 공간으로 들어서는 순간 종교시설의 내부에 진입하는 것임.

■ 후보자가 명함을 직접 주거나 '개별적'으로 지지를 호소하는데 그치
지 않고 집회를 이용하여 정견을 발표하는 방식 등 '집단적'으로 지
지 호소[대법원 2007. 9. 6. 선고 2007도1604 판결].

■ 명함을 호별투입, 아파트 세대별 우편함에 넣어 두거나 아파트 출입
문 틈새 사이로 투입[대법원 2004. 8. 16. 선고 2004도3062 판결].

제 9 절 선거일 후보자 소개 및 소견발표

1. 관계법조문

제30조의2(선거일 후보자 소개 및 소견발표) ① 제24조제3항제2호 및 제3호에 따른 조합장선거, 이사장선거 또는 중앙회장선거에서 투표관리관 또는 투표관리관이 지정하는 사람(이하 이 조에서 "투표관리관등"이라 한다)은 선거일 또는 제52조에 따른 결선투표일(제24조제3항제3호에 따른 중앙회장선거에 한정한다)에 투표를 개시하기 전에 투표소 또는 총회나 대의원회가 개최되는 장소(이하 이 조에서 "투표소등"이라 한다)에서 선거인에게 기호순에 따라 각 후보자를 소개하고 후보자로 하여금 조합 또는 금고 운영에 대한 자신의 소견을 발표하게 하여야 한다. 이 경우 발표시간은 후보자마다 10분의 범위에서 동일하게 배정하여야 한다. <개정 2017. 12. 26., 2023. 8. 8.>
② 후보자가 자신의 소견발표 순서가 될 때까지 투표소등에 도착하지 아니한 때에는 소견발표를 포기한 것으로 본다.
③ 투표관리관등은 후보자가 제61조 또는 제62조에 위반되는 발언을 하는 때에는 이의 중지를 명하여야 하고 후보자가 이에 따르지 아니하는 때에는 소견발표를 중지시키는 등 필요한 조치를 취하여야 한다.
④ 투표관리관등은 투표소등에서 후보자가 소견을 발표하는 것을 방해하거나 질서를 문란하게 하는 사람이 있는 때에는 이를 제지하고, 그 명령에 불응하는 때에는 투표소등 밖으로 퇴장시킬 수 있다.
⑤ 제1항에 따른 후보자 소개 및 소견발표 진행, 그 밖에 필요한 사항은 중앙선거관리위원회규칙으로 정한다.
제66조(각종제한규정위반죄) 다음 각호의 어느 하나에 해당하는 자는 2년이하의 징역 또는 2천만원 이하의 벌금에 처한다.
7의2. 제 30조의 2제 4항을 위반하여 투표관리관에의 제지 명령에 불응한 자.

2. 법규요약 및 해설

새마을금고이사장선거(총회 외에서 직접 선출하는 이사장선거는 제외)의 경우 선거일에 투표를 개시하기 전에 투표소 또는 총회나 대의원회의가 개최되는 장소에서 선거인에게 기호 순에 따라 각 후보자를 소개하고 후보자로 하여금 금고 운영에 대한 자신의 소견을 발표하게 하여야 한다.

이 경우 발표시간은 후보자마다 10분 이내의 범위에서 동일하게 배정하여야 한다.

예비후보자와 후보자는 해당 위탁단체가 개최하는 공개행사에 방문하여 자신의 정책을 발표하며, 위탁단체는 예비후보자등록신청개시일 전 5일부터 선거일 전일까지 매주 공개행사의 일시와 소견발표가 가능한 시간을 해당 위탁단체의 인터넷 홈페이지 등에 게시하는 방법으로 공고한다.

다만, 공개행사가 없는 경우 공고를 생략할 수 있으며, 이미 공고한 내용에 변경사항이 있는 경우에는 지체 없이 변경된 사항을 공고한다.

공개행사에서 정책을 발표하려는 예비후보자와 후보자는 참석할 공개행사의 일시, 소견발표에 소요되는 시간과 발표 방법 등을 공개행사 전일까지 해당 위탁단체에 신고하여야 하고, 위탁단체는 정책발표 순서, 시간배분, 진행 방법 등을 모든 예비후보자·후보자에게 공평하게 결정하여야 한다.

소견발표장에는 특정 후보자를 지지·추천하거나 반대하는 내용의 시설물·인쇄물, 그 밖의 선전물을 설치하거나 게시 또는 첩부할 수 없다.

제 10 절 공개행사에서의 정책 발표

1. 관계법조문

> **제30조의4(공개행사에서의 정책 발표)** ① 예비후보자와 후보자는 해당 위탁단체가 개최하는 공개행사에 방문하여 자신의 정책을 발표할 수 있다.
> ② 제1항에 따라 공개행사에서 정책을 발표하려는 예비후보자와 후보자는 참석할 공개행사의 일시, 소견 발표에 소요되는 시간과 발표 방법 등을 해당 위탁

단체에 미리 신고하여야 한다. 이 경우 위탁단체는 정당한 사유 없이 이를 거부할 수 없다.

③ 위탁단체는 예비후보자등록신청개시일 전 5일부터 선거일 전일까지 매주 제1항에 따른 공개행사의 일시와 소견 발표가 가능한 시간을 공고하여야 한다.

④ 제2항에 따른 신고 및 제3항에 따른 공고의 절차·방법과 그 밖에 필요한 사항은 중앙선거관리위원회규칙으로 정한다.

2. 법규요약 및 해설

최근 개정된 위탁선거법에서는 자유로운 선거운동의 확대를 위해 공개행사에서의 정책발표를 추가로 도입하였다. 이 법의 취지는 위탁단체가 공고한 공개행사에서의 정책발표 등 선거운동방법을 규정하고 합리적으로 제한하여 후보자 간 자유롭고 질서있는 선거운동을 추구함을 목적으로 한다.

선거운동 주체는 예비후보자와 후보자이며, 장소는 위탁단체가 개최하는 공개행사장 이다.

예비후보자와 후보자는 해당 위탁단체가 개최하는 공개행사에 방문하여 자신의 정책 발표할 수 있으며, 위탁단체는 예비후보자등록신청개시일 전 5일부터 선거일 전일까지 매주 공개행사의 일시와 소견발표가 가능한 시간을 해당 위탁단체의 인터넷 홈페이지 등에 게시하는 방법으로 공고하여야 한다.

공개행사에서 정책을 발표하려는 예비후보자와 후보자는 참석할 공개행사의 일시, 소견발표에 소요되는 시간과 발표 방법 등을 공개행사 전일까지 해당 위탁단체에 미리 신고하여야 한다.

위탁단체는 정책발표 순서, 시간 배분, 진행 방법 등을 모든 예비후보자·후보자에게 공평하게 결정하여야 한다.

제 11 절 예비후보자 등의 선거운동 방법

1. 관계법조문

> **제24조의2(예비후보자)** ① 제24조제3항제1호부터 제3호까지에 따른 선거의 예비후보자가 되려는 사람은 선거기간 개시일 전 30일부터 관할위원회에 예비후보자등록을 서면으로 신청하여야 한다. <개정 2024. 1. 30.>
> ⑦ 제24조에도 불구하고 예비후보자와 예비후보자가 그의 배우자, 직계존비속 또는 해당 위탁단체의 임직원이 아닌 조합원·회원 중 지정하는 1명(이하 "예비후보자등"이라 한다)은 다음 각 호의 어느 하나에 해당하는 방법으로 선거운동을 할 수 있다.
> 1. 제28조 및 제29조에 따른 방법
> 2. 제30조에 따른 방법(위탁단체가 사전에 공개한 행사장에서 하는 경우에 한정하며, 제24조제3항제3호에 해당하는 선거의 경우에는 중앙회장선거에 한정한다)
> 3. 제30조의4에 따른 방법(예비후보자가 하는 경우에 한정한다)
> ⑧ 제18조에 따라 후보자로 등록한 사람은 선거기간개시일 전일까지 예비후보자를 겸하는 것으로 본다.

2. 법규요약 및 해설

　회원의 투표로 직접 선출하거나, 총회에서 선출하거나, 대의원회에서 선출하는 이사장선거의 예비후보자가 되려는 사람은 선거기간개시일 전 30일부터 관할위원회에 예비후보자등록을 서면으로 신청하여야 한다.

　예비후보자와 예비후보자가 그의 배우자, 직계존비속 또는 해당 위탁단체의 임직원이 아닌 조합원·회원 중 지정하는 1명(선거운동원)은 법에 규정된 선거운동을 할 수 있다.

　선거운동원은 후보자가 후보자의 배우자나 또는 후보자의 직계 존비속 또는 새마을금고의 임직원이 아닌 새마을금고 회원 중에서 1인을 관할 선거관리위원회에 신고하여 표지를 교부받아 잘 보이는 곳에 달고 선거운동을 할 수 있다.

선거운동원의 신고·선임·교체 등에는 제한 횟수가 없다. 다만 선거운동원은 1인이므로 동시에 선거운동을 할 수 있는 사람은 언제든지 후보자 포함 최대 2인을 넘을 수 없다.

이사장선거의 선출 방법인 직선제, 총회제, 대의원제에 따라 예비후보자 본인 또는 예비후보자가 지정한 1인(앞으로 선거운동원이라 칭한다)의 할 수 있는 선거운동 방법은 다르다.

회원이 직접 선출하는 직선제의 경우 예비후보자 본인은 전화문자(위탁법 제28조), 정보통신망(위탁선거법 제29조), 공개행사의 정책발표(위탁선거법 제30조의4)와 사전공개 행사장에 한해 명함을 활용한 선거운동을 할 수 있으며, 선거운동원은 전화문자(위탁선거법 제28조), 정보통신망(위탁선거법 제29조)에 규정된 선거운동을 할 수 있다.

총회에서 회원이 선출하는 총회제의 경우 예비후보자 본인은 전화문자(위탁선거법 제28조), 정보통신망(위탁선거법 제29조), 공개행사의 정책발표(위탁선거법 제30조의4)와 사전공개 행사장에 한해 명함을 활용한 선거운동을 할 수 있으며 선거운동원은 전화문자(위탁선거법 제28조), 정보통신망(위탁선거법 제29조)에 규정된 선거운동을 할 수 있다.

대의원이 선출하는 대의원제의 경우 예비후보자 본인은 전화문자(위탁선거법 제28조), 정보통신망(위탁선거법 제29조), 공개행사의 정책발표(위탁선거법 제30조의4)의 규정에 의한 선거운동을 할 수 있으며 선거운동원은 전화문자(위탁선거법 제28조), 정보통신망(위탁선거법 제29조)에 규정된 선거운동을 할 수 있다.

정리하면 직선제, 총회제, 대의원제 등 모든 선출방식의 예비후보자는 전화문자(위탁선거법 제28조), 정보통신망(위탁선거법 제29조), 공개행사의 정책발표(위탁선거법 제30조의4)를 이용한 선거운동을 할 수 있고, 직선제와 총회제의 경우에는 사전공개 행사장에 한해 명함을 활용한 선거운동을 할 수 있는 반면에 대의원제의 경우 명함을 활용한 선거운동을 할 수 없다.

선거운동원의 경우 직선제, 총회제, 대의원제 등 모든 선출방식에 있어 전화문자(위탁선거법 제28조), 정보통신망(위탁선거법 제29조)을 이용한 선거운동을 할 수 있으며, 직선제와 총회제의 경우에만 사전공개 행사장에 한해 명함을 활용한 선거운동을 할 수 있다. 요약하면 다음과 같다.

위탁선거법 제28조의 규정은 전화를 이용하여 송·수화자간 직접 통화하는 방법과 문자메시지(문자 외의 음성·화상·동영상 등은 제외)를 전송하는 방법이며 전화 및 문자메시지를 전송하는 방법은 오후 10시부터 다음날 오전 7시까지 금지된다.

위탁선거법 제29조의 규정은 인터넷 홈페이지의 게시판·대화방 등에 글이나 동영상 등을 게시하는 방법 또는 전자우편(컴퓨터 이용자끼리 네트워크를 통하여 문자·음성·화상 또는 동영상 등의 정보를 주고받는 통신시스템을 말함)을 전송하는 방법이다.

위탁선거법 제30조의 규정은 해당 금고가 사전에 공개한 행사장에서 명함을 배부하거나 지지를 호소하는 방법이며 이때 금고법에 따라 대의원회에서 선출하는 이사장선거는 이 선거운동 방법을 할 수 없다.

위탁선거법 제30조의4 규정은 해당 금고가 개최하는 공개행사에 방문하여 자신의 정책을 발표하는 방법이며 이때는 예비후보자만 가능하며 선거운동원은 할 수 없다.

후보자 등록 기간 중 후보자로 등록한 사람은 별도의 예비후보자 등록 없이 선거기간개시일 전일까지 예비후보자를 겸해 예비후보자에 준하는 선거운동을 할 수 있다. 즉 후보자등록 첫째 날이나 또는 둘째 날 후보자로 등록할 경우 후보자 등록이 끝난 시점부터 선거운동기간 개시일 전일까지 선거운동을 할 수 있다.

할 수 있는 선거운동의 선거운동 방법 등은 이 책 "선거운동의 방법 등"에 자세히 설명되어 있으니 참고하면 되겠다. 예비후보자 등의 선출방법별 선거운동 방법을 도표로 정리하면 다음과 같다.

『예비후보자 등의 선출 방법별 선거운동 방법』

구분	직선	총회	대의원회	비고 (주체)
전화 및 문자 (법 §24의2⑦1)	○	○	○	예비후보자 등 (예비후보자와 선거운동원)
정보통신망 (법 §24의2⑦1)	○	○	○	예비후보자 등 (예비후보자와 선거운동원)
명함배부 (법 §24의2⑦2) 위탁단체가 사전에 공개한 행사장에서만 가능	○	○	×	예비후보자 등 (예비후보자와 선거운동원), 활동보조인
공개행사 정책발표 (법 §24의2⑦3)	○	○	○	예비후보자

제7장

금품·음식물 등 기부행위 제한 금지

제7장
금품·음식물 등 기부행위 제한 금지

제 1 절 기부행위 제한금지

1. 관계법조문

제32조(기부행위의 정의) 이 법에서 "기부행위"란 다음 각 호의 어느 하나에 해당하는 사람이나 기관·단체·시설을 대상으로 금전·물품 또는 그 밖의 재산상 이익을 제공하거나 그 이익제공의 의사를 표시하거나 그 제공을 약속하는 행위를 말한다.

  1. 선거인(선거인명부를 작성하기 전에는 그 선거인명부에 오를 자격이 있는 자(해당 위탁단체에 가입되어 해당 법령이나 정관등에 따라 위탁선거의 선거권이 있는 자 및 해당 위탁단체에 가입 신청을 한 자를 말한다)를 포함한다. 이하 이 조에서 같다)이나 그 가족(선거인의 배우자, 선거인 또는 그 배우자의 직계존비속과 형제자매, 선거인의 직계존비속 및 형제자매의 배우자를 말한다. 이하 같다)

  2. 선거인이나 그 가족이 설립·운영하고 있는 기관·단체·시설

제33조(기부행위로 보지 아니하는 행위) ① 다음 각 호의 어느 하나에 해당하는 행위는 기부행위로 보지 아니한다.

  1. 직무상의 행위

   가. 기관·단체·시설(나목에 따른 위탁단체를 제외한다)이 자체사업계획과

예산에 따라 의례적인 금전·물품을 그 기관·단체·시설의 명의로 제
공하는 행위(포상을 포함한다. 이하 나목에서 같다)

나. 위탁단체가 해당 법령이나 정관등에 따른 사업계획 및 수지예산에 따라
집행하는 금전·물품을 그 위탁단체의 명의로 제공하는 행위

다. 물품구매·공사·역무의 제공 등에 대한 대가의 제공 또는 부담금의 납
부 등 채무를 이행하는 행위

라. 가목부터 다목까지의 규정에 따른 행위 외에 법령에 근거하여 물품 등
을 찬조·출연 또는 제공하는 행위

2. 의례적 행위

가. 「민법」 제777조(친족의 범위)에 따른 친족(이하 이 조에서 "친족"이라
한다)의 관혼상제의식이나 그 밖의 경조사에 축의·부의금품을 제공하
는 행위

나. 친족 외의 사람의 관혼상제의식에 통상적인 범위에서 축의·부의금품
을 제공하거나 주례를 서는 행위

다. 관혼상제의식이나 그 밖의 경조사에 참석한 하객이나 조객 등에게 통상
적인 범위에서 음식물 또는 답례품을 제공하는 행위

라. 소속 기관·단체·시설(위탁단체는 제외한다)의 유급 사무직원이나 친
족에게 연말·설 또는 추석에 의례적인 선물을 제공하는 행위

마. 친목회·향우회·종친회·동창회 등 각종 사교·친목단체 및 사회단체
의 구성원으로서 그 단체의 정관 등 또는 운영관례상의 의무에 기하여
종전의 범위에서 회비를 납부하는 행위

바. 평소 자신이 다니는 교회·성당·사찰 등에 통상의 예에 따라 헌금(물
품의 제공을 포함한다)하는 행위

3. 「공직선거법」 제112조제2항제3호에 따른 구호적·자선적 행위에 준하는
행위

4. 그 밖에 제1호부터 제3호까지의 어느 하나에 준하는 행위로서 중앙선거관
리위원회규칙으로 정하는 행위

② 제1항제1호 각 목 중 위탁단체의 직무상 행위는 해당 법령이나 정관등에 따
라 포상하는 경우를 제외하고는 해당 위탁단체의 명의로 하여야 하며, 해당
위탁단체의 대표자의 직명 또는 성명을 밝히거나 그가 하는 것으로 추정할
수 있는 방법으로 제공하는 행위는 기부행위로 본다. 이 경우 다음 각 호의
어느 하나에 해당하는 경우에는 "그가 하는 것으로 추정할 수 있는 방법"에

해당하는 것으로 본다. <신설 2024. 1. 30.>

1. 종전의 대상 · 방법 · 범위 · 시기 등을 법령 또는 정관등의 제정 또는 개정 없이 확대 변경하는 경우

2. 해당 위탁단체의 대표자의 업적을 홍보하는 등 그를 선전하는 행위가 부가되는 경우

③ 제1항에 따라 통상적인 범위에서 1명에게 제공할 수 있는 축의 · 부의금품, 음식물, 답례품 및 의례적인 선물의 금액범위는 중앙선거관리위원회규칙으로 정한다. <개정 2024. 1. 30.>

제34조(기부행위제한기간) 기부행위를 할 수 없는 기간(이하 "기부행위제한기간"이라 한다)은 다음 각 호와 같다. <개정 2024. 1. 30.>

1. 임기만료에 따른 선거: 임기만료일 전 1년부터 선거일까지

2. 해당 법령이나 정관등에 따른 보궐선거등: 그 선거의 실시 사유가 발생한 날부터 선거일까지

제35조(기부행위제한) ① 후보자(후보자가 되려는 사람을 포함한다. 이하 이 조에서 같다), 후보자의 배우자, 후보자가 속한 기관 · 단체 · 시설은 기부행위제한기간 중 기부행위를 할 수 없다.

② 누구든지 기부행위제한기간 중 해당 위탁선거에 관하여 후보자를 위하여 기부행위를 하거나 하게 할 수 없다. 이 경우 후보자의 명의를 밝혀 기부행위를 하거나 후보자가 기부하는 것으로 추정할 수 있는 방법으로 기부행위를 하는 것은 해당 위탁선거에 관하여 후보자를 위한 기부행위로 본다.

③ 누구든지 기부행위제한기간 중 해당 위탁선거에 관하여 제1항 또는 제2항에 규정된 자로부터 기부를 받거나 기부의 의사표시를 승낙할 수 없다.

④ 누구든지 제1항부터 제3항까지 규정된 행위에 관하여 지시 · 권유 · 알선 또는 요구할 수 없다.

⑤ 「농업협동조합법」, 「수산업협동조합법」 및 「산림조합법」에 따른 조합장 · 중앙회장과 「새마을금고법」에 따른 이사장 · 중앙회장은 재임 중에 기부행위를 할 수 없다.

2. 법규요약 및 해설

가. 기부행위 개념

위 법조항의 입법취지는 개인의 자유로운 의사결정에 의하여 행하여져야 할 선거에서, 부정한 경제적 이익 등으로 개인의 자유의사를 왜곡시키는 선거운동을 범죄로 하여 처벌함으로써, 선거의 공정성을 보장하기 위한 규정이다.

이것은 각종선거에서 온갖 유형의 금품수수행위가 자행되고, 그로 인하여 혼탁한 선거풍토를 노정하였던 과거의 선거사에 대한 반성에서 비롯된 것이며 매수 및 이해유도행위와 후보자 등의 부정한 기부행위를 근절하여 공정하고 깨끗한 선거의 실현을 도모하고자 함이다.[53]

위탁선거법은 공공단체 등의 선거가 깨끗하고 공정하게 이루어지도록 함으로써 공공단체 등의 건전한 발전과 민주사회 발전에 기여함을 목적으로 제정되었다.

특히 이 법은 '여전히 불법적인 금품수수가 근절되지 않는 등 조합장선거의 공정성이 충분히 담보되지 못하고 있다'라고 제정이유에서 명확히 밝힌 바 있다.

지난 제2회 동시조합장선거와 제3회 동시조합장선거와 관련 선거관리위원회에서 사직기간에 고발 등 조치한 사례를 보면 고발 건수가 줄어들긴 하지만 아직도 200여 건에 이르고 있다.

특히 이 중 금품수수 등 기부행위가 150여 건으로 전체 조치사례의 75퍼센트를 넘고 있고 허위사실공표와 인쇄물 관련 법 위반이 뒤를 잇고 있다. 지난 동시조합장선거의 유형별 위반건수를 살펴보면 현직 조합장이 직무를 수행하면서 한 기부행위도 적지않게 포함되어 있어 금번 새마을금고의 이사장도 직무상 행위에 대해서도 기부행위인지 여부를 면밀하게 살펴보아야 할 것이다. 기부행위의 경우 정해진 주체(이사장, 입후보 예정자)가

---

53) 헌법재판소 2005. 6. 30. 선고 2003헌바90 결정

선거와 전혀 관련이 없이 금품 등을 제공하였을 경우에도 성립된다.

기부행위란 선거인(선거인명부를 작성하기 전에는 그 선거인명부에 오를 자격이 있는 자(해당 위탁단체에 가입되어 해당 법령이나 정관등에 따라 위탁선거의 선거권이 있는 자 및 해당 위탁단체에 가입 신청을 한 자를 말함)를 포함)이나 그 가족, 선거인이나 그 가족이 설립 · 운영하고 있는 기관 · 단체 · 시설을 대상으로 금전 · 물품 또는 그 밖의 재산상 이익을 제공하거나 그 이익제공의 의사를 표시하거나 그 제공을 약속하는 행위를 말한다.

이때 선거인의 가족의 범위는 선거인의 배우자, 선거인 또는 그 배우자의 직계존비속과 형제자매, 그리고 선거인의 직계존비속 및 형제자매의 배우자를 말한다.

선거인이란 선거인명부를 작성하기 전에는 그 선거인명부에 오를 자격이 있는 자를 포함하며, 해당 위탁단체에 가입되어 해당 법령이나 정관등에 따라 위탁선거의 선거권이 있는 자 및 해당 위탁단체에 가입 신청을 한 자도 포함한다.

기부행위라 함은 당사자의 일방이 상대방에게 무상으로 금전 · 물품 기타 재산상 이익의 제공, 이익제공의 의사표시 또는 그 약속을 제공하는 행위를 말 하므로 채무의 이행 등 정당한 대가관계로 행하는 경우에는 기부행위가 아니다. 한편 그러한 행위를 무상으로 하거나 일부 대가관계가 있더라도 급부와 반대급부간의 불균형으로 그 일부에 관하여 무상인 경우에는 기부행위가 되고, 비록 유상으로 행해지는 경우에도 그것으로 인하여 다른 일반인은 얻기 어려운 재산상 이익을 얻게 되는 경우에는 기부행위가 된다고 해석해야 한다.[54]

기부행위를 약속한 후 비록 사후에 이를 취소하였다고 하더라도 약속을 함으로써 기부행위 위반죄는 성립된다.

또한 어떠한 행위가 기부행위라고 인정되기 위하여는 기부행위의 상대방이 위 규정에서 정해진 자로 특정되어야 할 뿐만 아니라, 그 상대방은

---

54) 대법원 2009. 7. 23. 선고 2009도1880 판결

금품이나 재산상 이익 등을 제공받는 구체적이고 직접적인 상대방이어야 하고 추상적이고 잠재적인 수혜자에 불과할 경우에는 이에 해당되지 아니한다.[55]

후보자가 '매년 (연봉) 5,000만 원을 조합원의 복지기금으로 내놓겠습니다'라는 내용이 기재된 선거공보와 소형인쇄물을 발송한 행위는 금품이나 재산상 이익제공의 의사표시를 한 것으로 볼 수 없다.[56]

재산상 이익의 제공을 약속하는 행위는 현실적으로 제공되지는 아니하였으나 장차 제공하겠다는 의사와 상대방이 이것을 수령하겠다는 의사가 합치되는 것이며 일단 약속이 이루어진 이상 사후에 약속을 취소하여도 기부행위 성립에는 영향이 없고, 상대방이 먼저 요구하여 이것에 응했을 때에도 제공약속죄가 성립된다.[57]

나. 기부행위제한기간

제34조(기부행위제한기간) 기부행위를 할 수 없는 기간(이하 "기부행위제한기간"이라 한다)은 임기만료에 따른 선거는 임기만료일 전 1년부터 선거일까지이다.

새마을금고 이사장은 재임 중 기부행위를 할 수 없으며 이사장이 아닌 자의 기부행위금지기간은 제1회 전국동시새마을금고 이사장 선거에 한해 2024년 9월 21일부터 선거일까지이다.

기부행위가 후보자의 지지기반을 조성하는 데에 기여하거나 매수행위와 결부될 가능성이 높아 선거일에 근접한 시기에 기부행위를 허용할 경우 선거 자체가 후보자의 인물, 정책 등을 평가받는 기회가 되기보다는 후보자의 자금력을 겨루는 과정으로 타락할 위험성이 있어 이를 방지하기 위하여 재임 중 기부행위를 할 수 없는 조합장 등을 제외한 후보자나 후보자의 배우

---

55) 대법원 2003. 10. 23. 선고 2003도3137 판결
56) 대법원 2008. 6. 12. 선고 2008도3019 판결
57) 중앙선거관리위원회, 공직선거 해설 1, 644쪽

자 등이 선거인 등을 상대로 선거 전 일정 기간내에 당해 선거에 관한 여부를 불문하고 일체의 기부행위를 할 수 없도록 함으로써 돈 살포로 선거풍토가 혼탁해지는 것을 막고 깨끗한 선거 실현을 목적으로 하고 있다.

다. 기부행위 제한 주체

제35조(기부행위제한) 후보자(후보자가 되려는 사람을 포함한다. 이하 이 조에서 같다), 후보자의 배우자, 후보자가 속한 기관·단체·시설은 기부행위제한 기간 중 기부행위를 할 수 없다.

또한 누구든지 기부행위제한기간 중 해당 위탁선거에 관하여 후보자를 위하여 기부행위를 하거나 하게 할 수 없으며, 이 경우 후보자의 명의를 밝혀 기부행위를 하거나 후보자가 기부하는 것으로 추정할 수 있는 방법으로 기부행위를 하는 것은 해당 위탁선거에 관하여 후보자를 위한 기부행위로 본다.

그리고 누구든지 기부행위제한기간 중 해당 위탁선거에 관하여 후보자, 후보자의 배우자, 후보자가 속한 기관·단체·시설로 또는 후보자를 위하여 기부행위등을 하는 자로부터 기부를 받거나 기부의 의사표시를 승낙할 수 없고, 누구든지 이 법 35조에 규정된 행위에 관하여 지시·권유·알선 또는 요구할 수 없다.

위탁선거법 제35조 제5항은 조합장 선거의 공정성을 보장하기 위한 규정으로서 그 입법 목적이 정당하고, 조합장 재임 중 기부행위를 전면 금지하고 이를 위반하는 경우 형사처벌하는 것은 적절한 수단이며, 조합장의 재임 중 금지되는 기부행위의 기간을 한정하는 등 기본권을 덜 제한하는 방법으로 입법 목적을 달성할 수 있는 수단이 있다고 단정하기도 어렵고, 법익의 균형성도 갖추고 있다. 따라서 기부행위처벌조항은 조합장의 일반적 행동자유권을 침해하지 아니하고, 기부행위 처벌조항이 조합장과 후보자를 차별 취급하는 데에는 합리적인 이유가 있으므로 평등원칙에 위배되지 아니한다.[58]

일반적으로 「후보자」라 함은 특정선거에 관하여 관할위원회에 후보자등록을 마친 자를 의미하며, 이때 후보자로서의 신분 취득은 '후보자등록신청서가 접수된 때'부터라고 할 것이므로 후보자등록신청서가 제출되었으나 요건 미비로 그 신청이 수리되지 않으면 그 자를 후보자라고 볼 수 없다.[59]

후보자가 되려는 사람이란 후보자등록은 하지 않았으나 후보자가 될 의사를 가진 자를 말하며 입후보의사가 확정적으로 외부에 표출된 사람뿐만 아니라 그 신분·접촉대상·언행등에 비추어 선거에 입후보할 의사를 가진 것으로 객관적으로 인식할 수 있을 정도에 이른 사람도 포함되고[60] 기부행위 당시에 입후보할 의사를 가진 자이면 족하고 그 의사가 확정적일 것 까지 요구하는 것은 아니다.[61]

누구든지 해당 위탁선거에 관하여 후보자를 위하여 기부행위를 할 수 없도록 규정하고 있으며 누구든지가 기부행위가 성립되기 위해서는 해당 위탁선거에 '관하여' 또는 후보자를 '위하여' 기부행위를 하여야 한다는 점이 입증되어야 할 것이다.

어떠한 행위가 기부행위라고 인정하기 위하여는 기부행위의 상대방이 규정에 정해진 자로 특정되어야 할 뿐만 아니라 그 상대방은 금품이나 재산상의 이익 등을 제공받는 구체적이고 직접적인 상대방이어야 하고 추상적이고 잠재적인 수혜자에 불과할 경우에는 여기에 해당되지 않는다.[62]

기부행위를 할 수 없는 상대방으로 규정된 기관·단체·시설이란 당해 선거구 안에 활동의 근거를 두고 있는 다수인의 계속적인 조직이나 시설이면 충분하고, 반드시 민법상의 법인과 같이 형식적·실질적인 요건을 모두 갖춘 단체에 한정된다고 볼 수 없다.[63]

주체별 제한 내용을 표로 설명하면 다음과 같다.

---

58) 헌법재판소 2018. 2. 22. 선고 2016헌바370 결정
59) 대검찰청, 위탁선거법 벌칙해설, 2019, 243쪽
60) 대법원 2007. 4. 26. 선고 2007도736 판결
61) 대법원 1996. 9. 10. 선고 9도976 판결
62) 대법원 2003. 10. 23. 선고 2003도3137 판결
63) 대법원 1996. 6. 28. 선고 96도1063 판결

주체별 제한내용(법 §35)

주체	제한기간	제한내용	조문
후보자와 그의 배우자, 후보자가 속한 기관·단체·시설	기부행위 제한기간 중	조합장선거에 관한 여부를 불문하고 일체의 기부행위 금지	§35①
누구든지	기부행위 제한기간 중	해당 조합장선거에 관하여 후보자를 위하여 기부행위를 하거나 하게 하는 행위 금지 ※ 이 경우 후보자의 명의를 밝혀 기부행위를 하거나 후보자가 기부하는 것으로 추정할 수 있는 방법으로 기부행위를 하는 것은 해당 조합장선거에 관하여 후보자를 위한 기부행위로 봄.	§35②
누구든지	기부행위 제한기간 중	해당 조합장선거에 관하여 기부행위가 제한되는 자로부터 기부를 받거나 기부의 의사표시를 승낙하는 행위 금지	§35③
누구든지	기부행위 제한기간 중	위 제35조 ①항부터 ③항까지 규정된 행위에 관하여 지시·권유·알선·요구하는 행위 금지	§35④
조합장	재임 중	조합장선거에 관한 여부를 불문하고 일체의 기부행위 금지	§35⑤

라. 기부행위 위반죄의 성립요건

기부행위의 대상은 반드시 재산적 가치가 다대할 필요는 없으며, 나아가 기부행위는 행위자가 기부한 물품을 돌려받을 의사를 일부 가지고 있

었다고 하더라도 그 물품을 돌려받지 못할 수도 있다는 점을 인식하였다
면 그 물품을 교부하는 것만으로도 성립한다.[64)

또한 당사자의 일방이 상대방에게 무상으로 금품 등을 제공함으로써 기
부행위는 이미 완료되는 것이고, 기부행위의 상대방에게 그가 기부하는
것임을 알리거나 상대방이 이를 알아야만 하는 것은 아니다.[65)

또한 기부행위는 금전 등이 실제로 제공된 경우뿐 아니라 제공의 의사
표시도 포함되는 바 이와 같은 '금전 등 제공의 의사표시로 인한 기부행
위의 금지제한 등 위반죄'는 선거의 공정을 보호법익으로 하는 추상적 위
험범인 점에 비추어 그 의사가 외부적, 객관적으로 나타나고 상대방에게
제공될 가능성이 현저한 단계에 이른 경우 성립한다.[66)

기부행위의 상대방에게 기부행위자가 기부하는 것임을 알리지 않은 경
우에도 기부행위에 해당된다. 입후보예정자가 ○○연합회의 회장으로 취
임하여 임원들과 식사를 하면서 그 식사비를 계산함으로써 임원들에게 식
사를 무료로 제공한 이상 기부행위는 이미 완료되었다고 할것이고, 피고
인이 임원들에게 그 사실을 알리지 않았다거나 임원들이 이를 몰랐다고
하여 달리 볼 것은 없다.[67)

마. 기부행위로 보지 않는 행위

위탁선거법 제33조는 기부행위로 보지 않는 일정한 행위를 제한적으로
열거하고 있는 바, 이는 구성요건 해당성을 조각한다는 의미로 이해된다.[68)

먼저 직무상의 행위를 살펴보면 다음과 같다.

기관 · 단체 · 시설(위탁단체 제외)이 자체사업계획과 예산에 따라 의례적
인 금전 · 물품을 그 기관 · 단체 · 시설의 명의로 제공하는 행위, 금고가 해

---

64) 대법원 2004. 3. 11. 선고 2003도6650 판결
65) 대전고등법원 2009. 10. 14. 선고 2009노334 판결
66) 서울고등법원 2006. 4. 25. 선고 2006도90 판결
67) 대법원 2010. 1. 14. 선고 2009도11861 판결
68) 대법원 2003. 8. 22. 선고 2003도1697 판결

당 법령이나 정관 등에 따른 사업계획 및 수지예산에 따라 집행하는 금전·물품을 그 금고의 명의로 제공하는 행위와 물품구매·공사·역무의 제공 등에 대한 대가의 제공 또는 부담금의 납부 등 채무를 이행하는 행위 그리고 법령에 근거하여 물품 등을 찬조·출연 또는 제공하는 행위는 직무상의 행위로 기부행위로 보지 않는다.

의례적 행위를 살펴보면 다음과 같다. 「민법」 제777조(친족의 범위)에 따른 친족의 관혼상제의식이나 그 밖의 경조사에 축의·부의금품을 제공하는 행위, 친족 외의 사람의 관혼상제의식(그 밖의 경조사는 제외함)에 통상적인 범위(5만원 이내)에서 축의·부의금품을 제공하거나 주례를 서는 행위와 관혼상제의식이나 그 밖의 경조사에 참석한 하객이나 조객 등에게 통상적인 범위에서 음식물(3만원 이내) 또는 답례품(1만원 이내)을 제공하는 행위는 의례적 행위로 허용된다.

소속 기관·단체·시설(위탁단체 제외)의 유급 사무직원이나 친족에게 연말·설 또는 추석에 의례적인 선물(3만원 이내)을 제공하는 행위, 친목회·향우회·종친회·동창회 등 각종 사교·친목단체 및 사회단체의 구성원으로서 그 단체의 정관 등 또는 운영관례상의 의무에 기하여 종전의 범위에서 회비를 납부하는 행위와 평소 자신이 다니는 교회·성당·사찰 등에 통상의 예에 따라 헌금(물품의 제공을 포함)하는 행위도 의례적 행위이다.

구호적·자선적 행위를 살펴보면 다음과 같다. 법령에 의하여 설치된 사회보호시설 중 수용보호시설에 의연금품을 제공하거나 「재해구호법」의 규정에 의한 구호기관(전국재해구호협회를 포함) 및 「대한적십자사 조직법」에 의한 대한적십자사에 천재지변으로 인한 재해의 구호를 위하여 금품을 제공하는 행위, 「장애인복지법」 제58조에 따른 장애인복지시설(유료복지시설 제외)에 의연금품·구호금품을 제공하는 행위와 「국민기초생활 보장법」에 의한 수급권자인 중증장애인에게 자선·구호금품을 제공하는 행위 그리고 자선사업을 주관·시행하는 국가·지방자치단체·언론기관·사회단체 또는 종교단체 그 밖에 국가기관이나 지방자치단체의 허가를 받아 설립된 법인 또는 단체에 의연금품·구호금품을 제공하는 행위는 구호적·자선적 행위로 기부행위에 포함되지 않는다.

다만, 광범위한 선거인을 대상으로 하는 경우 개별 물품 또는 그 포장지에 직명·성명을 표시하여 제공하는 행위는 위반된다.

자선·구호사업을 주관·시행하는 국가·지방자치단체, 그 밖의 공공기관·법인을 통하여 소년·소녀가장과 후원인으로 결연을 맺고 정기적으로 제공하여 온 자선·구호금품을 제공하는 행위와 국가기관·지방자치단체 또는 구호·자선단체가 개최하는 소년·소녀가장, 장애인, 국가유공자, 무의탁노인, 결식자, 이재민, 「국민기초생활 보장법」에 따른 수급자 등을 돕기 위한 후원회 등의 행사에 금품을 제공하는 행위는 구호적·자선적 행위이다.

다만, 개별 물품 또는 그 포장지에 직명·성명을 표시하여 제공하는 행위는 위반된다.

근로청소년을 대상으로 무료학교(야학을 포함함)를 운영하거나 그 학교에서 학생들을 가르치는 행위도 구호적·자선적 행위에 포함된다.

3. 할 수 있는 사례 및 할 수 없는 사례

가. 직무상 행위

- 법령이나 정관 등에 따른 당해 금고의 사업계획 및 수지예산에 따라 당해 금고 명의로 회원복지·법률상담지원사업 등을 실시하는 행위는 가능함.
- 법령이나 정관 등에 따른 당해 금고의 사업계획 및 수지예산에 따라 당해 금고의 명의로 선진지견학 등을 지원하는 행위는 가능함.
- 법령이나 정관 등에 따른 당해 금고의 사업계획 및 수지예산에 따라 당해 금고 명의로 간담회를 개최하면서 참석한 회원에게 식사류의 음식물을 제공하는 행위는 가능함.

- 법령이나 정관 등에 따른 당해 금고의 사업계획 및 수지예산에 따라 당해 금고 명의로 회원 자녀 학자금·경조사비를 지원하는 행위는 가능함.
- 법령이나 정관 등에 따른 당해 금고의 사업계획 및 수지예산에 따라 이사장 이·취임식에서 통상적 범위의 다과·음식물 또는 답례품을 금고 명의로 참석자에게 제공하는 행위는 가능함.
- 금고가 기부행위 제한기간 중에 해당 법령이나 정관 등에 따른 사업계획 및 수지예산에 따라 금고 명의로 화환·화분이나 축·부의금을 제공하는 행위는 가능함.
- 금고가 해당 법령이나 정관 등에 따른 사업계획 및 수지예산에 따라 병원에 입원한 회원에게 금고 명의로 위로금을 제공하는 행위는 가능함.
- 법령이나 정관 등에 따른 금고의 사업계획 및 수지예산에 따라 회원들에게 이사장 명의의 상장을 수여하면서 통상적인 범위 내에서 금고 명의의 부상을 제공하는 행위는 가능함.
- 금고가 회원복지사업을 실시하면서 법령 또는 정관 등의 제정 또는 개정 없이 종전의 대상·방법·범위·시기 등을 확대 변경하는 행위는 의 경우 제35조 및 제59조에 위반될 수 있음.
- 금고가 법령이나 정관 등에 따른 사업계획 및 수지예산에 따라 회원복지사업을 실시하면서 이사장의 업적을 홍보하는 등 그를 선전하는 행위는 법 제35조 및 제59조에 위반됨.
- 금고가 법령이나 정관 등에 따른 사업계획 및 수지예산에 근거 없이 회원 또는 회원의 가족이 설립·운영하는 단체 등에 사무실·사무기기·용품 등을 무상으로 사용하게 하는 행위는 법 제35조에 위반될 수 있음.
- 조합장이 조합의 사업(예금, 보험, 농산물 출하 독려, 영농자재 이용촉진 등)을 추진·집행하는 과정에서 조합에서 지급된 법인카드로 직접 비용

을 결제할 수 있음. 즉, 조합장이 해당 법령이나 정관 등에 따른 사업 계획 및 수지예산에 따라 업무와 관련된 사업에 조합의 명의의 법인 카드를 사용하는 것만으로는 법에 위반된다고 볼 수 없음. 다만, 그 과정에서 조합장의 명의를 밝혀 기부행위를 하거나 조합장이 기부하는 것으로 추정할 수 있는 방법으로 기부행위를 하는 경우 법 제35조 및 제59조에 위반됨.

- 조합이 해당 법령이나 정관 등에 따른 사업계획 및 수지예산에 따라 조합의 명의로 금전·물품 등을 제공하거나 간담회를 개최하는 것은 가능함. 다만, 조합장의 명의를 밝혀 기부행위를 하거나 조합장이 기부하는 것으로 추정할 수 있는 방법으로 기부행위를 하는 경우 또는 조합장을 지지·선전하는 등 선거운동이 부가되는 경우에는 행위양태에 따라 법 제24조·제66조 또는 제35조·제59조에 위반됨.
- 조합이 해당 법령이나 정관 등에 따른 사업계획 및 수지예산에 따라 달력을 제작하여 조합의 명의로 조합원들에게 배부하는 것은 가능함. 다만, 조합장 활동사진이나 축사를 달력 각 면에 게재하는 경우 행위양태에 따라 법 제24조·제66조 또는 제35조·제59조에 위반됨.
- 조합이 해당 법령이나 정관 등에 따른 정상적인 절차를 거쳐 변경한 사업계획 및 수지예산에 따라 해당 조합의 명의로 조합원들에게 모바일 상품권을 지급하는 것은 무방함. 다만, 선거인인 조합원이 조합장이 제공하는 것으로 인식하는 등 조합장이 제공하는 것으로 추정할 수 있는 방법으로 제공하는 경우에는 법 제35조에 위반될 수 있음.
- 조합이 해당 법령이나 정관 등에 따른 사업계획 및 수지예산에 따라 조합의 명의로 병원에 있는 조합원의 위로금을 제공하는 것은 가능함. 다만, 조합장의 명의를 밝혀 기부행위를 하거나 조합장이 기부하는 것으로 추정할 수 있는 방법으로 기부행위를 하는 경우 법 제35조 및 제59조에 위반됨.
- 조합이 해당 법령이나 정관 등에 따른 사업계획 및 수지예산에 따라

조합장 명의의 상장을 수여하는 경우 조합 경비임을 밝혀 조합명의의 부상을 제공할 수 있을 것이나, 부상에 조합장의 명의를 표시하여 제공하는 경우에는 법 제35조 제2항에 위반됨.

- 조합이 해당 법령이나 정관 등에 따른 사업계획 및 수지예산에 따라 관내 복지재단에 조합의 명의로 기부금을 제공하는 것은 가능함. 다만, 조합장이 주는 것으로 인식하게 하는 등 금품제공의 효과를 조합장 개인에게 돌리려는 행위가 부가되는 경우에는 법 제35조 및 제59조에 위반되며, 조합장이 선거운동을 위하여 조합원에 집을 방문하거나 선거운동에 이르는 행위를 하는 경우에는 행위시기 및 양태에 따라 법 제24조, 제31조, 제38조, 제66조에 위반됨.
- 기부행위 제한기간 중에 동창회가 자체사업계획과 예산에 따라 의례적인 장학금을 동창회 명의로 제공하면서, 장학증서에 후보자가 되려는 동창회장의 직 · 성명을 게재하는 것은 무방함.
- 조합장은 재임 중에 기부행위를 할 수 없으므로 조합원들이 참여하는 지역의 행사에 자신의 직 · 성명이 기재된 화환 또는 과일 바구니 등을 제공하는 경우에는 법 제35조 및 제59조에 위반됨.
- 조합이 해당 법령이나 정관 등에 따른 사업계획 및 수지예산에 따라 법인을 설립하여 해당 법인 명의로 운영하는 것은 가능하나, 조합장은 재임 중에 기부행위를 할 수 없으므로 조합장이 자신의 급여를 출자한 후 별도의 법인을 설립하여 조합원에게 기부행위를 하는 경우 법 제35조 및 제59조에 위반됨.

나. 의례적 행위

- 후보자가 각종 사교 · 친목단체 및 사회단체의 구성원으로서 그 단체의 정관 또는 운영관례상의 의무에 기하여 종전의 범위에서 회비를 납부하는 행위는 가능함.
- 후보자가 친족이 아닌 선거인의 관혼상제 의식에 5만원을 초과하는

축의·부의금품(화환·화분 포함)을 제공하거나 기타 경조사(회갑, 칠순, 병문안 등)에 축의·부의금품(화환·화분 포함)을 제공하는 행위는 위탁선거법 제35조 및 제59조에 위반됨.

- 후보자가 선거인의 모임, 야유회, 체육대회 등 각종 행사에 금품을 제공하는 행위는 위탁선거법 제35조 및 제59조에 위반됨.
- 후보자가 특정 행사의 추진을 위하여 일시적으로 구성된 단체의 고문이 되어 분담금을 납입하는 행위는 위탁선거법 제35조 및 제59조에 위반됨.
- 후보자가 평소 다니는 교회가 아닌 다른 교회의 예배에 참석하여 헌금하는 행위는 위탁선거법 제35조 및 제59조에 위반됨.
- 후보자가 기부행위 제한기간 중에 개최하는 본인의 퇴임식 행사에 참석한 선거인이나 그 가족에게 음식물 또는 답례품을 제공하는 행위는 위탁선거법 제35조 및 제59조에 위반됨.
- 제3자가 후보자로부터 활동비 등의 명목으로 금품을 받아 이를 선거인이나 그 가족의 경조사비로 제공하는 행위는 위탁선거법 제35조 및 제59조에 위반됨.
- 기부행위제한기간 중 후보자가 되려는 사람 또는 재임 중인 조합장이 「민법」 제777조에 따른 친족의 관혼상제의식이나 그 밖의 경조사에 축의·부의금품(금액 제한 없음)을 제공하거나, 친족 외의 사람의 관혼상제의식에 규칙 제16조에 따른 통상적인 축의·부의금품(5만원 이내)을 제공하는 것은 가능함.
- 조합장이 친족 또는 조합원 자녀의 결혼식에 주례를 서는 행위는 법 제33조제1항제2호나목에 따라 가능함.
- 결혼식 하객에게 답례금을 제공하는 것이 종전부터 행하여 온 의례적인 행위에 해당하는 경우 조합장이 자녀 결혼식에 참석한 하객에게 답례품을 대신하여 1만원 이내의 답례금을 제공하는 것은 법상 가능하나, 결혼식에 참석하지 아니한 선거인이나 그 가족에게 답례금을

제공하는 것은 법 제35조 및 제59조에 위반됨.

- 관혼상제의식이나 그 밖의 경조사에 참석한 하객이나 조객 등에게 음
  식물(3만원 이내)과 답례품(1만원 이내)을 동시에 제공하는 경우 법 제
  33조제1항제2호다목의 '음식물 또는 답례품'에는 음식물과 답례품이
  선택적으로 제공되거나 둘 다 제공되는 경우가 모두 포함되므로, 규
  칙 제16조제2호 또는 제3호 각각의 금액범위에서 음식물과 답례품을
  함께 제공하는 것은 가능함.

- 기부행위제한기간 중에 후보자가 되려는 사람이 자식의 결혼식 피로
  연에 참석한 하객에게 규칙 제16조제2호 및 제3호에 따른 각각의 금
  액범위에서 음식물 또는 답례품을 제공하는 것은 가능함. 다만, 별도
  의 피로연을 개최하여 결혼식에 참석하지 아니한 선거인이나 그 가
  족에게 음식물을 제공하는 경우에는 같은 법 제35조에 위반됨.

- 현직 조합장 등 후보자가 되려는 사람이 친목회·향우회·종친회·동
  창회 등 각종 사교·친목단체 및 사회단체의 구성원으로서 그 단체의
  정관 등 또는 운영관례상의 의무에 기하여 종전의 범위에서 회비를
  납부하는 것은 가능함. 다만, 그러한 의무 없이 특별회비 또는 후원
  금 등의 명목으로 금품 등을 제공하는 경우 또는 특정 행사의 추진을
  위하여 일시적으로 구성된 단체의 고문 등이 되어 분담금을 납부하
  는 경우에는 행위시기 및 양태에 따라 법 제35조 및 제59조에 위반됨.

- 후보자가 선거관리경비를 조합에 균등 납부하겠다고 공약하는 것은
  선거인이나 그 가족이 설립·운영하고 있는 기관·단체·시설인 조합
  에 재산상 이익의 제공을 약속하는 행위로서 법 제35조 및 제59조에
  위반됨.

- 조합장으로 당선되면 연봉과 자동차 등을 포기하고 무보수로 조합원
  을 위하여 봉사하고자 하는데, 이러한 내용으로 선거공보에 게재하는
  등 후보자가 당선된 후 받게 될 급여 등을 단순히 받지 아니하겠다고
  공약하는 것만으로는 법에 위반된다고 할 수 없음. 다만, 포기한 급

여 등의 구체적인 지출 대상이나 방법을 함께 공약하는 경우에는 법 제35조 및 제59조에 위반될 수 있음.

- 후보자가 조합장으로 당선되면 사업계획과 수지예산에 따라 조합원에게 복지를 위하여 농업인 안전공제 자부담금 및 보험부담금을 조합에서 내드린다는 공약을 하는 행위는 가능함.

- 후보자가 선거공보에 '당선되면 전 조합원에게 영농자재 구입권 50만원씩 제공하겠습니다.'라는 공약을 게재 여부에 있어 해당 법령이나 정관 등에 따른 사업계획과 수지예산에 따라 조합의 명의로 조합원에게 지원금을 제공한다는 공약을 선거공보에 게재하는 것은 제한되지 아니함. 다만, 사업계획과 수지예산의 근거없이 조합장의 개인 재산이나 급여 등을 이용하여 조합원에게 지원금 등을 제공하는 공약의 경우에는 기부행위에 해당되어 법 제35조 및 제59조에 위반될 수 있음.

- 후보자가 "조합장선거에서 당선되면 급여를 적립해 두었다가 연말에 조합원 전원에게 나누어 주겠다."라는 말을 조합원에게 할 경우 법 제35조 및 제59조에 위반됨.

- 후보자가 되려는 사람이 자선사업을 주관·시행하는 국가·지방자치단체·언론기관·사회단체 또는 종교단체 그 밖에 국가기관이나 지방자치단체의 허가를 받아 설립된 법인 또는 단체에 의연금품·구호금품을 제공하는 행위는 가능함. 다만, 광범위한 선거인을 대상으로 개별 물품 또는 그 포장지에 직명·성명을 표시하여 제공하는 경우에는 법 제35조 및 제59조에 위반됨.

- 후보자가 되려는 사람의 기부행위제한기간은 임기만료일 전 1년 부터 선거일까지임. 다만, 기부행위제한기간 전이라도 선거운동을 목적으로 선거인이나 그 가족 또는 선거인이나 그 가족이 설립·운영하고 있는 기관·단체·시설에 대하여 금전·물품·향응이나 그 밖의 재산상 이익이나 공사의 직을 제공하거나 그 제공의 의사를 표시하거나

그 제공을 약속하는 경우에는 법 제58조에 위반됨.

- 후보자가 되려는 지역의 면지편찬위원장이 선거운동의 목적 없이 기부행위제한기간 전에 면지편찬위원회에 통상적인 범위에서 금전을 제공하는 것은 가능함.

- 후보자가 되려는 사람이 영농회장 연찬회, 농업경영인 대회, 체육대회, 어르신 대상 무료삼계탕 나눔 행사 등에 참석하여 현금이나 물품으로 협찬을 하는 행위의 경우 후보자가 되려는 사람이 선거인이나 그 가족 또는 선거인이나 그 가족이 설립·운영하고 있는 기관·단체·시설에 금전·물품·향응이나 그 밖의 재산상 이익을 제공하는 경우에는 행위시기 및 양태에 따라 법 제35조·제59조 또는 제58조에 위반되며, 그 행위가 선거운동에 이르는 경우에는 법 제24조 및 제66조에 위반됨.

4. 주요 위반행위 판례

■ 조합장이 조합원의 자녀 결혼식에 참석하여 'A조합 □□□'(성명 기재) 명의로 된 봉투에 A조합의 경비로 마련된 축의금 5만원을 넣어 제공 [전주지방법원 정읍지원 2023. 9. 15. 선고 2023고약664 약식명령].

■ 후보자가 되려는 사람이 ○○축제 추진위원회(위원 14명 중 위원장 포함 8명이 선거인) 위원장으로부터 축제 후원금을 지급해 줄 것을 부탁받고 축제 추진위원회 간사 명의의 계좌로 축제 후원금 명목으로 200만원 송금[광주지방법원 해남지원 2023. 10. 19. 선고 2023고단149 판결].

■ 후보자가 되려는 사람이 조합원들로만 구성된 A산악회 모임에 참석하여 조합원 22명에게 시가 25,000원 상당의 배 한 상자(25개)를 제공하고, 조합원 7명과 그 외 회원들이 참석한 B산악회 모임에서 조합원 7명에게 1,000원 상당의 배 한 개씩 제공[광주지방법원 2023. 9. 21. 선고 2023고단1476 판결].

- 후보자가 되려는 사람이 기부행위 제한기간에 선거인의 주거지에 찾아가 "좋은 것이니 꼭 잡수라"는 말을 하며 시가 5만원 상당의 구기 자즙 1박스 제공[광주지방법원 2023. 9. 19. 선고 2023고단3466 판결].

- 후보자가 되려는 사람 A가 설 명절을 앞두고 마트를 운영하는 사위와 공모하여 마트 직원 명의로 배송하도록 하는 방법으로 조합원 84명에게 합계 2,958,000원 상당의 사과 85박스(개당 34,800원) 제공 및 A 단독으로 조합원 7명에게 합계 157,000원 상당의 사과, 배 배송[대법원 2022. 4. 28. 선고 2021도17194 판결].

- 후보자가 되려는 사람은 기부행위 제한기간 중 기부행위를 할 수 없고, 친족 외의 사람의 관혼상제의식에 축의 · 부의금품을 제공할 경우 5만원 이내의 범위에서 제공하여야 함에도 기부행위 제한기간 중 조합원 7명에게 각각 축의금으로 10만원 제공[대구지방법원 2020. 10. 6. 선고 2019노4340 판결].

- 후보자가 되려는 사람이 평소 ○○교회에 다니고 있음에도, 의사결정기구의 상당수가 조합원이나 조합원의 가족으로 구성되어 있는 △△교회 등 3곳의 예배에 참석하여 감사헌금 봉투에 자신의 이름을 기재한 후 헌금 명목으로 각 5만원씩(총 15만원)을 헌금함에 넣음으로써 조합원이나 그 가족이 설립 · 운영하는 단체에 기부[대전지방법원 서산지원 2019. 10. 23. 선고 2019고단444 판결].

- 후보자가 되려는 사람이 기부행위 제한기간 중 조합원의 집을 방문하여 "설 잘 쉬라"라며 현금 5만원을 제공하였으며, 조합원의 손녀에게 "할아버지 세뱃돈이다"라며 현금 5만원을 제공[창원지방법원 진주지원 2015. 8. 11. 선고 2015고단312, 520(병합) 판결].

- 후보자가 병원에서 입원치료를 받고 있는 조합원을 병문안하면서 현금 20만원을 제공[청주지방법원 2009. 2. 5. 선고 2008고단1746 판결].

- 후보자가 관광버스 총 6대로 인적사항을 모르는 조합원들을 투표소까지 운송하도록 하는 등 총 180만원 상당의 교통편의를 제공[광주

지방법원 순천지원 2008. 7. 4. 선고 2008고단969 판결].

■ 후보자가 되려는 사람의 친구(선거인)가 입후보예정자 및 선거인들과 함께 2차례 식사를 하면서 효과적인 선거운동 방법, 후보로서의 포부 등에 관하여 대화를 한 후 전체 식사비를 현금으로 결제함으로써 선거인 4명에게 70,000원 상당의 식사 제공[대전지방법원 천안지원 2024. 2. 1. 선고 2023고단2110 판결].

■ 조합원이 식당에 조합원 8명을 초대하여 "○○면과 △△면은 똘똘 뭉쳐야 군의원이든 조합장이든 우리 지역에서 만들 수 있다. 나는 ○ ○○을 찍어줄 것이다."라고 특정 후보자에 대한 지지를 호소하며 총 204,000원 상당의 닭볶음탕과 주류 등 제공[대전지방법원 논산지원 2023. 11. 10. 선고 2023고단350 판결].

■ 조합장이 조합의 이사, 감사, 대의원 및 봉사단원들에 대하여 선진지 견학 명목으로 관광을 실시하면서 조합의 사업계획 및 수지예산상 분과위원회 실비로 책정된 예산을 전용하여 총 5,461,918원 상당의 교통편의, 음식물, 주류, 선물 등 제공[대구지방법원 2010. 10. 15. 선고 2010고단855 판결].

■ 조합의 사업계획 및 수지예산서에 영농회 총회를 개최하면서 상품권 과 식사를 제공하는 것으로만 규정되어 있으나, 별도의 법령 등에 근 거 없이 업무추진비로 총회에 참석한 반장들에게 물품 제공[춘천지 방법원 2009. 12. 3. 선고 2009고단463 판결].

■ 후보자가 "조합장선거에서 당선되면 급여를 적립해 두었다가 연말에 조합원 전원에게 나누어 주겠다"고 조합원에게 발언[춘천지방법원 강릉지원 2006. 11. 8. 선고 2006고정408 판결].

■ 입후보예정자가 식당에서 조합원에게 '장어정식과 음료 등 35,000원 상당의 음식물'을 제공한 것을 비롯하여, 총 5명의 조합원에게 합계 137,000원 상당의 음식물을 제공하거나 제공의 의사표시[대전지방법 원 제2형사부 2020. 12. 10. 선고 2019노3487 판결].

- 입후보예정자가 평소 ○○교회에 다니고 있음에도, 의사결정기구의 상당수가 조합원이나 조합원의 가족으로 구성되어 있는 △△교회 등 3곳의 예배에 참석하여 감사헌금 봉투에 자신의 이름을 기재한 후 헌금 명목으로 각 5만원씩(총 15만원)을 헌금함에 넣음으로써 조합원이나 그 가족이 설립·운영하는 단체에 기부[대전지방법원 서산지원 2019. 10. 23. 선고 2019고단444 판결].

- 입후보예정자가 하나로마트를 운영하는 자에게 전화를 걸어 조합원에게 시가 45,000원 상당의 음료 10박스를 배달하는 방법으로 제공[대구지방법원 서부지원 2019. 8. 21. 선고 2019고단1246 판결].

- 입후보예정자가 조합원의 집마당에서 "고생하십니다. 아주머니와 식사나 한 끼 하세요. 잘 부탁드립니다."라고 말하며 현금 10만원(5만원권 2장)을 마당에 있던 나물 건조대 위에 올려두어 건네는 방법으로 금전을 제공[춘천지방법원 강릉지원 2019. 6. 13. 선고 2019고단505 판결].

- 입후보예정자가 기부행위 제한기간 중 조합원의 집을 방문하여 "설 잘 쉬라."라며 현금 5만원을 제공하였으며, 조합원의 손녀에게 "할아버지 세뱃돈이다."라며 현금 5만원을 제공[창원지방법원 진주지원 2015. 8. 11. 선고 2015고단312, 520(병합) 판결].

- 조합장의 모친상에 10만원을 제공한 조합원의 결혼식에 그 답례로 10만원을 축의금으로 제공[광주지방법원 2010. 5. 25. 선고 2010노335 판결].

- 후보자가 병원에서 입원치료를 받고 있는 조합원을 병문안하면서 현금 20만원을 제공[청주지방법원 2009. 2. 5. 선고 2008고단1746 판결]

- 후보자가 관광버스 총 6대로 인적사항을 모르는 조합원들을 투표소까지 운송하도록 하는 등 총 180만원 상당의 교통편의를 제공[광주지방법원 순천지원 2008. 7. 4. 선고 2008고단969 판결].

- 후보자가 제3자와 공모하여 후보자를 홍보하는 내용이 수록된 책자

(권당 12,000원)를 선거인 39명에게 제공[대구지방법원 2007. 4. 18. 선고 2007고합37 판결].

■ 조합장과 조합 직원이 공모하여 설명절을 계기로 조합원 2명에게 시가 45,000원 상당의 굴비 1세트씩(시가 합계 90,000원 상당)을, 조합원 41명에게 시가 25,000원 상당의 사과 1상자씩(시가 합계 1,025,000원 상당)을 제공[대법원 2021. 5. 7. 선고 2021도1707 판결].

■ 조합장이 특정 기업에서 생산하는 '친환경 부숙토'를 해당 기업의 직원으로 하여금 화물차를 이용하여 조합원 3명에게 배송토록 하여 시가 총 4,547,952원(37.4톤, 1,870포) 상당의 물품 및 불상액의 교통편의를 제공[대구지방법원 서부지원 2019. 9. 27. 선고 2019고단1748 판결].

■ 조합장이 "풍요롭고 행복한 추석 보내세요. 1등 농협을 이룬 큰 일꾼 ○○농업협동조합장 △△△" 내용의 스티커가 부착된 '1만원 상당의 쌀'을 농협 직원 5명으로 하여금 조합원(선거인명부에 오를 자격이 있는 자 포함) 77명에게 제공(시가 총 770,000원 상당)[대구지방법원 2019. 8. 22. 선고 2019고단3283 판결].

■ 조합장이 조합원으로 선거인명부에 오를 자격이 있는 박○○를 보고 "형님, 들어와서 차 한 잔 하십시다"라고 말하며 조합장실 책상 서랍에서 20만원(5만원권 4매)을 꺼내어 위 박○○에게 "형님, 손자들 세뱃돈이나 주십시오"라고 말하며 제공[광주지방법원 해남지원 2015. 11. 19. 선고 2015고단296 판결].

■ 조합장이 농협 조합원 180명에게 '○○농협 △△△'이라고 표시한 멸치세트 1박스(시가 17,500원 상당)를 각각 택배를 이용하여 발송함으로써 합계 315만원 상당의 물품 제공[전주지방법원 2015. 8. 28. 선고 2015고단830 판결].

■ 조합장이 관내 게이트볼장 준공식과 관련하여 선거인이 설립·운영하는 게이트볼 모임에 개인의 경비로 43만원 상당의 철제 난로 제공[수원지방법원 여주지원 2015. 7. 10. 선고 2015고단403 판결].

제 2 절 후보자 등의 매수 이해유도 금지

1. 관계법조문

제58조(매수 및 이해유도죄) 선거운동을 목적으로 다음 각 호의 어느 하나에 해당하는 행위를 한 자는 3년 이하의 징역 또는 3천만원 이하의 벌금에 처한다. <개정 2024. 1. 30.>

1. 선거인(선거인명부를 작성하기 전에는 그 선거인명부에 오를 자격이 있는 자(해당 위탁단체에 가입되어 해당 법령이나 정관등에 따라 위탁선거의 선거권이 있는 자 및 해당 위탁단체에 가입 신청을 한 자를 말한다)를 포함한다. 이하 이 조에서 같다)이나 그 가족 또는 선거인이나 그 가족이 설립 · 운영하고 있는 기관 · 단체 · 시설에 대하여 금전 · 물품 · 향응이나 그 밖의 재산상 이익이나 공사(公私)의 직을 제공하거나 그 제공의 의사를 표시하거나 그 제공을 약속한 자

2. 후보자가 되지 아니하도록 하거나 후보자가 된 것을 사퇴하게 할 목적으로 후보자가 되려는 사람이나 후보자에게 제1호에 규정된 행위를 한 자

3. 위탁단체의 회원으로 가입하여 특정 후보자에게 투표하게 할 목적으로 위탁단체의 회원이 아닌 자에게 제1호에 규정된 행위를 한 자

4. 제1호부터 제3호까지에 규정된 이익이나 직을 제공받거나 그 제공의 의사표시를 승낙한 자

5. 제1호부터 제4호까지에 규정된 행위에 관하여 지시 · 권유 · 알선하거나 요구한 자

6. 후보자등록개시일부터 선거일까지 포장된 선물 또는 돈봉투 등 다수의 선거인(선거인의 가족 또는 선거인이나 그 가족이 설립 · 운영하고 있는 기관 · 단체 · 시설을 포함한다)에게 배부하도록 구분된 형태로 되어 있는 금품을 운반한 자

2. 법규요약 및 해설

매수 및 이해유도죄는 선거인 · 선거관계자 등에 대한 매수행위를 처벌하여 선거의 공정을 기하기 위한 규정으로서, 선거에 관한 일종의 뇌물죄라고 할 수 있다. 본 죄는 각종 선거에서 온갖 유형의 금품수수행위가 자

행되고, 그로 인하여 혼탁한 선거풍토를 노정하였던 과거의 선거사에 대
한 반성에서 비롯된 것으로, 선거운동의 자유라는 국민의 기본권 보장과
선거의 공정성을 위한 금권선거운동의 규제라는 헌법상의 법익을 합리적
으로 조화시키고 조정한다는 관점에서 합헌적인 규정이라고 할 것이다.[69]

즉 선거관계자에 대한 매수행위를 처벌하여 선거의 공정을 기하기 위한
규정으로서 개인의 자유로운 의사결정에 의하여 행하여져야 할 선거에서
부정한 경제적 이익 등으로 개인의 자유의사를 왜곡시키는 행위를 처벌함
으로써 선거의 공정성을 보장하기 위한 규정이다.[70]

내용은 선거인이나 그 가족, 또는 선거인이나 그 가족이 설립 · 운영하
고 있는 기관 · 단체 · 시설에 금전 · 물품 · 향응이나 그 밖의 재산상 이익이
나 공사의 직을 제공하거나 그 제공의 의사를 표시하거나 그 제공을 약속
하는 행위, 후보자가 되지 아니하도록 하거나 후보자가 된 것을 사퇴하게
할 목적으로 후보자가 되려는 사람이나 후보자에게 금전 · 물품 · 향응이나
그 밖의 재산상 이익이나 공사의 직을 제공하거나 그 제공의 의사를 표시
하거나 그 제공을 약속하는 행위, 또는 위탁단체의 회원으로 가입하여 특
정 후보자에게 투표하게 할 목적으로 위탁단체의 회원이 아닌 자에게 금
전 · 물품 · 향응이나 그 밖의 재산상 이익이나 공사의 직을 제공하거나 그
제공의 의사를 표시하거나 그 제공을 약속하는 행위이다.

이익이나 직을 제공받거나 제공의 의사표시를 승낙하는 행위와 지시 ·
권유 · 알선하거나 요구하는 행위를 포함한다.

또한 후보자등록개시일부터 선거일까지 포장된 선물 또는 돈봉투 등 다
수의 선거인(선거인의 가족 또는 선거인이나 그 가족이 설립 · 운영하고 있는 기관 ·
단체 · 시설을 포함)에게 배부하도록 구분된 형태로 되어 있는 금품을 운반하
는 행위도 위반대상이다.

선거인등에 의한 매수 및 이해유도죄의 주체는 아무런 제한이 없다. 후
보자나 선거운동원이나 가족에 한정되지 않고 선거권이나 피선거권의 유

---

69) 헌법재판소 1997. 11. 27. 선고 96헌바60 결정
70) 대검찰청, 위탁선거법 벌칙해설, 2019, 152쪽

무도 불문하며 행위의 상대방은 "선거인이나 그 가족 또는 그 선거인이나 가족이 설립·운영하고 있는 기관·단체·시설"이다.

본 조에서 선거인이란 선거인명부에 오를 자격이 있는 자를 포함하며 해당 위탁단체에 가입신청을 한 자도 포함시킨다.

「금전·물품」의 다과나 종류는 불문하며,[71] 「향응」은 음식물로 타인을 접대하는 것만을 의미하는 것이 아니라 사람에게 위안이나 쾌락을 주는 것을 모두 포함한다. 예를 들어 향응의 장소인 정을 알면서도 참석하여 즐거운 분위기를 누렸다면 비록 음식물을 먹지 않았다 하더라도 향응의 수수가 된다. 영화를 감상시키는 것, 온천등에 초대하는 것도 향응 제공에 해당한다.[72]

「재산상의 이익」은 유형·무형을 불문하고 영속적인 것이든 일시적인 것이든 상관이 없으며, 절대 불가능한 것이 아닌 한 조건부라도 상관이 없다. 객관적으로 무가치한 것이라도 수령자에게 가치 있는 것은 물론, 입법적인 취지상 불확정인 이익도 포함된다고 해석되고, 제공자가 정당한 처분권이 없거나 그 제공행위가 법률상 무효인 경우에도 본조에 해당된다 할 것이다.[73]

「공사의 직」이란 상근·비상근을 불문하고 노력의 제공으로 일정한 반대급부를 받을 수 있는 직장에서의 일정한 자리를 말하며, 직위나 직무가 특정될 필요는 없고 의회의 동의나 선출절차가 요구되는 직위라도 그것이 기대될 수 있는 한 무방하다.[74]

「공사의 직의 제공의 의사표시」는 반드시 그 직을 현실로 제공할 수 있는자, 즉 법령이나 정관 기타 관계규정상의 임명권을 가진 자이거나 임의로운 제공권한이 있는 자에 의한 것임을 요하지 않고, 그 직을 제공함에 있어 규정상 또는 사실상으로 상당한 영향력을 행사하여 이를 성사시킬

---

71) 대전지방법원 천안지원 2015. 9. 1. 선고 2015고단1016 판결
72) 대검찰청, 위탁선거법 벌칙해설, 2019, 157쪽
73) 대검찰청, 위탁선거법 벌칙해설, 2019, 158쪽
74) 대검찰청, 위탁선거법 벌칙해설, 2019, 159쪽

수 있는 높은 개연성을 구비한 자에 의한 경우를 포함한다.[75]

실제 제공한 목적물이 당초 약속했거나 상대방이 인식했던 목적물과 다르더라도 관계없다.[76]

「제공의 의사표시」는 금전·물품·향응 등을 제공하겠다는 의사를 표시하고, 그 의사가 상대방에게 도달함으로써 성립한다. 의사표시는 문서에 의하든 구술에 의하든 무방하고, 명시적이든 묵시적이든 불문하며 '제공의 약속'은 재산상의 이익을 제공하고 이를 수령하는 것에 관하여 제공자와 수령자 사이의 의사가 합치되는 때에 기수가 된다. 제공의 약속은 행위자의 제공의사표시를 상대방이 승낙하는 경우와 상대방의 제공 요구를 승낙하는 경우에 성립한다.[77]

일단 약속이 이루어진 이상 사후에 약속을 취소하여도 본 죄의 성립에는 영향이 없고, 약속 후 제공을 한 때에는 제공죄만 성립하며 상대방이 먼저 요구하여 이에 응했을 때도 제공약속죄가 성립한다.[78]

금품 등을 제공받은 당해 선거인의 투표행위에 직접 영향을 미칠 목적으로 금품 등을 제공하는 경우에만 성립하는 것이 아니라, 금품 등을 제공받은 선거인으로 하여금 타인의 투표의사에 영향을 미치는 행위나 특정 후보자의 당락에 영향을 미치는 행위를 하게 할 목적으로 금품 등을 제공하는 경우에도 성립한다.[79]

「매수목적 금품운반죄」는 매수 및 이해유도 행위에 사용될 우려가 있는 금품을 운반하다가 발견되었으나, 매수 및 이해유도 행위에 직접 나아가지 않은 행위를 처벌할 목적으로 제정된 조항이다.

주체는 누구든지이며 아무런 제한이 없다. 여기의 운반행위자는 반드시 금품을 직접 제공하려는 자일 필요는 없고 제3자를 통하여 다른 사람에게 배포될 금품을 단지 제3자에게 전달하는 일을 하는 것으로도 족하다.

---

75) 서울고등법원 2014. 12. 12. 선고 2014노3023 판결
76) 서울고등법원 1996. 5. 23. 선고 96노624 판결
77) 헌법재판소 2002. 4. 25. 선고 2001헌바26 결정
78) 제주지방법원 1996. 5. 31. 선고 96고합30 판결
79) 대검찰청, 위탁선거법 벌칙해설, 2019, 164쪽

후보자등록개시일부터 선거일까지 포장된 선물 또는 돈봉투 등 다수의 선거인(선거인의 가족이나 선거인이나 가족이 설립·운영하고 있는 기관·단체·시설을 포함)에게 배부하도록 구분된 형태로 되어 있는 금품을 운반하는 행위이며 종기가 선거일이므로 선거일의 24시까지 본 죄는 성립된다.

「다수의 선거인에게 배부한다는 것」은 다수에게 배포하기 위하여 만들어졌다는 것을 의미할 뿐, 운반 중인 금품 자체가 반드시 다수 존재할 필요는 없다고 판단되며 이미 배부하고 한두개의 금품만을 소지하고 있어도 다수에게 배포할 목적을 만들어진 것의 일부라는 사실이 확인된다면 본 죄는 성립된다.

또한 애초부터 다수에게 볼 수 없는 사람에게만 배부하기 위한 것이라거나, 선거인이 아닌 다른 사람들에게 배부할 목적으로 운반할 경우에는 비록 선거운동을 목적으로 하고 있었다고 하더라도 법 위반으로 보기 어렵다.

여기에서 「금품」이란 금전과 물품을 의미하는 것으로서 선물이나 돈봉투에 한하지 않으며 경제적인 가치가 있으면 충분하다. 다만 반드시 구분된 형태로 되어 있을 것을 요하므로 추상적인 재산상의 이익등은 물론 포함되지 않는다.[80]

「구분」이란 금품을 일정한 기준에 따라 전체를 크게 또는 작게 몇 개로 갈라 나누는 것을 말하고 구분의 방법에는 제한이 없어 돈을 포장 또는 봉투에 넣거나 물건으로 싸거나, 몇 개의 단위로 나누어 접어놓는등 따로따로 배부할 수 있도록 분리하여 소지하는 것도 포함된다.[81]

「운반」이란 어떤 물건을 장소적으로 이전하는 것을 말하며 반드시 원거리일 필요도 없고 운반의 방법도 제한이 없다.[82]

운반할 것을 요구하므로 단순히 소지만 하고 있었을 경우에는 본죄가 성립되지 않는다. 즉 갑이 자기 집에서 을의 부탁으로 돈봉투를 교부받아 집에서 분리하고 있었다면 본 죄가 성립하지 않는다고 보아야 할 것이다.

80) 대검찰청, 위탁선거법 벌칙해설, 2019, 175쪽
81) 대법원 2009. 2. 26.선고 2008도11403 판결
82) 대검찰청, 위탁선거법 벌칙해설, 2019, 176쪽

또한 본죄는 선거운동 목적이 있어야 하고 다수의 선거인에게 배부하기 위한 것 또는 그중의 일부라는 인식이 있어야 본죄가 성립한다고 볼 수 있다.

3. 할 수 있는 사례와 할 수 없는 사례

- 선거에 있어 명시적으로 출마의사를 밝히지 아니하였다 하더라도 그 신분·접촉대상·언행 등에 비추어 선거에 입후보할 의사를 가진 것을 객관적으로 인식할 수 있을 정도에 이른 사람이 조합원이 이용하는 경로당에 방문하여 그 가액의 다과를 불문하고 금품을 제공하는 것은 법 제35조 및 제59조에 위반됨.

- 후보자가 되려는 사람이 기부행위제한기간 전에 선거와 무관하게 금전·물품 또는 그 밖의 재산상 이익(식사, 화환 등)을 제공하는 것은 법상 가능함. 다만, 기부행위제한기간 전이라도 후보자가 되려는 사람이 선거운동을 목적으로 선거인이나 그 가족 또는 선거인이나 그 가족이 설립·운영하고 있는 기관·단체·시설에 금전·물품이나 그 밖의 재산상 이익(식사, 화환 등)을 제공하는 것은 법 제58조에 위반되며, 그 행위가 선거운동에 이른 경우에는 법 제24조 및 제66조에 위반됨.

- 후보자가 되려는 사람이 조합원들에게 자신의 명함을 부착하여 선물 등을 발송하는 것은 기부행위제한기간 전이더라도 행위양태에 따라 법 제24조·제66조 또는 제58조에 위반될 수 있음.

- 후보자의 가족 등이 선거운동을 목적으로 선거인의 집을 방문하여 선거인이나 그 가족 등에게 공사의 직을 제공하거나 그 제공의 의사를 표시하거나 그 제공을 약속하는 경우에는 행위양태에 따라 법 제24조, 제38조 및 제66조 또는 제58조에 위반됨.

- 후보자가 되려는 사람이 본인의 퇴임식에 종래의 통상적인 범위를 벗어나 다수의 조합원들을 초청하여 음식물 또는 답례품을 제공하는 경우에는 행위양태에 따라 법 제24조·제38조·제66조 또는 제58조에 위반될 수 있음.

- 후보자가 되려는 사람이 자신이 가입한 모임 등에 회원 등의 자격으로 회의에 참석하거나 식사자리를 함께 하는 것만으로는 법에 위반된다고 볼 수 없음. 다만, 회의나 식사자리에 참석하여 선거운동을 하는 경우 행위양태에 따라 법 제24조·제38조·제66조에 위반되며, 선거운동을 목적으로 선거인이나 그 가족, 선거인이나 그 가족이 설립 운영하고 있는 기관·단체·시설 등에 음식물 등을 제공하는 경우에는 행위시기에 따라 법 제35조·제59조 또는 제58조에 위반됨.
- 후보자가 조합원 자녀를 우선 채용하겠다고 공약하는 것만으로는 법에 위반된다고 볼 수 없음. 다만, 특정 조합원 자녀의 채용 등 구체적인 채용 대상과 방법을 함께 공약하는 경우에는 법 제58조에 위반됨.

4. 주요 위반행위 판례

■ 이사장이 ① 대의원 A에게 "내가 노래교실 송년회 현찰로 보태줄게", "얘기하지 말고 써"라고 전화하고, 금고 지점장을 통해 A에게 현금 10만원 제공, ② 대의원 A·B·C에게 "내가 이사장선거에 걱정 있는 거지 뭐" 등으로 말한 다음 황태구이 등 36,000원 상당의 향응 제공, ③ 대의원 D·E에게 식사 중 "내가 이사장에 두 번째 출마하니까 나를 뽑아 달라"고 말하면서 소고기 등 91,200원 상당의 향응을 제공하고 귀가 중 백화점 상품권 1만원권 10장씩 제공[대법원 2022. 11. 17. 선고 2022도11460 판결].

■ 이사장이 금고 임원에게 심부름센터 사람들을 고용하여 상대 후보자의 불법선거운동 현장을 적발하는 등 자신을 위해 선거운동을 해달라며 현금 200만원을 제공[대구지방법원 김천지원 2016. 3. 16. 선고 2016고단152 판결].

■ 이사장이자 후보자가 되려는 사람 A와 금고 전무인 B는 공모하여 이사 출마자 8명을 모이게 한 후 대의원명부를 나누어주면서 "각자 친분 있는 대의원 5명씩을 정해서 나에게 투표할 수 있게 해달라"고 하

고 술과 LA갈비 등 시가 335,000원 상당의 향응을 제공하고, A는 대의원 N과 공모하여 이사 출마자 8명을 모이게 하여 "A이사장을 중심으로 다같이 잘해보자. 선거는 전쟁이다. 무조건 이기고 봐야된다"라고 말하면서 술과 안주 등 시가 700,000원 상당의 향응을 제공[대법원 2015. 3. 12. 선고 2014도5918 판결].

- 후보자가 되려는 사람 A와 조합원 B가 공모하여 B는 조합원 C에게 전화하여 집 앞으로 나오라고 하고, A는 C에게 "조합장선거 때 잘 부탁드립니다"라고 말하면서 5만원 권 6매, 합계 30만원을 제공한 것을 비롯하여 총 18회에 걸쳐 조합원 총 18명에게 합계 570만원의 현금 제공[대구지방법원 상주지원 2023. 7. 19. 선고 2023고단210 판결].

- 후보자가 되려는 사람이 회원에게 "나는 이사장으로 당선되고, 너는 이사로 당선되자"고 하면서 양주 1병, 와인 1명, 화분 1개와 새마을금고 대의원명부 제공[서울중앙지방법원 2018. 2. 21. 선고 2015재고정19 판결].

- 후보자가 되려는 사람이 이사장에 당선될 목적으로 선거인의 처를 통해 선거인에게 현금 100만원을 제공한 것을 비롯하여 선거인 5명에게 현금 100만원씩 총 500만원을 제공하고, 21명의 선거인에게 시가 합계 30만원 상당의 음료수 30박스 제공[대법원 2017. 2. 9. 선고 2016도20280 판결].

- 이사장선거의 후보자가 되려는 사람 A가 갑, 을과의 후보단일화 논의가 진척이 없자 금고 부이사장 B에게 갑, 을의 출마를 포기하도록 그동안의 선거비용 등을 보전해 주자고 제의하고 B가 동조하여, A는 B에게 "갑, 을에게 하나씩 전해줘라"고 말하면서 현금 300만원이 든 봉투 2개를 건네주고, B는 이를 갑, 을에게 각각 전달[대구지방법원 2013. 1. 18. 2012노3233 판결].

- 후보자가 되려는 사람이 후보자가 되려는 다른 사람에게 "후보자 등록을 하지 않으면 1억 7,000만원을 제공하겠다"고 제안함으로써 금전 제공의 의사표시[전주지방법원 정읍지원 2024. 1. 23. 선고 2023

고단136, 225 병합 판결].

- "준비 많이 하셨는데 도와주세요", "예우에 맞게 시 □□□ 부회장 하시는 걸로 조율을 다 해놨어요. 얘기가 다 된 상태니까 선거 나오고 이러는 것보다 그렇게 해서 적당히 해서 좋지 않겠습니까?" 등 후보자가 되지 아니하도록 할 목적으로 공사의 직 제공의사 표시[대전지방법원 2023. 9. 13. 선고 2023고단2277 판결].

- 후보자가 ○○낚시점 앞길에서 선거인 2명에게 본인에 대한 지지를 호소하면서 현금 합계 100만원을 교부하고, 주차된 차량에서 선거인 2명에게 본인에 대한 지지를 호소하면서 현금 합계 200만원을 제공하고, △△△에게 "선거인이나 선거인의 가족 중에서 나의 당선에 도움이 될 만한 사람에게 수고비 명목으로 돈을 주어라"라고 말하며 총 2차례 현금 합계 950만원을 교부하여 매수 및 이해유도 지시[대법원 2021. 4. 29. 선고 2020도16599 판결].

- 입후보예정자가 선거운동을 목적으로 ○○농협하나로마트 지점장에게 선물세트를 보낼 명단을 전달하며 "소고기 선물세트를 준비해서 배송해 달라. 내가 주는 것이라고 얘기해 달라."라고 하여 위 하나로마트 배달서비스를 통해 선거인명부에 오를 자격이 있는 조합원 총 46명에게 합계 230만원 상당의 선물세트(1세트당 5만원) 제공[대전지방법원 홍성지원 2019. 10. 15. 선고 2019고단406 판결].

- 후보자가 되려는 사람의 지지자가 본인의 주차된 승용차 내에서 조합원인 선거인에게 "○○○보다는 자격이 있는 △△△을 지지해 달라"고 말하며 현금 50만원(5만원권 10매) 제공[대전지방법원 공주지원 2019. 8. 23. 선고 2019고단221 판결].

- 후보자가 되려는 사람의 배우자가 본인 소유 축사 사무실에서 조합원에게 "내가 ○○리에 아는 사람이 없으니까 나사장이 대신해서 ○○리하고 △△리에 있는 조합원들에게 20만원씩 전달해주세요."라고 말하며 현금 100만원(5만원권 20매) 제공[대전지방법원 공주지원

2019. 8. 23. 선고 2019고단232 판결].

■ 후보자가 5만원권 지폐 4장씩을 반으로 접어 만든 돈묶음 3개, 5만원권 지폐 2장씩을 반으로 접은 돈묶음 1개 합계 70만원을 바지주머니에 넣은 채 조합원들의 집을 호별방문하면서 다수의 선거인에게 배부하도록 구분된 형태로 금품을 운반[대구지방법원 2015. 4. 16. 선고 2015고단1139 판결].

■ 조합장이 자신의 지인과 공모하여 같은 조합의 입후보예정자에게 불출마 명목으로 자신의 지인을 통해 현금 2,700만원을 전달[전주지방법원 2015. 1. 27. 선고 2014고단640 판결].

■ 제3자가 조합원의 집을 찾아가 "이 계란은 내가 직접 생산한 것이니 부담 갖지 말고 받아달라. ○○○은 한우도 직접 기르고 여러 면에서 이번 조합장선거에서 당선되는게 조합원들을 위해서라도 좋을 것 같다."라는 취지로 말하면서 ○○○의 명함 1장과 계란 30개들이 2판을 제공하는 등 조합원 2명에게 총 16,000원 상당의 계란 제공[전주지방법원 2010. 8. 31. 선고 2010고단1085 판결].

■ 조합원이 선거인에게 전화를 걸어 "마을 어른들에게 막걸리라도 대접하면서 후보자의 선거운동을 해달라, 선거가 끝나면 선거운동 비용을 보상해 주겠다."라는 취지로 금전제공의 의사를 표시[창원지방법원 진주지원 2009. 2. 5. 2008고약10461 약식명령].

■ 후보자의 친형이 동생을 당선되게 할 목적으로 조합원의 집을 찾아가 조합장선거에 출마하는 동생을 잘 부탁한다는 취지로 인사하면서 현금 20만원을 건네주려고 하였으나 조합원이 그 자리에서 거절하는 등 조합원에 대하여 금전제공의 의사를 표시[울산지방법원 2007. 10. 18. 선고 2007고단1767 판결].

■ 선임이사의 지정권한이 있고 조합에서 상당한 영향력이 있는 현직 조합장이 전직 조합장인 입후보예정자에게 이사직을 제공하겠다고 하고 입후보예정자가 이를 승낙[대법원 1996. 7. 12. 선고 96도1121 판결].

제 3 절 현직 조합장 등의 축의·부의금품 제공제한

1. 관계법조문

> **제36조(조합장 등의 축의·부의금품 제공제한)**
> 「농업협동조합법」, 「수산업협동조합법」, 「산림조합법」에 따른 조합·중앙회 또는 「새마을금고법」에 따른 금고·중앙회(이하 이 조에서 "조합등"이라 한다)의 경비로 관혼상제의식이나 그 밖의 경조사에 축의·부의금품을 제공하는 경우에는 해당 조합등의 경비임을 명기하여 해당 조합등의 명의로 하여야 하며, 해당 조합등의 대표자의 직명 또는 성명을 밝히거나 그가 하는 것으로 추정할 수 있는 방법으로 하는 행위는 기부행위로 본다.

2. 법규요약 및 해설

새마을금고의 대표자나 새마을금고와 관련된 자가 새마을금고의 경비로 축의·부의금품을 제공하는 경우에 그 방법등을 제한하는 규정을 두고 이를 위반할 경우 처벌하는 규정이다.

「새마을금고법」에 따른 금고의 경비로 관혼상제의식이나 그 밖의 경조사에 축의·부의금품을 제공하는 경우에는 해당 조합 등의 경비임을 명기하여 해당 금고 등의 명의로 하여야 하며, 해당 금고의 대표자의 직명 또는 성명을 밝히거나 그가 하는 것으로 추정할 수 있는 방법으로 하는 행위는 기부행위로 본다.

이사장 개인이 축의·부의금품을 제공하는 경우에는 본인의 경비로, 이사장 본인의 명의로 하되, 친족이 아닌 선거인의 경우 관혼상제 의식에만 5만원 이내에서 제공할 수 있다.

조합의 경우 조합이 조합원들에게 사업상 조합의 경비로 축의·부의금품을 제공하는 경우가 많으므로 그 과정에서 자칫 기부행위와 유사한 효과가 발생하여 현직 조합장들에게 유리할 수도 있는 우려를 방지하기 위해 축의금품 등의 제공절차 등을 법정화시킨 것이다.

주체는 해당 조합 등의 대표자로 되어 있으므로 새마을금고의 경우 이사장이 주체이며 상대방은 선거인이나 그 가족이 설립·운영하고 있는 기관·단체·시설로 한정해야 할 것이다.

조합 등의 경비로 축의금 등을 제공하는 경우에 한정하고 있으며 대표자등의 개인경비로 제공할 경우에는 경우에 따라 기부행위제한에 위반될 수도 있을 것이다.[83]

"조합 등의 경비임을 명기하여 해당 조합 등의 명의"로 하여야 하므로 일반인의 관점에서 조합에서 제공한 축의금 등임을 알 수 있어야 하며 조합등의 경비임이 표기되지 않거나 조합의 경비인지, 개인의 경비인지 모호하게 표기되어 출처를 알기 어려운 경우 적법한 기부행위로 보기 어렵다.

"조합 등의 경비임을 명기하여 해당 조합 등의 명의"로 하는 경우 조합장이 직접 전달하는 것만으로 기부행위라고 보기는 어렵지만, 통상의 축의금 액수보다 과다하게 많거나 축의금을 전달하면서 자신의 업적을 홍보하는 경우 등 수령자 입장에서 조합장이 제공하는 것으로 오인할 만한 경우 기부행위로 볼 여지도 있다.[84]

또한 조합 대표자의 직위 또는 성명을 밝히는 경우에는 조합 등의 명의로 제공되었다고 보기 힘들며 표기된 사항만으로 특정인이 명확하게 드러나는지에 대한 판단은 기부행위의 상대방 혹은 선거권을 가지고 있는 자를 기준으로 하여야 할 것이지 일반인을 기준으로 하여서은 아니 된다.[85]

위 조항을 위반하였을 경우 2년이하의 징역 또는 2천만원 이하의 벌금에 처한다.

3. 할 수 있는 사례와 할 수 없는 사례

- 조합 등의 경비로 관혼상제의식이나 그 밖의 경조사에 축의·부의금품(화환·화분 포함)을 제공하는 경우 해당 조합 등의 경비임을 명기하여 해당 조합 등의 명의로 제공하는 것은 가능하다. 다만, 해당 조합

---

83) 대검찰청, 위탁선거법 벌칙해설, 2019, 408쪽
84) 대검찰청, 위탁선거법 벌칙해설, 2019, 411쪽
85) 대검찰청, 위탁선거법 벌칙해설, 2019, 412쪽

등의 대표자의 직명 또는 성명을 밝히거나 그가 하는 것으로 추정할 수 있는 방법으로 하는 경우에는 법 제36조 및 제66조에 위반됨.

4. 주요 위반행위 판례

- 조합장이 총 360회에 걸쳐 조합원들의 장례식에 시가 14,000원 상당의 근조 조향세트를 조합 경비로 제공하면서 '○○농업협동조합 조합장 △△△'라고 기재하여 조합의 경비임을 명기하지 않고 조합의 대표자의 직·성명을 밝혀 제공[전주지방법원 제2형사부 2020. 8. 20. 선고 2019노1649 판결].

- 조합장이 조합원 자녀의 결혼식 참석 및 조합원 병문안)시 '□□조합장 ○○○(성명)' 명의로 된 봉투에 조합의 경비로 마련한 축의금 및 위로금 각 5만원(3건, 합계 15만원)을 넣어 제공[전주지방법원 정읍지원 2023. 9. 15. 선고 2023고약664 약식명령].

- 조합장이 모친상을 당한 조합원에게 조합의 경비로 부의금을 지급하면서 조합장의 명의를 밝히는 방법으로 기부행위를 하였으며, 총 37회에 걸쳐 조합원들에게 축·부의금 등을 지급하면서 자신의 명의를 밝히거나 자신이 직접 지급하는 등의 방법으로 합계 3,250,000원 상당을 기부[대전지방법원 공주지원 2016. 9. 23. 선고 2015고단308 판결].

- 조합장이 조합원의 장인상에 참석하여 조합의 경비로 부의금 5만원을 제공하면서 그 봉투에 '○○농업협동조합'이라고만 기재하고 그 부의금이 ○○농업협동조합의 경비임을 명기하지 아니하였으며, 총 35회에 걸쳐 조합원의 장례식에 조합경비로 합계 1,050,000원 상당의 근조영정화환을 제공하면서 그 화환 비용이 위 조합의 경비임을 명기하지 아니함[제주지방법원 2015. 12. 22. 선고 2015고단987 판결].

- 조합장이 조합원 아들의 결혼식에 'A농협 조합장 B 배상'이라고 기재된 봉투에 10만 원을 넣어 제공한 것을 비롯하여, 조합의 경비로 성명과 직명을 밝혀 조합원 총 35명에게 합계 350만원의 축·부의금 제공[대구지방법원 2019. 9. 27. 선고 2019노2868 판결].

제8장

기타 제한 금지 행위

제8장

기타 제한 금지 행위

제 1 절 임·직원의 지위를 이용한 선거운동 금지

1. 관계법조문

> **제31조(지위를 이용한 선거운동금지 등)** 위탁단체의 임직원은 다음 각 호의 어
> 느 하나에 해당하는 행위를 할 수 없다.
> 1. 지위를 이용하여 선거운동을 하는 행위
> 2. 지위를 이용하여 선거운동의 기획에 참여하거나 그 기획의 실시에 관여하는
>   행위
> 3. 후보자(후보자가 되려는 사람을 포함한다)에 대한 선거권자의 지지도를 조사
>   하거나 이를 발표하는 행위

2. 법규요약 및 해설

새마을금고의 임직원은 직무상 밀접한 관련이 있는 권한행사를 통하여
선거인인 회원들에게 이익 또는 불이익을 미치게 할 지위에 있는 자이므
로, 그 영향력을 이용하여 선거운동을 할 경우 일반인이 선거운동을 하는
경우보다 선거의 공정과 자유를 크게 저해하게 되므로 그 지위를 이용하

여 선거운동을 하는 것을 금지하고, 선거운동에는 이르지 아니하지만 선거에 영향을 미칠 수 있는 행위를 금지함으로써 선거의 공정성을 확보하고자 하는 것이다.[86]

「지위를 이용하여」라 함은 금고 임직원의 지위에 있기 때문에 특히 선거운동을 효과적으로 행할 수 있는 영향력 또는 편익을 이용한다는 의미이며, 직무상의 지위와 선거운동행위가 연관되어 있는 경우를 말한다.

다시 말하면 금고의 임직원이 그 직무를 집행함에 즈음하여 선거운동을 하는 경우는 물론 신분상 또는 직무상의 지휘·감독권을 이용하거나 직무에 관련한 행위에 편승하여 선거운동을 함으로써 선거인에게 영향력을 주는 경우등을 포함하는 의미이다.[87]

「선거운동의 기획에 참여하는 행위」란 당선되게 하거나 되지 못하게 하기 위한 선거운동에는 이르지 아니하는 것으로서 선거운동의 효율적 수행을 위한 일체의 계획 수립에 참여하는 행위 또는 그 계획을 직접 실시하거나 실시에 관하여 지시·지도하는 행위를 말하는 것으로 해석하여야 하고, 반드시 구체적인 선거운동을 염두에 두고 선거운동을 할 목적으로 그에 대한 기획에 참여하는 행위만을 의미하는 것으로 볼 수 없다.[88]

「선거운동의 기획에 참여하거나 그 기획의 실시에 관여하는 행위」의 의미는 당선되게 하거나 되지 못하게 하기 위한 선거운동에는 이르지 아니하는 것으로서 선거운동의 효율적 수행을 위한 일체의 계획 수립에 참여하는 행위 또는 그 계획을 직접 실시하거나 실시에 관하여 지시·지도하는 행위를 말하는 것으로 해석하여야 하고, 반드시 구체적인 선거운동을 염두에 두고 선거운동을 할 목적으로 그에 대한 기획에 참여하는 행위만을 의미하는 것으로 볼 수는 없다고 판단하고 있다.[89]

「임·직원이 지위를 이용하여 선거운동의 기획에 참여하는 행위」의 의미

---

86) 대검찰청, 위탁선거법 벌칙해설, 2019, 399쪽
87) 대법원 1969. 7. 22. 선고 69도195 판결
88) 대법원 2011. 6. 24. 선고 2010도9737 판결
89) 대법원 2007. 10. 25. 선고 2007도4069 판결 등 참조

는 임·직원이 개인의 자격으로서가 아니라 임·직원의 지위와 결부되어 선거운동의 기획에 참여하거나 그 기획의 실시에 관여하는 행위를 뜻하는 것으로, 임·직원의 지위에 있기 때문에 특히 선거운동의 기획행위를 효과적으로 할 수 있는 영향력 또는 편익을 이용하는 것을 의미하고 구체적으로는 그 지위에 수반되는 신분상의 지휘감독권, 직무권한, 담당사무 등과 관련하여 임·직원이 직무를 행하는 사무소 내부 또는 외부의 사람에게 작용하는 것도 포함되고, 이때 '선거운동의 기획에 참여하는 행위'라함은 선거운동의 효율적 수행을 위한 일체의 계획 수립에 참여하는 것을 말한다.[90]

또한 선거운동의 기획에 참여하거나 그 기획의 실시에 관여하는 행위가 선거운동에 까지 이를 필요는 없다.[91]

조합의 직원이 후보자로 출마하는 조합장의 인터뷰 자료 등을 작성하는 행위, 조합의 직원이 선거운동에 활용되는 기획문건 작성, 친분있는 조합원의 명단을 작성하여 조합장에게 제공하는 행위가 본조 위반에 해당한다.[92]

조합 임·직원등의 지위에 있는 자가 아니더라도 그들과 함께 선거운동의 기획에 참여하였다면 법 제66조 제8호 위반의 공동정범으로 책임을 져야 하고 이는 조합 임직원이 자기 자신을 위한 다른 임직원의 선거운동 기획 참여 행위에 공동 가공하는 경우에도 마찬가지이다.[93]

「후보자에 대한 조합원의 지지도를 조사하거나 발표하는 행위」에는 지위를 이용할 것을 요하지 않으며 조합의 임직원이 후보자의 지지도를 알아보기 위하여 여론조사 기관에 여론조사를 의뢰하여 여론조사를 하거나 이를 공표하는 행위가 이에 해당한다.

필자가 충북위원회 지도과장으로 재직 중 교육감 선거에 있어 ○○시의 교육공무원이 선거운동을 전혀 하지도 않고, 단순히 본인이 생각하는

---

90) 대법원 2007. 3. 29. 선고 2006도9392 판결
91) 청주지방법원 2010. 7. 15. 선고 2010노26 판결
92) 대검찰청, 위탁선거법 벌칙해설, 2019, 405쪽
93) 대법원 2007. 10. 25. 선고 2015고단1439 판결

○○시의 후보자 지지도를 입후보예정자인 현 교육감에게 메일로 보낸 행위로 기소되어 처벌된 사례가 있었다.

공직선거법 제85조(공무원등의 선거관여 등 금지) 제2항의 경우 '공무원은 그 지위를 이용하여 선거운동을 할 수 없다'라는 규정에 위반되었기 때문이다.

판례에서는 선거에 영향력이 있는 자가 지위를 이용하여 관여하는 행위에 대해 엄격하게 판결하는 것을 알 수 있다.

임·직원이 본인과 친분 있는 사람의 전화번호를 후보자에게 제공하는 행위도 위반될 수 있다.

후보자가 아닌 조합의 임직원이 그 지위를 이용하여 선거운동을 하였을 경우에는 위탁선거법 제66조 제8호 위반 외에, 위탁선거법 제66조 제1호, 제24조 제1항이 금지하고 있는 선거운동을 할 수 없는 자의 선거운동에도 해당된다.

위 규정을 위반했을 경우 2년 이하의 징역 또는 2천만원 이하의 벌금에 처하는 등 벌칙조항이 상당히 무겁다.

3. 할 수 있는 사례 및 할 수 없는 사례

- 조합의 임·직원은 선거운동을 할 수 없음. 참고로 조합의 상근 임·직원 등이 후보자로 등록하기 위해서는 관계법규에 따라 사직하여야 함.
- 조합의 임·직원이 후보자 등록을 한 조합장과 조합의 지점 등에서 회동을 하는 경우, 또는 조합원들과 식사를 하면서 그 자리에 후보자 등록을 한 현직 조합장을 참석하게 하는 경우 임·직원의 선거운동에 해당하는지 여부는 단순히 그 행위의 명목뿐만 아니라 그 행위의 태양, 즉 그 행위가 행하여지는 시기·장소·방법 등을 종합적으로 관찰하여 개별적·구체적으로 판단하여야 할 것임. 다만, 조합의 임·직원이 후보자를 지지·선전하거나 후보자를 위하여 식사를 제공할 경우에는 행위양태에 따라 법 제24조·제31조·제66조 또는 제35조·제59조에 위반됨.

- 조합의 임·직원이 특정 조합원에게 후보자들에 대한 지지도·분위기 등을 일회성으로 묻는 행위가 법에 위반되는지와 조합의 임·직원이 입후보예정자인 현직 조합장의 선거전략 수립 등을 위하여 후보자가 되려는 사람들에 대한 인지도, 호감도, 지지도, 현직 조합장에 대한 직무평가, 조합 관련 주요 현안 등에 대한 여론조사를 실시하는 행위가 법에 위반되는지 여부는 그 방법(여론조사기관 의뢰 등)이나 횟수를 불문하고 후보자(후보자가 되려는 사람을 포함함)에 대한 선거권자의 지지도를 조사하거나 이를 발표하는 행위에 이르는 경우에는 법 제31조 및 제66조에 위반됨.

- 금고가 금고사업과 관련된 유언비어에 대하여 금고의 자본현황에 대한 객관적인 사실을 당해 금고가 설치·운영하는 인터넷 홈페이지나 기관지(금고소식지)·내부문서·게시판 등 통상적으로 행하여 오던 고지·안내 방법에 따라 소속 회원에게 알리거나 언론기관에 보도자료를 제공하는 행위는 무방하다. 다만, 선거가 임박한 시기에 별도의 해명서를 작성하여 전 회원에게 배부하는 것은 법 제31조 및 제66조에 위반됨.

- 금고가 선거기간 전에 선거와 무관하게 금고의 경비로 금고의 운영, 사업수행, 재난·재해 안내·고지 등 직무상 행위의 일환으로, 이사장의 직명·성명·사진(음성·화상·동영상 등 포함)을 게재하여 회원에게 통상적인 내용의 안내장 등 인쇄물 또는 문자메시지·전자우편을 보내거나, 거리에 현수막을 게시하거나, 회원에게 이사장 명의의 ARS 전화를 하는 행위는 무방함. 다만, 금고의 설립 및 활동 목적 범위안에서 통상적으로 안내·고지해오던 수준을 넘어 계속적·반복적으로 하거나, 선거기간 중에 시행하거나, 이사장에 대한 지지·선전 등 선거운동에 이르는 내용이 포함되는 경우에는 법 제31조 및 제66조에 위반됨.

- 금고의 임·직원이 그 방법(여론조사기관 의뢰 등)이나 횟수를 불문하고

후보자(후보자가 되려는 사람 포함)에 대한 선거권자의 지지도나 적합도
를 조사하거나 이를 발표하는 행위는 법 제31조 및 제66조에 위반됨.

- 금고의 임·직원이 후보자의 선거운동을 하는 행위는 법 제31조 및
제66조에 위반됨.
- 금고의 직원이 후보자로 출마하는 이사장의 인터뷰 자료 등을 작성하
는 행위는 법 제31조 및 제66조에 위반됨.
- 금고의 임원 또는 간부가 소속 직원을 자신의 사무실로 불러 특정 후
보자의 지지를 부탁하는 발언을 하는 행위는 법 제31조 및 제66조에
위반됨.
- 금고의 직원이 선거공약 등 선거운동에 활용되는 기획문건 등을 작성
하여 후보자에게 제공하는 행위는 법 제31조 및 제66조에 위반됨.
- 이사장이 선거권자인 회원을 대상으로 후보자가 되고자 하는 전·현
직 이사장의 직무평가 여론조사를 실시하는 행위.

4. 주요 위반 판례

- 위탁단체 임원이 위탁단체의 사무실에서 직원 6명을 모이게 한 뒤
"아무래도 ○○○(위탁단체명)와 시장님이 가까워야 ○○○가 잘 돌
아가지 않겠나, 현 시장님이 현 회장을 지지하니 이런 분위기에서 직
원들도 함께 했으면 좋겠다"라고 발언[전주지방법원 남원지원 2023.
8. 31. 선고 2023고약261 약식명령].
- 조합장이 선거운동기간 전에 자신의 사진, 이력, 경영성과, 공약사항
등이 포함되어 있는 '○○산림조합 보도자료'라는 제목의 파일을 작
성하여 조합직원에게 ○○산림조합 홈페이지 공지사항란에 게시하도록
지시[광주지방법원 목포지원 2016. 2. 16. 선고 2015고정412 판결].
- ○○농협 총무과장이 조합장 후보자로 출마한 △△△를 위하여 조합
원 1,986명에게 "안녕하십니까? 존경하는 ○○조합원님! 이번 조합
장선거에 출마한 기호 1번 △△△입니다"라는 내용의 문자메시지를

발송[광주지방법원 2015. 8. 19. 선고 2015고단2292 판결].

■ 후보자인 조합장과 조합의 임원인 상임이사가 공모하여 수차례에 걸쳐 신규조합원을 대상으로 특강을 실시하면서 조합장 재직 중의 사업실적과 향후 계획을 홍보[대법원 2011. 6. 24. 선고 2010도9737 판결].

■ 조합의 이사가 조합장의 업무상 횡령 사건의 약식명령문과 이를 비판하는 편지를 작성하여 소속 조합원에게 발송[부산지방법원2008. 12. 6. 2008고약56101 약식명령].

■ 조합이사들이 조합장의 재직 시 발생한 문제들에 대하여 감사요청을 하여 특별감사결과보고서를 조합원들에게 송부하면서 이와 함께 '조합소식'이라는 문서를 제작하여 "조합장은 축산농가 육성에는 관심이 없이 조합행사라는 이름으로 해외여행을 다녔다"는 내용을 기재하여 발송[대법원 2008. 6. 12. 선고 2008도1421 판결].

제 2 절 허위사실 공표

1. 관계법조문

제61조(허위사실 공표죄) ① 당선되거나 되게 할 목적으로 선거공보나 그 밖의 방법으로 후보자(후보자가 되려는 사람을 포함한다. 이하 이 조에서 같다)에게 유리하도록 후보자, 그의 배우자 또는 직계존비속이나 형제자매에 관하여 허위의 사실을 공표한 자는 3년 이하의 징역 또는 3천만원 이하의 벌금에 처한다.
② 당선되지 못하게 할 목적으로 선거공보나 그 밖의 방법으로 후보자에게 불리하도록 후보자, 그의 배우자 또는 직계존비속이나 형제자매에 관하여 허위의 사실을 공표한 자는 5년 이하의 징역 또는 500만원 이상 5천만원 이하의 벌금에 처한다.

2. 법규요약 및 해설

허위사실공표죄는 허위사실을 공표하여 후보자에 대한 선거인의 공정한 판단에 영향을 미치거나 올바른 판단에 장애를 줄 수 있는 일체의 행위를 처벌함으로써 공정한 선거를 보장하기 위함이다.[94]

위탁선거법은 두 가지 유형의 허위사실공표죄를 규정하고 있다. 당선되거나 되게 할 목적으로 후보자에게 유리하도록 허위사실을 공표하는 경우와 당선되지 못하게 할 목적으로 후보자에게 불리하도록 허위사실을 공표하는 경우이다.

처벌규정에 있어서 특히 제2항의 낙선목적 허위사실 공표죄는 상대 후보자에 대한 중상모략·인신공격 등으로 선거의 공정을 심하게 해치는 것은 물론 나아가 사회혼란까지 야기할 위험성이 있는 등을 고려하여 후보자에게 유리하도록 허위사실을 공표하는 행위보다 처벌이 더욱 무겁다.[95]

제1항의 당선목적 허위사실공표죄는 당선운동의 일환으로 후보자에게 유리한 허위의 사실을 공표하지 못하도록 함으로써 선거인들이 후보자에 대한 정확한 판단자료를 가지고 올바른 선택을 할 수 있도록 하기 위한 규정이다.

주체는 아무런 제한이 없는 '누구든지'이고 객체는 후보자(후보자가 되려는 사람 포함), 그의 배우자 또는 직계존비속이나 형제자매이다.

위탁선거법은 「후보자에 관하여」라고 규정되어 있어, 후보자등의 출생지·신분·경력·재산·소속단체 등에 한정하고 있는 공직선거법과 달리 후보자의 모든 사항에 관하여라는 뜻으로 해석된다.

「당선되거나 되게 할 목적」을 요하는 목적범으로 허위사실의 공표로써 당선되고자 또는 당선되게 한다는 인식만 있으면 되고 그 결과 발생을 적극적으로 의욕할 것을 요하지 아니하며, 그러한 목적만 있으면 되고 본래의 의도대로 당선이 되었는지는 본죄의 성립에 영향이 없다.[96]

---

94) 중앙선거관리위원회, 공직선거법 해설서 Ⅰ, 2020, 521쪽
95) 중앙선거관리위원회, 공직선거법 해설서 Ⅰ, 2020, 522쪽

이와 같은 목적 이외에 각 행위객체 및 행위태양에 대한 고의가 필요하다. 허위사실공표죄에서는 공표된 사실이 허위라는 것이 구성요건을 이루므로 행위자에게는 사실의 허위성에 대한 인식이 필요하며, 이러한 주관적 인식의 유무는 그 성질상 외부에서 이를 알거나 입증하기 어려운 이상 공표 사실의 내용과 구체성, 소명자료의 존재 및 내용등을 토대로 학력, 경력, 사회적 지위, 공표경위 등 및 그로 말미암아 객관적으로 예상되는 파급효과 등 제반사항을 고려하여 판단한다.[97]

「후보자에 관한 사실」이란 직접 후보자 본인에 대한 사실뿐 아니라 후보자의 소속정당이나 그 정당의 소속 인사에 관한 사항등과 같은 간접사실이라도 후보자와 직접적으로 관련되어 있고, 그 공표가 후보자의 당선을 방해하는 성질을 가진 것의 경우에는 후보자에 대한 사실에 해당한다.[98]

후보자의 조카가 상대 후보자를 미행한 것처럼 허위 사실을 공표한 경우라도 후보자가 상대 후보를 미행하는 등 부적절한 행위를 하고 있다는 취지이므로 후보자와 직접적으로 관련된 사실에 해당한다.[99]

「허위의 사실」이란 진실에 부합되지 않은 사항으로서 선거인으로 하여금 후보자에 대한 정확한 판단을 그르치게 할 수 있을 정도로 구체성을 가진것이면 충분하지만 공표된 사실의 내용 전체의 취지를 살펴볼 때 중요한 부분이 객관적 사실과 합치되는 경우에는 세세한 부분에 진실과 약간 차이가 나거나 다소 과장된 표현이 있더라도 이를 허위의 사실이라고 볼 수는 없으며 어떤 표현이 허위사실을 표명한 것인지는 일반 선거인이 그 표현을 접하는 통상의 방법을 전제로 하여 그 표현의 전체적인 취지, 객관적 내용, 사용된 어휘의 통상적인 의미, 문구의 연결방법 등을 고려하여 그 표현이 선거인에게 주는 전체적인 인상을 기준으로 판단하여야 할 것이다.[100]

객관적으로 보아 허위의 사실에 이르지 아니하였더라도 어떤 사실에 관

---

96) 중앙선거관리위원회, 공직선거법 해설서 Ⅱ, 2020, 531쪽
97) 대법원 2005. 7. 22. 선고 2005도2627 판결
98) 대구고등법원 2017. 6. 15. 선고 2016노712 판결
99) 인천지방법원 2005. 1. 30. 선고 2014고합776 판결
100) 대법원 2015. 5. 14. 선고 2015도1202 판결

하여 그 일부를 은닉하거나 반대로 허위의 사실을 부가하거나 또는 분식, 과장, 윤색하여 선거인의 공정한 판단을 오도할 정도로 전체적으로 보아 진실이라고 할 수 없는 사실을 표현하는 소위 사실의 왜곡도 허위의 사실에 해당할 수 있다.[101]

「사실」이라 함은 현실적으로 발생하고 증명할 수 있는 과거 또는 현재의 사실을 뜻하나, 장래의 사실이더라도 그것이 과거 또는 현재의 사실을 기초로 하거나 이에 대한 주장을 포함하는 경우에는 본 죄의 '사실'에 해당한다. 그러나 단순한 가치판단이나 평가·희망·추측 등을 내용으로 하는 의견표현에 불과한 경우는 이에 해당하지 않는다.[102]

「공표」라 함은 불특정 또는 다수인에게 허위사실을 알리는 것이고, 비록 개별적으로 한 사람에 대하여 사실을 유포하더라도 이로부터 불특정 또는 다수인에게 전파될 가능성이 있다면 이 요건을 충족한다고 할 것이다.[103]

"어떠한 소문이 있다"라고 공표한 경우 그 소문의 내용이 허위이면 소문이 있다는 사실 자체는 진실이라 하더라도 허위사실공표죄에 해당할 것이며,[104] 단 한 사람에게 알리더라도 그를 통하여 다른 사람들에게 알려질 가능성이 있다면 공표에 해당하고 허위사실을 소수의 사람에게 대화로 전하고 그 소수의 사람이 다시 전파하게 될 경우도 포함된다.[105]

후보자의 비리 등에 관한 의혹의 제기는 비록 그것이 공직 적격여부의 검증을 위한 것이라 하더라도 무제한 허용될 수는 없고 그러한 의혹이 진실인 것으로 믿을만한 상당한 이유가 있는 경우에 한하여 허용되어야 하며, 또한 제시된 소명자료 등에 의하여 그러한 의혹이 진실인 것으로 믿을만한 상당한 이유가 있는 경우에는 비록 사후에 그 의혹이 진실이 아닌 것으로 밝혀지더라도 표현의 자유 보장을 위하여 이를 벌할 수 없다.[106]

---

101) 대검찰청, 위탁선거법 벌칙해설, 2019, 281쪽
102) 대법원 1998. 9. 22. 선고 98도1992 판결
103) 대법원 1998. 12. 10. 선고 99도3930 판결
104) 대법원 2002. 4. 10. 선고 2001모193 판결
105) 대법원 2011. 12. 22. 선고 2008도11847 판결
106) 대법원 2007. 7. 13. 선고 2007도2879 판결

제2항의 낙선목적의 허위사실 공표죄는 당선방해 운동의 일환으로 후
보자에게 불리한 허위의 사실을 공표하여 선거인의 올바른 판단에 영향을
미치는 행위를 규제함으로써 선거의 공정을 보장하기 위한 규정이다.

「불리하도록」이란 선거인들로 하여금 그 후보자에 대하여 좋지 않은
평가를 내리게 하여 동인의 당선에 나쁜 영향을 줄 가능성이 있도록 할
의도라는 뜻이다.

주관적인 요건은 당선되지 못하게 할 목적이 요구된다. 목적이 있었는
지의 여부는 행위자의 사회적 지위, 행위자와 후보자 또는 경쟁후보자와
의 인적관계, 행위의 동기 및 경위와 수단·방법, 행위의 태양, 상대방의
성격과 범위, 행위 당시의 여러 사정을 종합하여 사회통념에 비추어 합리
적으로 판단하여야 한다.[107]

「당선되지 못하게 할 목적」이라 함은 후보자에 관한 허위의 사실을 공
표함으로써 선거인의 정확한 판단을 그르치게 하고 그에 따른 투표의 결
과 후보자로 하여금 유효투표의 다수를 얻지 못하게 할 목적을 의미한다.
선거일의 투표가 마감된 후 당선인으로 결정된 후보자에 관하여 그 당선
을 무효로 되게 할 목적으로 허위의 사실을 공표하더라도 이미 투표가 종
료된 이상 그런 행위가 선거인의 판단에 영향을 미치지 못하므로 본 조항
의 허위사실공표죄로 처벌할 수 없다.[108]

3. 할 수 있는 사례 및 할 수 없는 사례

- 후보자가 선거운동기간 중에 상대 후보자(현직 조합장)에 대한 언급 없
  이 '조합의 경영악화에 대한 대안을 찾아야 한다'라는 내용을 작성하
  여 SNS로 전송하는 등 후보자가 조합의 현안에 대한 대안제시 등 선
  거운동에 해당하는 내용을 선거운동기간 중에 법 제29조 등에서 정
  한 방법으로 선거인에게 알리는 것은 가능함. 다만, 이 경우에도 후

---

107) 대검찰청, 위탁선거법 벌칙해설, 2019, 290쪽
108) 대법원 2007. 6. 29. 선고 2007도2817 판결

보자, 그의 배우자 또는 직계존비속이나 형제자매에 관하여 허위사실 또는 비방에 이르는 내용을 게재하는 경우에는 행위양태에 따라 법 제61조 또는 제62조에 위반됨.

- 적법한 선거운동을 위한 인쇄물 등에 비정규학력을 정규학력으로 오인되지 않도록 사실대로 기재하거나 공표하는 행위는 가능함.
- 후보자가 허위사실 또는 비방에 이르는 내용 없이 자신의 소문에 대한 해명문자메시지를 회원들에게 전송하는 행위는 가능함.
- '○○대학원 최고경영자과정'을 수료했음에도 '○○대학원 수료'라고 공표하는 행위는 법 제61조에 위반됨.
- '○○재단의 ㅁㅁ지역위원회 운영위원'인 자가 명함 등에 '○○재단 운영위원'이라고 기재하는 행위는 법 제61조에 위반됨.

4. 주요 위반행위 판례

- 새마을금고 임원선거 후보자 A는 선거공보에 B대학교 C대학원 고급정책개발전공 6개월 과정 교육을 수료하였음에도 '1998. 서울 B대학교 C대학원 수료'라고 기재하고, 선거인인 대의원들에게 발송되게함으로써 당선되게 할 목적으로 거짓 학력을 유포[서울북부지방법원 2020. 6. 10. 선고 2020고정382 판결].
- 공약을 상당부분 이행하여 공약이행률이 0%가 아니었고, 전임 조합장 때보다 사업이익이 증가하는 등 부실 경영한 사실이 없음에도, 문자메시지 및 카카오톡을 통해 '공약이행률 0%', '전기 이월금은 전임 조합장의 반토막 부실경영' 등 후보자가 당선되지 못하게 할 목적으로 허위사실을 공표[창원지방법원 밀양지원 2024. 1. 18. 선고 2023고단381 판결].
- 입후보예정자이자 ○○농협 비상임 감사인 자가 비상임 감사라는 지위를 이용하여 감사대상기간이 아닌 2018년도 이전의 일들에 대해 현 조합장을 당선되지 못하게 할 목적으로 허위사실의 의혹을 제기

하는 취지의 본인 개인명의 감사보고서를 작성하여, 2019년 ○○농협 정기총회에 참석한 현 조합장 등 총 78명의 ○○농협 임원들에게 위 감사보고서 50부를 배부하고 이 내용을 전부 읽는 방식으로 발표[수원지방법원 2019. 11. 14. 선고 2019고간4474 판결].

■ 후보자가 본인이 ○○농협조합장으로 재임하였던 기간인 2018년도의 00농협의 출자배당률이 관내 최고가 아니었음에도 조합원 3,286명에게 "2018년도 3.5%라는 관내 최고의 출자 배당률이 이를 증명합니다"라는 문구가 포함된 선거운동 문자메시지를 전송함으로써 후보자인 자신을 당선되게 할 목적으로 자신의 업적에 관한 허위사실을 발표[대전지방법원 공주지원 2019. 9. 6. 선고 2019고단219 판결].

■ A후보가 조합장 재직시 이사회 의결을 거치지 않고 사업을 추진 했으며, 업무상 배임혐의에 대해 고의가 없어 혐의없음 처분을 받았음에도 소가 취하되어 혐의없음 처분을 받은 것으로 허위사실을 공표[대법원 2016. 10. 27. 선고 2016도11343 판결].

■ 조합장으로 재직할 당시 하나로 마트 ○○지점을 개설한 사실이 없음에도 선거공보의 '조합장 임기 성과'란에 '하나로 마트 ○○지점 개설'이라는 허위사실 게재[춘천지방법원 강릉지원 2015. 8. 13. 선고 2015고단662 판결].

■ 조합장인 후보자가 당선되지 못하게 할 목적으로 '2. 위판장 부지 매입과 관련하여 시세보다 높은 가격에 매수하였다는 의혹, 5. 직원 채용과 관련한 비리 의혹' 등 허위의 사실을 기재한 우편물을 만들어 조합원에게 익명으로 발송[대전지방법원 2016. 1. 20. 선고 2015노2941 판결].

제 3 절 후보자 비방 금지

1. 관계법조문

> **제62조(후보자 등 비방죄)** 선거운동을 목적으로 선거공보나 그 밖의 방법으로 공연히 사실을 적시하여 후보자(후보자가 되려는 사람을 포함한다), 그의 배우자 또는 직계존비속이나 형제자매를 비방한 자는 2년 이하의 징역 또는 2천만 원 이하의 벌금에 처한다. 다만, 진실한 사실로서 공공의 이익에 관한 때에는 처벌하지 아니한다.

2. 법규요약 및 해설

후보자와 그 가족들의 명예를 보호하고 동인들에 대한 과도한 인신공격을 방지하여 선거인들로 하여금 후보자에 대하여 올바른 판단을 하게 함으로써 선거의 공정을 보장하기 위한 규정이다.

당선을 목적으로 수단과 방법을 가리지 않고 상대 후보자나 그 가족들에 대한 중상모략과 흑색선전을 자행함으로써 선거풍토를 혼탁하게 하고 나아가 사회 혼란까지 야기하였던 과거 선거문화에 대한 반성으로 평온하고 공정한 선거분위기 조성에 목적이 있다.[109]

구성요건에 있어 주체는 아무런 제한이 없다. 객체는 후보자(후보자가 되려는 자), 그의 배우자 또는 직계존비속이나 형제자매이다.

후보자 등 본인에 관한 것뿐만 아니라 간접사실이라도 이를 적시하는 것이 후보자의 당선을 방해할 염려가 있으면 이에 포함된다.[110]

「공연히」의 의미는 형법상 명예훼손죄의 구성요건인 공연성을 의미하는 바, 불특정 또는 다수인이 알 수 있는 상태에 도달하게 함을 말한다. 따라서 비록 개별적으로 한 사람에 대하여 사실을 유포하였다 하더라도

---

109) 대검찰청, 위탁선거법 벌칙해설, 2019, 298쪽
110) 대법원 2007. 3. 15. 선고 2006도8368 판결

그로부터 불특정 또는 다수인에게 전파될 가능성이 있다면 공연성의 요건을 충족한다.[111]

「사실의 적시」란 가치판단이나 평가를 내용으로 하는 의견표현에 대치하는 개념으로서 시간과 공간적으로 구체적인 과거 또는 현재의 사실관계에 관한 보고 내지 진술을 의미하는 것이며 그 표현내용이 증거에 의한 입증이 가능한 것을 말하고, 판단할 진술이 사실인가 또는 의견인가를 구별함에 있어서는 언어의 통상적 의미와 용법, 입증가능성, 문제된 말이 사용된 문맥, 그 표현이 행하여진 사회적 정황 등 전체적 정황을 고려하여 판단하여야 할 것이다.[112]

적시된 사실은 구체성이 있어야 한다. 구체성이 없는 사실의 표현이나 가치판단·평가와 같은 것은 사실 적시에 해당하지 않는다. 구체적 사실이 아닌 단순한 추상적 판단을 표시하는 것은 이에 해당하지 않는다.[113]

표현내용과 관련하여 그것이 진실 또는 허위로 확인될 수 있는 것이면 사실의 주장임에 반하여, 그것이 옳거나 또는 그른 것으로 확정 될 수 있는 것이면 의견표현이라고 구별함이 타당하고, 양자가 혼합되어 있는 경우에도 의견으로서의 요소가 우세하고 사실주장으로서의 의미가 무시 될 수 있으면 의견표현으로 해석해야 하지만, 가치판단이나 의견표현으로 보이지만 그 가치판단이 일정한 사실을 전제로 하고 있으면 사실의 적시가 있다고 보아야 할 것이다.[114]

「비방」의 의미는 사회생활에서 존중되는 모든 것에 대하여 정당한 이유없이 상대방을 깎아 내리거나 헐 뜯는 것이라고 해석할 수 있으며,[115] 주로 남녀관계나 범죄, 비리 전력 등 사적이거나 내밀한 영역에 속하는 사항을 폭로 또는 공표하는 등의 방법으로 행하여진다.

「위법성 조각」 사유란 적시된 사실이 전체적으로 보아 진실에 부합하

---

111) 대법원 1996. 7. 12. 선고 96도1007 판결
112) 대법원 1996. 11. 22. 선고 96도1741 판결
113) 대검찰청, 위탁선거법 벌칙해설, 2019, 300쪽
114) 부산고등법원 1992. 6. 17. 선고 92노215 판결
115) 헌법재판소 2004. 11. 25. 2002헌바85 결정

고 그 내용과 성질에 비추어 객관적으로 볼 때 공공의 이익에 관한 것으로서 행위자도 공공의 이익을 위하여 그 사실을 적시한다는 동기를 가지고 있으며, 반드시 공공의 이익이 사적 이익보다 우월한 동기가 된 것이 아니더라도 양자가 동시에 존재하고 거기에 상당성이 인정된다면 위법성이 조각된다고 할 것이다.[116]

「진실한 사실」은 세세한 부분에 있어서 약간의 차이가 있거나 다소 과장된 표현이 있어도 전체적으로 보아 객관적 진실에 부합하면 진실한 사실로 본다.

적시된 사실이 진실에 부합한다 함은 그 내용 전체의 취지를 살펴볼 때 중요한 부분이 객관적 사실과 합치되면 족하고 세부에 있어 약간의 상위가 있거나 다소 과장된 표현이 있더라도 무방하다고 하고 있다.[117]

「공공의 이익」이란 국가·사회 또는 다수인 일반의 이익에 관한 것뿐만 아니라 특정한 사회집단이나 그 구성원 전체의 관심과 이익에 관한 것도 포함되며,[118] 적시된 사실이 공공의 이익에 관한 것인지 여부는 당해 적시 사실의 내용과 성질, 당해 사실의 공표가 이루어진 상대방의 범위, 그 표현의 방법 등 그 표현 자체에 관한 제반 사정을 감안함과 동시에 그 표현에 의하여 훼손되거나 훼손될 수 있는 명예의 침해 정도 등을 비교·고려하여 결정하여야 한다.[119]

공공의 이익이 유일하거나 주된 동기인 경우만을 의미하는 것이 아니며, 반드시 공공의 이익이 사적 이익보다 우월한 동기가 된 것이 아니더라도 양자가 동시에 존재하고 거기에 상당성이 인정된다면 위법성이 조각된다.[120]

또한 후보자 본인뿐만 아니라 생활공동체를 이루고 있는 가족들의 행위도 공직 후보자로서의 자질, 준법성, 공격성을 판단하는 데 자료가 될 수

---

116) 대법원 2000. 4. 25. 선고 99도4260 판결
117) 대법원 2004. 10. 27. 선고 2004도3919 판결
118) 대법원 1999. 6. 8. 선고 99도1543 판결
119) 대법원 2003. 11. 13. 선고 2003도3606 판결
120) 대법원 1996. 6. 28. 선고 96도977 판결

있어 객관적으로 공공의 이익에 관한 것으로 볼 수 있다.[121]

이러한 후보자 비방죄는 선거운동을 할 것을 요하는 목적범이고, 후보자 등에 대한 비방을 하고 있다는 인식이 있어야 하기 때문에 선거운동의 목적이 없을 때에는 형법상 명예훼손죄만 성립될 가능성이 있을 뿐이다.[122]

본 조를 위반할 경우 2년이하의 징역 2천만원이하의 벌금에 처한다.

3. 할 수 있는 사례 및 할 수 없는 사례

- 후보자가 다른 후보자에 대하여 "① A후보자는 선거법 위반으로 재판을 받고 있으며, 100만원 이상의 벌금을 받을 경우 재선거를 해야 함. ② A후보자 선거법 위반 의혹에 대하여 분명하게 의견을 밝혀라! ③ A후보자는 선거법 위반으로 재판을 받고 있는 등 하자가 있는 후보이다"라는 문자메시지를 선거인에게 전송하는 경우 사실을 적시한 비방행위가 있더라도 법 제62조 단서에 따라 진실한 사실로서 공공의 이익에 관한 때에는 위법성이 조각되어 처벌되지 아니하는 바 위법성이 조각되기 위해서는 ① 적시된 사실이 전체적으로 보아 진실에 부합할 것, ② 그 내용이 객관적으로 공공의 이익에 관한 것일 것, ③ 행위자도 공공의 이익을 위하여 그 사실을 적시한다는 동기를 가지고 있을 것이 요구되며, 적시된 사실의 진실성과 공공의 이익에 대한 거증책임은 이를 주장하는 사람에게 있음. 또한 이미 발생한 사건의 경우 구체적인 사실관계를 파악하여 그 위법여부를 판단하여야 할 것임.
- 후보자가 자신의 소문에 대한 해명 문자메시지를 조합원들에게 전송하는 것은 가능하다. 다만, 허위사실 또는 비방에 이르는 내용을 게재하는 경우에는 행위양태에 따라 법 제61조 또는 제62조에 위반됨.

  ※ '후보자가 되고자 하는 사람'의 경우 법 제24조 및 제66조에 위반

---

121) 서울고등법원 2015. 3. 26. 선고 2015노145 판결
122) 대검찰청, 위탁선거법 벌칙해설, 2019, 307쪽

될 수 있음.

- "○○ 대학원 최고경영자 과정"을 수료 했음에도 "○○대학원" 수료 라고 공표하는 행위는 법 제61조 또는 법 제62조에 위반됨.

4. 주요 위반행위 판례

■ 후보 1번이 주먹을 쓰는 사채업자가 아니었음에도, "2번 부탁해요. 1 번은 사채업자, 주먹쓰는 사람이고, 딸이 ○○새마을금고에서 근무했 는데 2~3차례 공금횡령으로 새마을금고 짤림. 아버지가 후보 1번 이 래요. 절대 뽑으면 안 된다고 함"이라는 카카오톡 메시지를 같은 아 파트 주민 등 30여 명에게 전송[광주지방법원 순천지원 2015. 11. 4. 선고 2015고단1862 판결].

■ 이사장선거 후보자를 당선되지 못하게 할 목적으로 '새마을금고 이사 장으로 재직하면서 자신의 재산을 비싼 가격에 새마을금고에 매도하 였으니 이사장이 되어서는 안 된다.'라는 내용이 담긴 유인물 50부 가량을 대의원들에게 우편으로 송부함으로써 후보자에 관하여 공연 히 사실을 적시하여 비방[대구지방법원 2014. 3. 14. 선고 2013노 2076 판결].

■ A후보자의 도덕성과 농협 경영상 비리, 공사 발주시 담합의혹이 게재 된 유인물을 조합원들에게 보여주고 진정서에 서명을 받는 등 A후보 를 비방[대법원 2016. 10. 27. 선고 2016도9766 판결].

■ 후보자 본인이 감사를 받은 사실이 없음에도 감사결과 무혐의 처분을 받았다는 내용으로 조합원에게 허위 문자를 발송하고, 상대 후보가 조합장 재임 중 노조와 충돌이 잦았고 노조와의 분쟁비용으로 조합 경비를 낭비했다는 내용의 문자를 조합원에게 발송함으로써 상대후보 를 비방[창원지방법원 진주지원 2016. 2. 16. 선고 2015고단719 판결].

■ 조합장인 후보자가 당선되지 못하게 할 목적으로 "위판장 부지 매입 과 관련하여 시세보다 높은 가격에 매수하였다는 의혹과 직원 채용과

관련한 비리의혹" 허위의 사실을 기재한 우편물을 만들어 조합원에게 익명으로 발송[대전지방법원 2016. 1.20. 선고 2015노2941 판결].

- "후보자가 어떻게 이혼을 했는지 그 소문을 이 자리에서 입이 부끄러 워서 얘기하지 않겠습니다. 조강지처 버리고 잘된 사내가 없다"라고 발언하여 후보자를 비방[대법원 2002. 6. 14. 선고 2000도4595 판결].
- "2월 1일 00시 쓰레기 매립장에서 이유없이 폭행을 해 놓고도 자신의 행동을 미화하여 거짓말만 하는 상습범이며 과거 현직에 있는 경찰관 과 공명선거 감시반 대학생, 마을주민까지 폭행한 사실이 있다"라고 발언하여 후보자를 비방[대법원 1998. 9. 22. 선고 98도1992 판결].

제 4 절 호별방문 등의 제한

1. 관계법조문

> **제38조(호별방문 등의 제한)** 누구든지 선거운동을 위하여 선거인(선거인명부작 성 전에는 선거인명부에 오를 자격이 있는 자를 포함한다)을 호별로 방문하거 나 특정 장소에 모이게 할 수 없다.

2. 법규요약 및 해설

호별방문은 선거운동의 공정성을 방해 할 수 있으며, 원하지 않는 후보 자의 방문은 유권자들의 사생활을 침해 할 뿐만 아니라 불편함을 주고, 공개된 장소가 아닌 비공개된 장소에서의 대화는 금전적 이익이나 선물 등을 제공할 여지가 생기며, 유권자가 사사로운 정에 이끌려 투표할 수 있는 위험성이 있기 때문이다.

또한 선거인을 특정 장소에 모이게 하는 행위 역시 모임을 통해 사실상 특정 후보자에 대한 선거운동을 하거나 이러한 모임을 빙자하여 후보자에게 금품 등을 요구할 개연성이 커지는 등 선거 분위기의 과열을 조장하는 경우가 생길 수 있어 이를 금지하고 있다.

판례에서 호별방문을 금지하는 취지는, 첫째 일반 공중의 눈에 띄지 않는 장소에서의 대화가 인정 등 다분히 감정적인 요소에 치우쳐 선거인의 냉정하고 합리적인 판단을 방해할 우려가 있고, 둘째 비공개적인 장소에서의 만남을 통하여 매수 및 이해유도죄 등의 부정행위가 행해질 개연성이 상존하며, 셋째 선거인의 입장에서 전혀 모르는 후보자측의 예기치 않은 방문을 받게 되어 사생활의 평온이 침해질 우려가 있고, 넷째 후보자측의 입장에서도 필요이상의 호별방문의 유혹에 빠지게 됨으로써 경제력이나 선거운동원의 동원력이 뛰어난 후보자가 유리하게 되는 등 후보자 간의 선거운동의 실질적 평등을 보장하기 어려운 폐해가 예상되기 때문이다.[123)]

호별 방문죄는 위탁선거에 있어 자주 발생하는 위법행위 중의 하나이다.

「호(戸)」의 의미 및 판단기준을 살펴보면 호별방문죄가 성립하는 방문 장소의 전형적인 예는 '거택'이라고 할 것이나, 호별방문죄가 성립하는 '호'에는 '관혼상제의 의식이 거행되는 장소와 도로, 시장, 점포, 다방, 대합실 기타 다수인이 왕래하는 공개된 장소가 아닌 곳'으로서, 비록 피방문자가 일시적으로 거주하는 경우라도 불특정·다수인의 자유로운 출입이 제한된 비공개적인 장소도 포함된다.[124)]

즉 '호'는 반드시 주택에 해당하는 것이 아니고 회사·공장·사무소등도 포함되며 방문이 금지되는지 여부는 그 장소의 구조, 사용관계와 공개성 및 접근성 여부, 그에 대한 점유자의 구체적인 지배 관리상태, 호별방문으로 인한 폐해의 발생 우려 등을 종합하여 사회 종합적으로 판단하여야 한다.[125)]

「연속적으로」의 의미를 살펴보면 '호별'방문은 원칙적으로 두 집 이상을 방문하여야 하는바, 연속적으로 두 집 이상을 방문할 의사였으나 실제로는 한 집만을 방문한 경우에도 본 죄는 성립한다고 보며, 연속적인 방

---

123) 대구고등법원 2007. 3. 15. 선고 2007노38 판결
124) 대구고등법원 2007. 3. 15. 선고 2007노38 판결
125) 대법원 2010. 7. 8. 선고 2009도14558 판결

문으로 인정되기 위해서 반드시 각 집을 중단 없이 방문하여야 하거나 동
일한 일시 및 기회에 각 집을 방문하여야 하는 것은 아니고 각 방문행위
사이에는 어느 정도의 시간적 근접성이 있어야 한다.126)

「방문」의 사전적 의미는 '어떤 사람이나 장소를 찾아가서 본다.'는 것으
로, 일반적으로 타인과 면담하기 위하여 그 거택등에 들어간 경우를 말하지
만, 그 외에도 방문하여 선거인에게 면회를 구하면 족하고127) 반드시 면접
을 하거나 구두로 투표 또는 투표하지 않을 것을 의뢰 할 필요는 없다.128)

또한 호별방문죄는 타인과 면담하기 위하여 그 거택 등에 들어간 경우
는 물론 타인을 면담하기 위하여 방문하였으나 피방문자가 부재중이어서
들어가지 못한 경우에도 성립하는 것이며,129) 거택 등의 출입문 안으로
들어가지 않고 대문 밖에 서서 인사를 하였다고 하더라도 '방문'한 것으
로 봄이 상당하다.130)

호별방문죄는 연속적으로 두 호 이상을 방문함으로써 성립하는 범죄로
서, 연속적인 호별방문이 되기 위해서는 각 방문행위 사이에 어느 정도의
시간적 근접성은 있어야 하지만 반드시 각 호를 중단 없이 방문하여야 하
거나 동일한 일시 및 기회에 방문하여야 하는 것은 아니므로 해당 선거의
시점과 법정 선거운동기간, 호별방문의 경위와 장소, 시간, 거주자와의 관
계 등 제반 사정을 종합하여 단일한 선거운동의 목적으로 둘 이상 조합원
의 호를 계속해서 방문한 것으로 볼 수 있으면 그 성립이 인정된다.131)

특정장소는 공간적으로 명확히 구분되거나 격리된 장소일 것을 필요로
하지는 않는다. 식당이나 강당, 주택등 외부와 공간적으로 명확히 구분된
장소에서 선거인을 모은 경우는 물론, 공원이나 야외 같이 공개된 장소여서
일부 선거인이 아닌 자들과 섞여 있다 하더라도 선거인들을 상대로 의사를

---

126) 대법원 2007. 3. 15. 선고 2006도9042 판결
127) 대법원 1975. 7. 22. 선고 75도1659 판결
128) 서울고등법원 1996. 1. 19. 선고 95노3019 판결
129) 대법원 1999. 11. 12. 선고 99도2315 판결
130) 대법원 2000. 2. 5. 선고 99도4330 판결
131) 대법원 2010. 7. 8. 선고 2009도14558 판결

전달할 수 있는 정도라면 특정 장소에 모았다고 볼 수 있을 것이다.[132]

　호별방문 제한은 선거운동을 목적으로 행하여질 때 위반되며 선거운동의 목적없이 호별방문이나 선거인을 모이게 하는 경우 본 조에 위반된다고 볼 수 없으며 사례로 선거벽보 보완첩부를 위해 호별로 방문하여 승낙을 받는 행위는 본조에 위반되지 않는다.[133]

　본 조를 위반할 경우 2년이하의 징역 또는 2천만원 이하의 벌금에 처한다.

3. 할 수 있는 사례 및 할 수 없는 사례

- 출자금 목표 달성을 위해 해당 조합의 자체 계획에 따라 출자 여력이 있는 조합원 500여 명 정도를 선정, 조합장이 해당 조합원들의 집을 1~2회 방문하는 등 출자 독려 활동을 하는 행위와 관련 조합장이 선거와 무관하게 직무상 행위 일환으로 의례적인 범위의 출자 독려 활동을 하는 것은 법에 위반된다 할 수 없을 것이나, 선거운동을 위하여 조합원의 집을 방문하거나 선거운동에 이르는 행위를 하는 경우에는 행위시기 및 양태에 따라 법 제24조, 제31조, 제38조, 제66조에 위반됨.

- 후보자가 조합원의 비닐하우스에 들어가 선거운동을 할 수 있는지 여부는 비닐하우스의 구조 및 사용관계 등을 종합적으로 판단하여 호별방문에 해당하는지 여부를 판단하여야 할 것임. 따라서 위 장소가 비록 조합원이 일시적으로 거주하는 경우라도 불특정 다수인의 자유로운 출입이 제한된 비공개적인 장소라면 구조 및 사용관계 등에 따라 법 제38조 및 제66조에 위반될 수 있음.

- 후보자가 가까운 친구나 지인 등의 집을 각각 방문하여 선거 출마사실을 알리거나 자신을 홍보하는 행위 및 선거운동기간 중 조합원을 모이게 하여 선거운동을 하는 행위는 누구든지 선거운동을 위하여

선거인을 호별로 방문하거나 특정 장소에 모이게 하는 경우에 해당
되어 제38조 및 제66조에 위반됨.

- 후보자가 조합원의 점포를 방문하는 행위는 가능하나 다만 점포와 주
거가 함께 구성되어 있는 경우 방문할 수 있는 부분은 주거가 아닌
영업하는 장소에 한정함.

- 후보자가 불특정다수인이 언제든지 자유롭게 출입할 수 있도록 공개
된 장소가 아닌 병원의 각 입원실을 방문하여 입원환자인 조합원에
게 명함을 배부하고 지지를 호소하는 경우 법 제38조 및 제66조에 위
반됨.

4. 주요 위반행위 판례

■ 입후보예정자가 조합원의 주거지 마당에서 "조합의 이사로 있는데 이
번에 조합장에 출마하니 부탁한다"는 취지로 말하는 등 총 17개의
호를 호별방문하고, 조합원의 고추하우스 앞 도로에서 '음료 10병들
이 1상자를 교부'한 것을 비롯하여 총 14회에 걸쳐 합계 196,775원
상당의 음료 등을 제공하거나 제공의사를 표시[대법원 2020. 9. 25.
선고 2020도8887 판결].

▶ <호별방문 인정 사례> 만남을 거절하자 대문 옆 담장 사이에 선
물을 두고 간 사례, 집과 붙어있는 농약판매상에 선물을 두고 간 사
례, 비닐하우스 안에서 대화를 나눈 사례, 주거지의 주차된 트럭에
선물을 두고 간 사례 등.

■ 후보자가 관공서 사무실(민원실 미포함)을 방문하여 명함을 돌리고 지
지호소[대법원 2015. 9. 10. 선고 2014도17290 판결].

■ 후보자가 주거지, 학교 교장실, 설계사무소, 법률사무소 등 선거인이
근무하고 있는 장소 방문[춘천지방법원 강릉지원 2006. 12. 27. 선고
2006고합93 판결].

■ 후보자가 되려는 사람이 조합원의 주거지 마당에서 "조합의 이사로

있는데 이번에 조합장에 출마하니 부탁한다"는 취지로 말하는 등 총 17개의 호를 호별방문하고, 조합원의 고추하우스 앞 도로에서 '음료 10병들이 1상자를 교부'한 것을 비롯하여 총 14회에 걸쳐 합계 196,775원 상당의 음료 등을 제공하거나 제공의사를 표시[대법원 2020. 9. 25. 선고 2020도8887 판결].

■ 후보자가 되려는 사람과의 공모 하에 그 배우자가 조합원 12명의 집을 찾아가 "남편 ○○○이 농협에 나온다, 밀어달라", "신랑이 조합장선거에 나온다, 한 표 부탁한다" 등으로 말하며 지지호소[대구지방법원 2023. 10. 25. 선고 2023고단2760 판결].

■ 후보자의 5촌 조카인 조합원이 선거인 9명의 주거지를 방문하여 "기호 ○을 지지해 달라"고 말하며 현금 교부[대법원 2022. 2. 10. 선고 2021도11500 판결].

■ 아파트 다수의 세대를 연속적으로 돌아다니면서 인터폰 상으로 또는 인터폰을 통하여 밖으로 나오게 한 후 지지 부탁[서울지방법원 북부지원 2002. 8. 30. 선고 2002고합308 판결].

■ 조합장선거 출마·불출마 의사를 번복했던 현직 조합장이 조합 이사와 공모하여 선거인들의 모임에 참석한 후 자연스럽게 출마선언을 하기 위하여 선거인 18명을 특정 장소에 모이게 하고 지지호소[대법원 2020. 4. 24. 선고 2020도3070 판결].

제 5 절 선거관리위원회 직원 등에 대한 폭행 금지

1. 관계법조문

> **제65조(선거사무관계자나 시설 등에 대한 폭행·교란죄)** 다음 각 호의 어느 하나에 해당하는 자는 1년 이상 7년 이하의 징역 또는 1천만원 이상 7천만원 이하의 벌금에 처한다.
> 1. 위탁선거와 관련하여 선거관리위원회의 위원·직원, 공정선거지원단원, 그 밖에 위탁선거 사무에 종사하는 사람을 폭행·협박·유인 또는 불법으로 체포·감금한 자
> 2. 폭행하거나 협박하여 투표소·개표소 또는 선거관리위원회 사무소를 소요·교란한 자
> 3. 투표용지·투표지·투표보조용구·전산조직 등 선거관리 및 단속사무와 관련한 시설·설비·장비·서류·인장 또는 선거인명부를 은닉·파손·훼손 또는 탈취한 자

2. 법규요약 및 해설

선거사무관리·집행의 원활한 수행을 위하여 선거사무관리 관계자를 보호하고 선거관련 시설 내의 질서를 유지하며 선거에 관한 설비·서류 또는 인장 등에 대한 훼손 등 행위를 규제하는 규정이다.

위탁선거와 관련하여 선거관리위원회의 위원·직원, 공정선거지원단원, 그 밖에 위탁선거 사무에 종사하는 사람을 폭행·협박·유인 또는 불법으로 체포·감금한 자, 폭행하거나 협박하여 투표소·개표소 또는 선거관리위원회 사무소를 소요·교란한 자, 투표용지·투표지·투표보조용구·전산조직 등 선거관리 및 단속사무와 관련한 시설·설비·장비·서류·인장 또는 선거인명부를 은닉·파손·훼손 또는 탈취한 자를 처벌하기 위한 규정이다.

「선거사무에 종사하는 자」라고 함은 위탁선거법에서 규정하고 있는 투

표사무원·개표사무원을 포함하여 각급선거관리위원회가 자체 규정에 의하여 위촉한 자로서 당해 선거관리위원회의 지휘·감독하에 위탁선거법의 선거사무에 종사하는 자도 포함된다고 해석함이 상당하다.[134]

「선거사무에 종사하는 사람」이라는 점에 대한 인식은 선거관리위원회의 위원·직원, 공정선거지원단 등의 직위나 직책까지 정확하게 인식하고 있을 필요는 없고, 다만 선거사무에 종사하는 자라는 것으로 인식하고 있었던 이상 공정선거지원단이라는 신분을 정확히 알지는 못하였다 하더라도 죄는 성립한다.[135]

'그 밖에 위탁선거 사무에 종사하는 사람'은 본조에서 열거한 자 외에 본법에 의하여 선거사무에 종사하는 사람, 즉 선거인명부에 종사하는 공무원 그리고 선거사무에 관하여 선거관리위원회의 협조를 받아 이에 응하는 관공서 기타 공공기관 소속원 등(제6조)를 모두 포함하고 명시적으로 규정되어 있지는 않으나 투표사무원, 개표사무원, 참관인도 당연히 포함된다고 해석된다.

또한 본 죄는 일종의 공무집행 방해 범죄이므로 행위의 상대방이 선거관리위원회 위원 등의 지위에 있다는 사실만으로는 족하지 않고, 그 지위와 관련된 직무를 수행할 때 범하여야 비로소 본 죄가 성립한다.[136]

「협박」은 상대방에게 공포심을 일으킬 목적으로 해악을 고지하는 일체의 행위를 의미하는 것으로서, 고지하는 해악의 내용이 그 경위, 행위 당시의 주위 상황, 행위자의 성향, 행위자와 상대방의 친숙의 정도 등 여러 사정을 종합하여 객관적으로 상대방으로 하여금 공포심을 느끼게 하기에 족하면 되고, 상대방이 현실로 공포심을 일으킬 것까지 요구되는 것은 아니며,[137] 「소요」란 일정 장소에 있어서의 폭력적인 질서문란 행위를,「교란」이란 특정 구역내의 평온을 해치는 위계와 폭력을 말하는 것으로서 상

---

134) 대법원 2002. 4. 26. 선고 2001도4516 판결
135) 대법원 2008. 9. 10. 선고 2008도8302 판결
136) 대검찰청, 위탁선거법 벌칙해설, 2019, 335쪽
137) 대법원 2005. 3. 25. 선고 2004도8984 판결

호 유사한 개념이다. 법문상 폭행이나 협박을 요건으로 하는 것으로 규정되어 있으나, 이때의 폭행·협박은 광의로 해석하여야 할 것이므로 소요·교란의 방법에는 제한이 없다.[138]

「투표용지」는 구·시·군선거관리위원회에서 위탁선거법의 법정 규격에 따라 작성·제작한 하자 없는 투표용지를 말하며「투표지」는 위 투표용지에 선거인이 기표 절차를 마친 것으로 유효·무효를 불문하나, 투표함 안에 투입되기 전이나 투표함에서 꺼낸 후의 투표지를 말하는 것으로 해석된다.[139]

「투표보조용구」란 선거인이 사용하는 기표용구·시각장애인을 위한 투표보조용구등을 말하고,「선거관리 및 단속사무에 관한 서류」란 선거인명부, 문답서 등 선거 및 단속사무의 수행에 필요한 제반 서류를 말하는 바 서류의 개념 자체를 형법과 달리 볼 이유는 없고, 서류의 명칭이나 작성자 명의가 있는지 등의 여부 등은 선거단속에 관한 서류이 인정 여부에 영향을 미치지 않으며,「선거관리 및 단속사무에 관한 인장」이란 각급 선거관리위원회의 직인 등 선거관리 단속 및 단속관계서류에 압날하여 사용하는 모든 인장을 말한다.[140]

「단속사무와 관련한 장비」란 불법 선거운동의 단속 사무에 사용하기 위하여 소지하고 있는 물건을 뜻하며, 단속사무와 관련한 장비임을 알면서 탈취하면 본 죄가 성립되며 단속사무와 관련한 장비의 탈취 당시 그 소지자가 단속업무를 수행 중인 상태에 있거나, 탈취자에게 단속사무를 방해할 의사가 있을 필요는 없다.[141]

「취거」는 선거관리위원회 위원 등 점유자의 의사에 반하여 투표함이나 투표지를 자기 또는 제3자의 사실적 지배하에 옮기는 것을 말하고,「파괴」는 투표함을 부수어 버리거나 투표지의 효능을 상실시키는 것이며,

---

138) 중앙선거관리위원회, 공직선거법 해설서 2, 2020, 505쪽
139) 대검찰청, 위탁선거법 벌칙해설, 2019, 336쪽
140) 중앙선거관리위원회, 공직선거법 해설서 2, 2020, 506쪽
141) 대법원 2007. 1. 25. 선고 2006도8588 판결

「훼손」은 투표지 등을 손상하여 물질적으로 효용가치가 없도록 만드는 것이고, 「은닉」은 투표함이나 투표지의 소재발견을 불능 또는 현저히 곤란한 상태에 두는 것을 말하며, 「탈취」는 유형력을 행사하여 투표함이나 투표지를 빼앗아 자기의 지배하에 두는 것을 의미하며, 모두 그 결과의 발생을 요한다.[142]

본조를 위반할 경우 1년 이상 7년 이하의 징역, 또는 1천만원 이상 7천만원 이하의 벌금에 처한다. 위탁선거법 모든 벌칙은 하한선이 없으나 유일하게 본 조만이 1년 이상, 또는 1천만원 이상 등 하한선이 규정되어 있다. 그만큼 위 조를 위반했을 경우 처벌이 엄하다는 것을 알 수 있다.

3. 주요 위반행위 판례

■ 조합원이 투표소 입구에서 성명불상자들에게 "투표를 하였는지, 기호 몇 번을 뽑을 것인지" 등을 물어 선거관리위원회 직원으로부터 "투표소 100미터 안에서 투표를 권유하는 행위를 하여서는 안 된다"고 제지받았음에도 위반행위를 반복하고, 이를 제지하던 직원에게 욕설을 하며 직원의 목에 패용하고 있던 신분증을 잡아당긴 후 직원의 배를 밀치는 등 폭행[대전지방법원 홍성지원 2023. 8. 22. 선고 2023고합36 판결].

■ 선거인이 투표용지를 교부받은 후 투표용지를 양손으로 잡고 2등분으로 찢어버려 투표용지 2장을 훼손[춘천지방법원 원주지원 2012. 7. 5. 선고 2012고합71 판결].

■ 후보자의 자원봉사자가 도로에서 후보자의 지지를 부탁하며 유권자들을 상대로 후보자의 명함을 교부하는 장면을 캠코더로 찍은 선거관리위원회 공정선거지원단으로부터 명함교부 권한이 있는지 문의 받자 공정선거 지원단이 들고 있던 캠코더를 손으로 잡아당겨 빼앗아 탈취[대전고등법원 2010. 11. 5. 선고 2010노431 판결].

---

142) 중앙선거관리위원회, 공직선거법 해설서 2, 2020, 502쪽

■ 선거관리위원회 사무실에서 조사받은 문답서에 서명날인을 요구한다
는 이유로 손으로 문답서를 찢어 선거관리위원회 직원의 선거관리 및
단속사무와 관련한 서류를 훼손[대법원 2008. 12. 11. 선고 2008도
8859 판결].

제 6 절 선거일 후 답례금지

1. 관계법조문

> 제37조(선거일 후 답례금지) 후보자, 후보자의 배우자, 후보자가 속한 기관 · 단
> 체 · 시설은 선거일 후 당선되거나 되지 아니한 데 대하여 선거인에게 축하 · 위
> 로나 그 밖의 답례를 하기 위하여 다음 각 호의 어느 하나에 해당하는 행위를
> 할 수 없다.
> 1. 금전 · 물품 또는 향응을 제공하는 행위
> 2. 선거인을 모이게 하여 당선축하회 또는 낙선에 대한 위로회를 개최하는 행위

2. 법규요약 및 해설

선거일 후의 선거행위는 선거운동이 아니다.

그러나 선거일 후의 행위라 하더라도 그 행위가 선거와 관련하여 행하
여 지는 것인 한 사후매수 등 선거일 후 부패 가능성을 차단하고 당선자
나 후보자를 보호함으로써 선거의 완전성을 확보하기 위한 규정이다. 따
라서 본 조는 선거일 후에 당선 · 낙선을 불문하고 선거구민에 대한 답례
행위를 원칙적으로 금지하고 있다.[143]

선거인은 선거인명부에 등재되어 있던 사람을 말하고, 당해 선거에서
선거권을 행사하였는지 여부를 불문한다. 기부행위 상대방으로서의 선거

---

143) 중앙선거관리위원회, 공직선거법 해설서 1, 2020, 704쪽

인에는 선거인명부에 오를 자격이 있는 자가 포함 되나 위탁선거법 제 37
조의 선거인에는 위와 같은 규정이 없어 선거인명부에 등재되었던 사람으
로 한정되는 것으로 해석된다.

또한 당선축하회·낙선위로회등은 그 명칭 및 장소 여하를 불문하고 선거
인들에 대하여 축하·위로·답례를 하기 위한 모임이면 이에 해당한다.[144]

이와 관련하여 지역농협 조합장 당선자가 취임식을 열고 참석자들에게
수건과 식사를 제공한 사안에서 위 행사가 사업계획 및 수지예산, 그리고
기존에 전례에 따라 이루어지고 수건에 조합장의 이름이 아닌 조합의 이
름만 기재된 점으로 비추어 답례를 하기 위한 행위로 보기 어렵다는 이유
로 혐의없음 처분한 사례가 있다.[145]

공직선거법과 달리 위탁선거법은 금전·물품 또는 향응을 제공하는 행
위나 선거인을 모이게 하여 당선축하회 또는 낙선에 대한 위로회를 개최
하는 행위 이외의 방법에 대한 제한 규정이 없어 방송·신문 또는 잡지
기타 간행물에 광고하는 행위, 현수막을 게시하는 행위 등 위 행위 이외
의 방법은 가능하다고 볼 수 있다.

3. 할 수 있는 사례 및 할 수 없는 사례

- 당선인 또는 낙선인이 신문지면에 "지지해 주셔서 감사합니다. 앞으
  로 조합 발전을 위해 더욱 열심히 일하겠습니다"라는 당·낙선사례
  광고를 할 수 있음.
- 당선인 또는 낙선인이 선거일 후에 당선되거나 되지 아니한 것에 대
  하여 신문에 의례적인 내용의 답례광고를 하는 가능함.
- 당선인이 '조합장 당선인 ○○○올림'이라는 표현을 써서 조합원에게
  당선 인사 문자메시지를 전송할 수 있음. 당선인이 의례적인 내용으
  로 당선 인사를 위한 문자메시지를 조합원 등에게 전송하는 행위는

---

144) 대검찰청, 위탁선거법 벌칙해설, 2019, 415쪽
145) 춘천지방검찰청 강릉지청 2015형제 8998호

가능함.

- 당선인 또는 낙선인이 해당 조합 건물(지점 포함) 및 거리에 자신의 직·성명을 표시하여 당선 또는 낙선 사례 현수막을 게시할 수 있음. 「옥외광고물 등의 관리와 옥외광고산업 진흥에 관한 법률」등 다른 법률에 위반되는지 여부는 별론으로 하고 당선 또는 낙선에 따른 의례적인 내용의 현수막을 자신의 직·성명을 표시하여 해당 조합 및 지점 건물에 게시하는 것은 법에 제한되지 아니함.

- 선거일 후 답례금지의 제한기간이 없음. 법 제37조의 규정에 따라 제한되는 답례금지 행위는 상시 제한됨.

- 당선인이 관내 경로당, 마을회관에 방문하여 당선 인사를 하고 음료수 2박스 정도를 제공할 수 없음. 후보자가 선거일 후 당선된 것에 대하여 선거인에게 축하나 그 밖에 답례를 하기 위하여 금전·물품 또는 향응을 제공하는 행위는 법 제37조 및 제66조에 위반됨.

- 낙선인이 선거일 후 6개월이 지난 시점에 경로당을 방문하여 답례의 의미가 아닌 커피를 제공하는 것은 법에 위반 될 수 있음. 답례의 목적의사가 없었다고 하더라도 선거인의 관점에서 답례의 목적의사가 있는 것으로 판단되면 행위양태에 따라 법 제37조 및 제66조에 위반 될 수 있음.

- 조합이 해당 법령이나 정관에 따른 사업계획 및 수지예산에 따라 조합의 경비로 낙선한 전직 조합장을 위하여 의례적인 송별회를 개최하는 것만으로는 법에 위반되지 아니함. 다만, 후보자가 당선되지 아니한데 대한 답례를 하기 위하여 선거인을 모이게 하여 낙선에 대한 위로회를 개최하는 경우에는 법 제37조에 위반될 수 있음.

제 7 절 과태료

1. 관계법조문

제68조(과태료의 부과·징수 등) ① 「형사소송법」 제211조(현행범인과 준현행범인)에 규정된 현행범인 또는 준현행범인으로서 제73조제4항에 따른 동행요구에 응하지 아니한 자에게는 300만원 이하의 과태료를 부과한다.

② 다음 각 호의 어느 하나에 해당하는 자에게는 100만원 이하의 과태료를 부과한다.

　　1. 제29조제2항에 따른 관할위원회의 요청을 이행하지 아니한 자

　　2. 제73조제4항에 따른 출석요구에 정당한 사유 없이 응하지 아니한 자

③ 제35조제3항을 위반하여 금전·물품이나 그 밖의 재산상 이익을 제공받은 자(그 제공받은 금액 또는 물품의 가액이 100만원을 초과한 자는 제외한다)에게는 그 제공받은 금액이나 가액의 10배 이상 50배 이하에 상당하는 금액의 과태료를 부과하되, 그 상한액은 3천만원으로 한다. 다만, 제공받은 금액 또는 음식물·물품(제공받은 것을 반환할 수 없는 경우에는 그 가액에 상당하는 금액을 말한다) 등을 선거관리위원회에 반환하고 자수한 경우에는 그 과태료를 감경 또는 면제할 수 있다.

④ 과태료는 중앙선거관리위원회규칙으로 정하는 바에 따라 관할위원회(이하 이 조에서 "부과권자"라 한다)가 부과한다. 이 경우 과태료처분대상자가 납부기한까지 납부하지 아니한 때에는 관할세무서장에게 징수를 위탁하고 관할세무서장이 국세체납처분의 예에 따라 이를 징수하여 국가에 납입하여야 한다.

⑤ 이 법에 따른 과태료의 부과·징수 등의 절차에 관하여는 「질서위반행위규제법」 제5조(다른 법률과의 관계)에도 불구하고 다음 각 호에서 정하는 바에 따른다.

　　1. 당사자[「질서위반행위규제법」 제2조(정의)제3호에 따른 당사자를 말한다. 이하 이 항에서 같다]는 「질서위반행위규제법」 제16조(사전통지 및 의견제출 등)제1항 전단에도 불구하고 부과권자로부터 사전통지를 받은 날부터 3일까지 의견을 제출하여야 한다.

　　2. 제4항 전단에 따른 과태료 처분에 불복이 있는 당사자는 「질서위반행위규제법」 제20조(이의제기)제1항 및 제2항에도 불구하고 그 처분의 고지를 받은 날부터 20일 이내에 부과권자에게 이의를 제기하여야 하며, 이

경우 그 이의제기는 과태료 처분의 효력이나 그 집행 또는 절차의 속행에 영향을 주지 아니한다.

3. 「질서위반행위규제법」 제24조(가산금 징수 및 체납처분 등)에도 불구하고 당사자가 납부기한까지 납부하지 아니한 경우 부과권자는 체납된 과태료에 대하여 100분의 5에 상당하는 가산금을 더하여 관할세무서장에게 징수를 위탁하고, 관할세무서장은 국세 체납처분의 예에 따라 이를 징수하여 국가에 납입하여야 한다.

4. 「질서위반행위규제법」 제21조(법원에의 통보)제1항 본문에도 불구하고 제4항에 따라 과태료 처분을 받은 당사자가 제2호에 따라 이의를 제기한 경우 부과권자는 지체 없이 관할법원에 그 사실을 통보하여야 한다.

2. 법규요약 및 해설

본조는 법에서 규정하고 있는 관할위원회의 출석요구에 응하지 않거나, 현행범인 또는 준현행범인으로서 동행요구에 응하지 아니하는 경우, 그리고 100만원이하의 금품 등을 기부 받은 자 등에 대하여 처벌의 실효성을 확보하기 위하여 행정질서벌인 과태료를 부과하는 근거 규정이다.

과태료는 형법상의 형벌이 아니므로 과태료에 대하여는 형법총칙이 적용되지 아니하고 그 절차도 형사소송법이 아닌 비송사건절차법 및 민사소송법을 따르거나 준용한다(질서위반행위규제법 제4장).

또한 과태료는 법률상 주어진 의무를 태만히 하는 행위에 대하여 법률상 질서유지를 위한 제재로서의 행정질서벌이므로 과태료도 법률이 정하는 절차에 따라 부과하여야 한다. 행정법상의 질서벌인 과태료의 부과처분과 형사처벌은 그 성질이나 목적을 달리하는 별개의 것이므로 행정법상의 질서벌인 과태료를 납부한 후에 형사처벌을 한다고 하여 이를 일사부재리의 원칙에 반하는 것이라고 할 수 없다.[146]

특히 유권자와 밀접한 관련이 있는 기부행위 금지·제한 규정을 위반하

---

146) 대법원 1996. 4. 12. 선고 96도158 판결

여 금전·물품이나 그 밖의 재산상 이익을 제공받은 자(제공받은 금액 또는 물품의 가액이 100만원을 초과한 자는 제외하며 제공받은 금액 또는 물품의 가액이 100만원을 초과한 자는 형사 처벌)의 경우 3,000만원 범위 내에서 제공받은 금액이나 가액의 10배 이상 50배 이하에 상당하는 금액이 부과된다.

제공받은 금액 또는 음식물·물품(제공받은 것을 반환할 수 없는 경우에는 그 가액에 상당하는 금액을 말함) 등을 선거관리위원회에 반환하고 자수한 자로서 첫째, 선거관리위원회와 수사기관이 금품·음식물 등의 제공사실을 알기 전에 선거관리위원회 또는 수사기관에 그 사실을 알려 위탁선거범죄에 관한 조사 또는 수사단서를 제공한 사람과 둘째, 선거관리위원회와 수사기관이 금품·음식물 등의 제공사실을 알게 된 후에 자수한 사람으로서 금품·음식물 등을 제공한 사람과 제공받은 일시·장소·방법·상황 등을 선거관리위원회 또는 수사기관에 자세히 알린 사람은 과태료가 면제된다.

또한 금품·음식물 등을 제공받은 경위, 자수의 동기와 시기, 금품·음식물 등을 제공한 사람에 대한 조사의 협조 여부와 그 밖의 사항을 고려 감경할 수 있다(위탁선거규칙 제34조 제2항).

3. 과태료 부과사례

- 조합장으로부터 총 151만원 상당의 떡을 제공받은 조합원 및 그 가족 65명에게 총 1,596만원(1명당 16만원~67만원) 과태료 부과(2024. 1. 16.).
- 후보자가 되려는 사람으로부터 식사 등 총 28만원 상당의 음식물을 제공받은 조합원 2명에게 총 338만원(1명당 169만원) 과태료 부과(2023. 11. 8.).
- 후보자가 되려는 사람으로부터 식사 등 총 37만원 상당의 음식물을 제공받은 조합원 13명에게 총 651만원(1명당 40만원~85만원) 과태료 부과(2023. 10. 30.).
- 후보자로부터 총 93만원 상당의 곶감을 제공받은 조합원 및 그 가족 22명에게 총 1,605만원(1명당 45만원~300만원) 과태료 부과(2023. 10. 27.).

- 조합원으로부터 식사 등 총 292만원 상당의 음식물을 제공받은 조합 원 및 그 가족 44명에게 총 1,407만원(1명당 9만원~36만원) 과태료 부 과 (2023. 10. 24.).
- 조합원으로부터 식사 등 총 9만원 상당의 음식물을 제공받은 조합원 3명에게 총 207만원(1명당 69만원) 과태료 부과(2023. 10. 11.).
- 후보자로부터 현금 10만원 및 50만원을 각각 제공받은 조합원 2명에 게 총 900만원(각 150만원, 750만원) 과태료 부과(2023. 9. 11.).

제9장

후보자 등록

제9장

후보자 등록

제 1 절 개요

후보자가 되려는 사람은 선거기간 개시일 전 2일부터 2일 동안 관할위원회에 서면으로 후보자등록을 신청하여야 하며 신청서접수시간은 매일 오전 9시부터 오후 6시까지이다(위탁선거법 제18조).

따라서 2025년 3월 5일 실시하는 제1회 전국새마을금고이사장선거는 2월 18일부터 2월 19일 이틀간이며 우편으로 후보자등록신청을 한 경우에는 등록마감일 오후 6시까지 관할위원회에 도착하여야 한다.

공직선거법과 동일하게 위탁선거법에서 정한 후보자 등록신청서, 선거벽보, 선거공보등의 제출시간은 엄격하게 지켜야 하며 제출기한 이후는 어떤 경우에도 접수가 되지 않는다.

후보자등록서류 또는 선거공보 등의 원고 등 신청서류를 제출하기 전에 충분한 시간을 두고 관할위원회에 미리 방문하여 사전검토를 받으면 이를 미연에 방지할 수 있다. 후보자등록에 필요한 신청서 등 서식과 작성방법은 이 책 말미에 추가하여 작성예시와 함께 기재하겠다.

제 2 절 후보자 등록

1. 후보자 등록신청서

후보자 등록을 신청하는 사람은 후보자 등록신청서, 해당 법령이나 정관등에 따른 피선거권에 관한 증명서류, 그 밖에 해당 법령이나 정관 등에 따른 후보자 등록에 필요한 서류 등을 제출하여야 한다(위탁선거법 제18조 제2항).

후보자 등록신청서는 후보자가 되고자 하는 자가 후보자등록신청 시에 제출하는 서면으로서 관할선거구선거관리위원회에 제출하는 가장 기본적이고 중요한 서류이다.

등록신청서상의 성명은 투표용지에 그대로 게재되고 각종 선거운동과 홍보물 등에도 사용되는 등 후보자 자신을 알리는 기초가 되는 사항이므로 정확하게 기재하여야 한다.[147]

관할선거구위원회는 그 기재된 성명이 가족관계증명서에 기록된 성명과 일치하지 아니한 것을 발견한 때에는 이를 후보자등록을 신청한 자에게 보완하게 할 수 있다. 후보자 등록신청서를 기한까지 제출하지 못하거나 신청서류를 잘못 작성할 경우 등록을 하지 못하거나 등록을 하더라도 등록이 무효로 되는 경우가 있다.

이 경우 특별히 유의해야 할 사항은 제출기한은 제출일 정해진 시간까지 정확하게 제출해야 하며 이 사항은 법정사항이므로 어떤 경우에도 예외는 인정되지 않는다.

법정제출기한내 후보자 등록신청을 접수하여 심사하는 과정에서 등록신청서 또는 기탁금 등 법정사항의 불비가 발견된 때에는 등록마감일의 마감시각까지에 한하여 보완할 수 있다.[148]

이 경우 관할 선거관리위원회는 관련 규정에 의한 등록신청서가 형식적

---

147) 중앙선거관리위원회, 1972. 11. 30. 회답
148) 중앙선거관리위원회, 1992. 3. 6. 질의회답

요건을 구비하였는지 여부를 판단하여 수리를 하게된다. 즉 후보자 등록시 제출해야 하는 금고법이나 정관 등에 따른 피선거권에 관한 증명서류의 경우 그 서류의 허위 여부나 효력의 여부는 알 수가 없으며 관할 선거관리위원회는 후보자 등록 후 그 서류의 효력여부 등 피선거권 조회를 하게 된다.

후보자 등록 신청서 작성시 공직선거법의 경우 정규학력 외에 '최고경영자 과정' 등 유사학력을 게재하면 허위사실공표죄로 처벌되며 당선무효형까지 선고되는 경우도 있으나 위탁선거법의 경우 그에 대한 제한 규정이 없다.

물론 새마을금고 임원 선거규약에는 유사 학력을 제한하는 규정이 있다. 하지만 위탁선거법 제5조(다른 법률과의 관계)에 위탁선거법이 다른 법률에 우선하여 적용한다는 규정에 의해 유사학력을 게재해도 무방하다.

다만 위탁선거의 학력기재에 있어 특히 주의해야 할 부분은 대학을 졸업한 후보자가 고졸로 기재하는 것은 무방하나, 초등학교 대학교 등 정규학력을 나온 후보자가 무학 또는 독학이라 기재하는 것은 허위사실공표죄에 해당되어 처벌받음을 특히 유의해야 한다.

후보자가 허위의 학력을 기재한 후보자 등록신청서를 작성하여 관할선거관리위원회에 제출시 공직선거법 제250조 제1항 소정의 '공표'에 대한 '당선될 목적'이 있었다고 본 판례가 있다.[149]

후보자 등록신청서의 기재사항 중 직업란과 생년월일란이 전도되어 있고 생년월일 아래 칸에 만 나이의 기재가 누락되어 있는 등 경미한 결함의 경우에는 즉석에서 신청인으로 하여금 보완시켜 수리할 수도 있고, 또 수리 후 추후 보완하게 하는 것이 법률취지에 합당하다.[150]

또한 후보자 등록신청서가 규칙서식과 상이할지라도 관할선거구선거관리위원회에서 후보자 등록신청을 수리하였으면 동 등록신청서는 등록신청의 요건을 구비한 것으로 보아야 할 것이다.[151]

149) 서울고등법원 1999. 2. 2. 선고 98노3359 판결
150) 대법원 1958. 8. 14. 선고 4289지선6 판결
151) 중앙선거관리위원회 1968. 9. 4. 회답

후보자 등록 신청서에 첨부되는 해당 법령이나 정관 등에 따른 피선거권에 관한 증명서류는 새마을 정관 또는 임원선거규약 등에 자세하게 기재되어 있고 선거에 출마하여 선출될 수 있는 피선거권에 관한 자격요건 또한 새마을금고법 및 관계 정관 등에 자세히 기술되어 있다.

위탁선거법은 위탁하는 공공단체의 사적자치를 최대한 존중하는 자세를 취하고 있으며, 선거운동 분야에 있어 후보자 간에 최대한 공정과 자유를 지켜 깨끗한 선거를 치루는 데 목적이 있다 할 것이다.

어쨌든 피선거권에 관한 자격이나 후보자 등록 시 필요한 서류 등에 관하여는 이 책에서 다루지 않도록 하겠다. 다만 『MG 새마을금고 선거론, 신우용, 박영사, 2023』 책에 후보자의 피선거권에 대한 자격요건 등에 대해 친절하고 자세하게 설명이 되어 있으니 참고하면 되겠다.

2. 범죄경력

2024년 2월 14일 개정된 위탁선거법은 후보자 등록 또는 선거공보 제출시 후보자가 되려는 사람의 범죄경력을 요구한다.

공직선거의 경우 선출되는 공직자는 국민의 대표자로서 일반 국민보다 더 높은 도덕성 및 준법성이 요구되므로 후보자의 전과기록을 공개하고 있으며 2002. 3. 7. 개정시에 신설되었다.

위탁선거의 경우 3회의 전국동시조합장 선거가 끝난 후 위탁선거로 당선된 당선자도 공직선거의 도덕성 및 준법성에 맞추어 선출해야 한다는 국민들의 요구에 맞추어 신설하였다.

선거기간개시일 전 60일부터 해당 법령이나 정관에서 정하는 본인의 범죄경력을 국가경찰관서의 장에게 조회할 수 있으며 회보받은 범죄경력은 후보자 등록 시 함께 제출하여야 한다(위탁선거법 제18조 제4항).

이때 정관 등에서 정하는 범죄경력이란 새마을금고법 제21조(임원의 결격사유) 및 새마을금고정관(예) 제39조(임원의 결격사유) 및 새마을금고임원선거규약(예) 제6조(피선거권)에 따른 범죄경력을 조회 회보하는 것을 말한다.

신청방법은 선거관리위원회에서 제공하는 「범죄경력조회 신청서」에 후보자가 되려는 사람의 신분증을 첨부하여 관할 경찰서에 신청하되 해당 위탁단체의 법령과 정관 등에서 정하고 있는 범죄 경력에 관한 조문과 조항을 확인하여 제출하면 된다.

공직선거법의 경우 후보자 등록 시 벌금 100만원 이상의 형의 범죄경력에 증명서류와 함께 등록재산과 병역사항 등을 제출하여야 한다.

또한 위탁선거법 제25조의 규정에 의한 선거공보 제출 시에도 선거공보에 범죄경력을 게재하여야 하며 선거공보를 제출하지 않는 경우에는 범죄경력에 관한 별도의 서류를 작성하여 제출하여야 한다. 이를 제출하지 아니할 경우 등록무효의 사유가 된다(위탁선거법 제19조 제1항 제3호).

3. 후보자 기호 결정

후보자 등록이 끝나면 바로 이어서 관할위원회에서 기호를 결정한다. 결정방법은 후보자 등록 마감 후에 후보자 또는 그 대리인의 추첨에 의하여 기호를 결정한다.

다만 추첨개시시각에 후보자 또는 대리인이 참여하지 아니하는 경우 관할위원회 위원장이 지정한 사람이 추첨한다(위탁선거법 제42조 제2항).

추첨방법은 후보자성명의 가나다 순에 따라 추첨순위 결정을 위한 추첨을 한 후, 그 추첨순위에 따라 기호결정을 위한 추첨을 한다.

투표용지에는 후보자의 기호와 성명을 표시하며 기호는 후보자의 게재순위에 따라 "1, 2, 3" 등으로 표시하고 성명은 한글로 기재하되, 성명이 같은 후보자가 있는 경우 괄호 속에 한자를 함께 기재한다(위탁선거법 제42조). 이 경우 투표용지는 인쇄하거나 투표용지 발급기를 이용하여 출력하는 방법으로 할 수 있다(위탁선거법 제42조 제3항). 투표용지 매수는 선거인수, 투표구수 등 여러 상황을 고려하여 관할위원회에서 결정하여 시행한다.

4. 등록 무효

법에서 정한 요건을 갖추어 후보자 등록을 신청하면 관할선거구선거관리위원회에서는 그 형식적 요건을 심사하여 등록 여부를 결정한다. 다만, 등록 후에 등록무효제도를 두어 등록에 중요한 흠결사유가 발견되면 등록 자체를 소급무효화할 수 있도록 하였다. 등록무효처분은 후보자가 그 선거에서 등록을 보완할 기회를 일실하게 되어 회복할 수 없는 피해를 입게 되는 등 본인의 공무담임권 보장에 결정적 영향을 미치는 한편, 해당 선거의 결과에도 중요한 영향을 미칠 수 있기 때문에 그 사유를 법으로 엄격히 규정하고 있다.[152]

등록무효사유는 후보자의 피선거권이 없는 것이 발견된 때, 또는 후보자 등록신청서를 제출하지 않했거나 해당 법령이나 정관 등에 따른 피선거권에 관한 증명서류, 그리고 기탁금 등 필수 서류등을 제출하지 않았을 때 등록이 무효가 된다(위탁선거법 제19조 제1항).

후보자가 되기 전부터 입후보제한직에 있었던 것이, 후보자등록 후 당선인 결정 전에 발견된 때에는 등록이 무효로 되고, 당선인으로 결정된 후부터 임기개시 전까지의 사이에 발견된 때에는 당선이 무효로 된다.[153]

공직선거의 경우 재산신고서를 제출하지 아니한 것이라 함은 그 신고서 자체를 제출하지 아니한 경우는 물론 형식상으로는 그 신고서를 제출하였더라도 등록대상재산을 등록하지 아니한 정도가 중대하여 국민에 대한 봉사자로서의 공직자 윤리의 확립과 선거권자의 알 권리 및 선거권행사의 보장을 본질적으로 침해하는 것으로 볼 수 있어 실질적으로 신고서를 제출하였다고 볼 수 없는 경우까지를 포함하는 것으로 본다[154]는 판례가 있다.

따라서 새마을금고이사장 선거에 있어서도 해당 정관에 따른 피선거권에 관한 증명서류 제출시 유의해야 할 사항이라 하겠다.

---

152) 중앙선거관리위원회, 공직선거법 해설서 1, 2020, 206쪽
153) 중앙선거관리위원회, 1991. 6. 4. 회답
154) 대법원 2005. 2. 18. 선고 2004수78 판결

또한 범죄경력을 게재하지 않은 선거공보를 제출하거나, 만약 선거공보를 제출하지 않는 경우에는 범죄경력에 관한 서류를 별도로 작성하여 제출해야 하며 이를 이행하지 않은 경우에도 등록이 무효로 된다(위탁선거법 제19조 제2항).

특히 유의해야 하는 사항은 후보자등록 신청서류 관련 불비 이외에 범죄경력을 게재하지 않은 선거공보를 제출하지 않는 경우에도 등록이 무효로 된다는 사실이다.

대통령선거, 지역구국회의원선거, 지역구지방의원선거 및 지방자치단체의 장선거(비례대표국회의원 및 비례대표지방의원선거는 제외)의 후보자는 책자형 선거공보의 둘째면에 후보자정보공개자료를 게재하여야 하며, 위원회에서 공고한 선거공보 제출수량의 전부 또는 일부를 제출하지 아니하는 때에는 후보자정보공개자료를 별도로 작성하여 제출하여야 함에도 정당한 사유없이 제출하지 아니하거나, 일부만 제출한 경우 등록이 무효로 된다.[155]

이를 위탁선거법에 준용하면 범죄경력이 게재된 선거공보를 공고된 제출수량보다 적게 제출하는 경우 그 부족수량 만큼의 범죄경력에 관한 서류를 제출해야 하며 그렇지 않을 경우에도 후보자의 등록은 무효로 된다고 보는 것이 합당할 것이다.

5. 후보자 사퇴

후보자가 사퇴하고자 하는 때에는 후보자가 직접 관할위원회에 가서 서면으로 신고해야 한다(위탁선거법 제20조).

사퇴는 자신이 직접 해당 선거구선거관리위원회에 가서 서면으로 신고하여야 하며, 대리인 또는 서면에 의한 사퇴 신고는 어떠한 경우에도 허용되지 않는다. 후보자 자신의 직접 출두를 요구한 것은 입후보자 자신의 자유의사에 의한 사퇴임을 명백히 함과 동시에 선거과정에 있어서의 분쟁을 미연에 방지하기 위해서이다.[156]

---

155) 중앙선거관리위원회, 2013. 4. 23. 회답

이 경우 입후보 사퇴신고를 함에 있어 선거관리위원회에 가지 아니한 경우에는 선거관리위원회가 전화로 그 자유의사에 의한 것임을 확인하였다 하여도 그 사퇴신고는 무효이다.[157)

민의원선거 입후보자가 입후보를 사퇴하려면 본인명의로 사퇴신고서를 작성하여 본인이 직접 동 사퇴신고서를 선거구위원회에 제출하고 위원회가 이를 공고하여야 비로소 사퇴의 효력이 발생하며 위 사퇴신고에 관한 공선법의 규정은 강행규정에 속한다.[158)

또한 강압에 의한 사퇴 등 본인의 자유의사에 의한 사퇴로 인정할 수 없는 경우 사퇴는 취소된 것으로[159) 보아야 한다.

제 3 절 **기탁금**

기탁금제도는 무분별한 후보난립을 방지하여 선거의 과열·혼탁을 방지하고 불법선거운동의 감시나 투·개표 등 선거관리를 용이하게 하며, 당선자가 다수표를 획득할 수 있도록 제도적으로 보장하여 민주적 정당성과 정치적 안정을 확보하는 한편, 사퇴·등록무효 등 후보자의 성실성을 담보하고 과태료 및 대집행비용의 예납효과 등 순기능의 역할을 수행하고 있다.

다만, 기탁금액이 지나치게 많은 경우에는 국민의 평등권·공무담임권 등 기본권 침해의 결과를 초래할 수 있기 때문에 정치적인 논란의 대상이 될 여지가 있다.[160)

또한 당선자로 하여금 다수표를 획득하게 함으로써 그 권한에 상응하는 민주적 정당성을 확보하게 하고, 정국의 안정을 가져오는 것이 무엇보다도 중요하다고 할 것이며, 이를 위해서는 입후보자의 수를 적정한 범위로

---

156) 중앙선거관리위원회, 공직선거법 해설서 1, 2020, 231쪽
157) 대법원 1965. 2. 18. 선고 63수16 판결
158) 대법원 1958. 8. 19. 선고 4291선재1 판결
159) 중앙선거관리위원회 1960. 7. 22. 회답
160) 중앙선거관리위원회, 공직선거법 해설서 1, 2020, 234쪽

제한하는 것이 필요하다. 선거의 신뢰성과 공정성을 확보하고, 유권자가 후보자 선택을 용이하게 하며, 민주적 정당성을 부여하기 위하여 후보자에게 기탁금의 납부를 요구하는 것은 필요불가결한 입후보요건이다.[161]

공직선거에서의 기탁금 제도는 후보자의 무분별한 난립을 방지하고 당선자에게 되도록 다수표를 몰아주어 민주적 정당성을 부여하는 한편 후보자의 성실성을 담보하려는 취지에서 생겨난 제도이다.[162]

또한 선거에 출마하려는 자에게 입후보의 요건으로 기탁금을 납부할 것을 요구하고 선거결과 일정한 득표수에 미달하는 경우에는 이를 반환하지 않고 국고에 귀속시킴으로써 선거에 자유롭게 입후보할 자유를 제한함과 동시에 과태료나 대집행비용을 사전에 확보하는 법적 효과를 가지고 있다.[163]

기탁금제도는 금전적 제재를 통하여 후보자의 무분별한 난립을 방지하고 당선자에게 되도록 다수표를 몰아주어 민주적 정당성을 부여하는 한편 후보자의 성실성을 담보하려는 취지에서 생겨난 것이고, 따라서 불성실한 입후보자에 대하여 실질적인 제재효과를 거둘 수 있는 금액이어야 한다.[164]

새마을금고 임원선거규약 제23조의 규정에 기탁금은 700만원 이상 1천만원 이내에서 금고의 실정에 따라 정하도록 되어 있으며, 당선자와 사망자에게는 기탁금 전액을 반환하고 낙선자의 경우 유효투표 총수의 100분의 30 이상을 득표한 경우에는 기탁금 전액을, 100분의 15 이상 100분의 30 미만을 득표한 경우에는 기탁금 100분의 50에 해당하는 금액을 반환한다.

이때 기탁금을 반환받을 수 있는 득표수의 계산결과가 117.5표인 경우 118표 이상 득표를 해야 반환받을 수 있다.[165]

기탁금 반환의 기준은 입후보예정자가 기탁금을 반환받지 못하게 되는 부담에도 불구하고 선거에 입후보할 것인지의 여부를 진지하게 고려할 정

161) 헌법재판소 2016. 12. 29. 선고 2015헌마509, 1160(병합) 결정
162) 헌법재판소 2004. 8. 25. 선고 2002헌마383, 396(병합) 결정
163) 헌법재판소 2003. 8. 21. 선고 2001헌마687, 691(병합) 결정
164) 헌법재판소 2004. 8. 15. 선고 2002헌마383, 396(병합) 결정
165) 중앙선거관리위원회 1995. 7. 24. 회답

도에 이르러야 하고, 지나치게 그 반환기준이 높아 입후보를 고려하는 예정자가 입후보를 포기할 정도록 높아서는 안 될 헌법적 한계를 가진다.[166]

한편 공직선거법의 시·도의회의원선거의 후보자 기탁금이 300만원인 점과 조합장선거의 경우에도 500만원 이상 1000만원인 점을 감안하면 금고 이사장선거의 기탁금은 과다한 측면이 있다.

기탁금의 목적은 후보자 난립을 방지하여 선거관리의 효율성을 꾀하는 한편, 과태료나 대집행비용을 사전에 확보하는 데 있는바, 이러한 목적은 선거관리의 차원에서 나오는 것으로서 순수히 행정적인 공익임에 반하여 이로 인하여 제한되는 국민의 권익은 피선거권이라는 대단히 중요한 기본권이므로, 기탁금제도 자체가 합헌일지라도 기탁금액은 기탁금제도에 의하여 달성하려는 공익목적과 그로인한 기본권제한 사이에 균형과 조화를 이루도록 적정하게 책정되어야 하는 헌법적한계가 있다.[167]

공직선거규칙 제9조 제3항의 규정에 따라 기탁금의 납부는 관할위원회가 기탁금의 예치를 위하여 개설한 금융기관(우체국을 포함한다)의 예금계좌에 후보자등록을 신청하는 사람의 명의로 입금하고 해당 금융기관이 발행한 입금표를 제출하는 것으로 한다. 다만, 부득이한 사유가 있는 경우에는 현금(금융기관이 발행한 자기앞수표를 포함한다)으로 납부할 수 있다.

제 4 절 예비후보자 등록

3회의 전국동시농수축협조합장 선거를 치루면서 위탁선거법의 선거운동방법이 현직 조합장에게 유리하다는 "기울어진 운동장"이라는 비판과 제한된 선거운동방법으로 후보자의 알릴 권리와 선거인의 알릴 권리를 충분히 보장하지 못한다는 비판이 언론에서 계속 거론된 이후 처음으로 위

---

166) 헌법재판소 2011. 6. 30. 선고 2010헌마542 결정
167) 중앙선거관리위원회, 공직선거법 해설서 1, 2020, 237쪽

탁선거법에 예비후보자등록제도가 도입되어 새마을금고 이사장선거에서
적용되었다.

물론 2017년 12월 위탁선거법 개정 당시 농수협 중앙회장 선거의 경우
에 한해 예비후보자 등록제도를 도입하여 선거일 문자메시지를 전송하는
방법의 선거운동을 허용하였다.

공직선거에 있어 예비후보자 제도는 지금부터 20여 년 전인 2004. 3.
12. 법 개정 시 도입되었다. 이는 관할선거구선거관리위원회에 예비후보
자등록을 하면 일정 범위 내에서 선거운동을 할 수 있도록 하는 제도로,
현역 국회의원의 경우 직무활동으로 인정되는 의정활동보고를 통하여 사
실상 선거운동의 효과를 누리게 되어 선거운동기회에 있어서 현역 국회의
원과 정치신인 간에 불균형이 발생하는바, 선거운동기회의 형평성 차원에
서 정치신인에게도 자신을 알릴 수 있는 기회를 어느 정도 보장하고자 도
입되었다.[168]

이사장선거의 예비후보자가 되려는 사람은 선거기간 개시일 전 30일부
터 관할위원회에 예비후보자 등록을 서면으로 신청해야 하며(위탁법 제24조
의2). 사퇴하려는 경우에는 자신이 직접 관할위원회에 가서 서면으로 신고
하여야 한다(위탁선거법 제24조의2 제6항).

이때 예비후보자 등록을 신청하려는 사람은 해당 법령이나 정관에 따른
피선거권에 대한 증명서류를 제출해야 한다(위탁선거법 제24조의2 제2항).

예비후보자로 등록하지 않았더라도 본 선거의 후보자로 등록할 수 있으
며, 예비후보자가 본 선거의 후보자로 등록하고자 하는 때에는 후보자 등
록기간 중에 새로 후보자 등록을 하여야 한다.[169]

후보자로 등록한 사람은 선거기간개시일 전일까지 예비후보자를 겸하는
것으로 본다. 즉 후보자 등록 첫째 날에 등록을 하였다면 후보자 등록을 마
친 첫째 날과 둘째 날에 예비후보자가 할 수 있는 선거운동을 할 수 있다.

예비후보자 등록 후 예비후보자와 그가 지정하는 1인(예비후보자의 배우

---

168) 헌법재판소 2009. 7. 30. 선고 2008헌마180 결정
169) 중앙선거관리위원회, 공직선거법 해설서 1, 2020, 325쪽

자 직계존비속 또는 해당 위탁단체의 임. 직원이 아닌 조합원·회원 중에서 한 사람을 정함)은 위탁선거법에 정해진 규정에 따라 선거운동을 할 수 있다.

예비후보자가 지정한 1인은 관할 선거관리위원회에 신고 후 표지를 교부받아 정해진 선거운동을 할 수 있으며 수당 실비 등은 지급할 수가 없으나 선임 횟수의 제한이 없어 언제든지 교체가 가능하다.

제10장

선거절차와 신고 · 신청

제10장

선거절차와 신고 · 신청

제 1 절 개요

선거절차는 크게 선거기간과 선거일, 후보자 등록, 선거운동, 선거인명부, 투표 및 개표, 당선인결정으로 나눌 수 있다. 이 장에서는 다른 장에서 자세히 설명하는 후보자등록과 선거운동 분야를 제외한 나머지 절차에 대해 설명하기로 한다.

제 2 절 선거일과 선거기간

1. 선거일

선거일은 선거를 하는 날을 말하며 선거일을 결정하는 방법에는 선거일을 공고권자에게 일임하는 공고주의와 법으로 정하는 법정주의 2가지가 있다.

공직선거의 경우 공고주의는 선거일의 지정문제로 각 정당의 정치적 이해관계가 대립하는 문제가 발생하므로 이를 방지하기 위해 원칙적으로 법정주의를 따르고 있다.

　동시이사장선거의 경우도 법정주의를 택하고 있으며 선거일은 그 임기가 만료되는 해당연도 첫 번째 수요일로 하도록 규정되어 있어 제1회 전국동시새마을금고 이사장선거는 3월 5일에 치루어진다(위탁선거법 제14조 제1항).

　동시이사장선거 외의 위탁선거 선거일은 관할 선거관리위원회가 해당 위탁단체와 협의하여 정하는 날로 하고 있으며(위탁선거법 제14조 제2항). 이 동시이사장선거에서는 선거인명부작성개시일 전에 선거일을 공고한 것으로 본다(위탁선거법 제14조 제6항).

2. 선거기간

　선거기간은 선거와 관련된 일련의 활동이 공식적으로 이루어지는 기간을 의미한다. 새마을금고이사장선거에 있어 선거기간은 후보자 등록마감일의 다음날부터 선거일까지를 말한다(위탁선거법 제14조 제2항). 또한 새마을금고 이사장선거의 선거기간은 14일로 규정되어 있으므로(위탁선거 제14조 제1항). 2월 20일부터 3월 5일까지가 선거기간이다.

　선거기간을 정의하고 규정하는 이유는 후보자가 자신의 인물·정책 등을 알리고 유권자가 지지할 후보자에 대한 정보를 습득하여 판단하는 데 필요한 기간, 선거의 과열과 고비용 구조 타파 등 제반 사정을 고려하여 합리적인 선거기간을 정하기 위한 규정이다.

　참고로 선거운동기간은 선거일을 포함 하지 않기 때문에 3월 5일을 제외한 2월 20일부터 3월 4일까지 13일간이다.

　선거기간 또는 선거운동기간을 위와 같이 제한한 입법취지와 관련하여, 헌법재판소는 선거운동기간을 제한한 구 대통령선거법 제34조를 합헌이라고 결정하면서 '기간의 제한없이 선거운동을 무작정 허용할 경우에는 후보자간의 지나친 경쟁이 선거관리의 곤란으로 이어져 부정행위의 발생을 막기 어렵게 된다.

　또한 후보자간의 무리한 경쟁의 장기화는 경비와 노력이 지나치게 들어 사회경제적으로 많은 손실을 가져올 뿐만 아니라 후보자간의 경제력 차이에 따른 불공평이 생기게 되고 아울러 막대한 선거비용을 마련할 수 없는 젊고 유능한 신참 후보자의 입후보의 기회를 빼앗는 결과를 가져올 수 있다'라고 판시한바 있다.[170]

또한 공선법 규정상 선거기간이 14일로 단축되어 선거운동기간이 종전에 비하여 3일 단축되었으나, 앞에서 본 바와 같이 선거일 전 120일부터 예비후보자로 등록한 예비후보자 및 후보자 및 후보자가 되려는 자의 인터넷을 통한 선거운동의 허용 등 선거운동기간의 제한을 받지 않는 선거운동방법이 다양화된 점을 고려한다면, 위 기간이 유권자인 선거구민으로서 각 후보자의 인물·정견 등을 파악하기에 부족한 기간이라고 단정할 수 없다.[171]

하지만 또 다른 측면에서 본다면 현직 자치단체장 또는 현직 국회의원, 현직 조합장등은 이미 선출직 공무원으로 신인보다 인지도에서 앞서며 현직 임기동안 추진했던 사업이나 정책을 선거에서 자신의 성과로 홍보할 수 있을 뿐만 아니라 현직에 있는 동안 대중행사나 지역행사에 자주 참석할 수 있는 기회를 가진다.

이러한 공식적인 활동 등은 현직자가 유권자들과의 접점을 늘리고 자연스럽게 지지층을 확장하는 데 도움을 준다.

따라서 선거운동을 할 수 있는 선거기간이 짧을수록 상대적으로 정치신인은 유권자에게 자신을 알릴 수 있는 기회가 줄어 기울어진 운동장이라는 비판을 받기도 한다.

공직선거법이나 위탁선거법에서 선거운동을 엄격히 제한하는 가장 큰 이유가 과거의 금품선거에서 비롯한 예방적 차원이었다면, 이제는 금품선거는 강력하게 규제를 하고 돈이 들지 않는 말로 하는 선거운동방법은 충분히 보장해 주어야 할 것이며 특히 위탁선거의 경우 유권자에게 후보자를 알릴 수 있는 기회를 확대하는 것이 필요하다 하겠다.

따라서 금번 위탁선거법에서 새로 도입된 예비후보자 제도와 후보자외

---

170) 헌법재판소 2001. 8. 30. 선고 헌마121 결정
171) 헌법재판소 2005. 2. 3. 선고 2004헌마216 결정

1인의 선거운동을 허용한 제도는 바람직한 제도라고 생각할 수 있다.

위탁선거법 제66조 제2항 제1호에 따르면 선거운동은 선거운동기간에만 선거운동을 할 수 있다. 다만 그동안 농·축·수협 중앙회장선거의 경우에만 허용되었던 예비후보자 제도가 법 개정으로 위탁선거에 새로 도입되어 새마을금고의 이사장도 선거기간 개시일 전 30일부터 관할 선거관리위원회에 예비후보자로 등록한 후 정해진 선거운동을 할 수 있도록 하였다.

제 3 절 선거인명부

1. 선거인명부 작성 등

「선거인」이란 선거권이 있는 자로서 선거인명부에 올라 있는 자를 말한다(금고 임원선거규약 제42조). 선거권을 행사 할 수 있는 선거인을 특정하기 위하여 「선거인명부」가 작성되고 원칙적으로 그 선거인명부에 올라 있는 자만이 투표를 할 수 있다.

선거인명부는 선거권자가 해당 선거에서 투표할 권리를 갖고 있는지를 확인함으로써 투표의 혼란을 없애고 선거인의 투표 여부를 확인하여 이중으로 투표하는 부정투표를 방지하기 위한 필수적인 공부이며 공직선거법은 원칙적으로 선거를 실시하는 때마다 작성하는 "수시선거인명부제"를 채택하고 있다.[172]

선거인명부는 선거인의 범위를 형식적으로 확정하기 때문에 선거인명부에 등재되어 있더라도 선거일에 선거권이 없는 자는 투표할 수 없다.

선거인명부는 위탁단체가 선거일 전 19일부터 5일 이내에 작성하여야 하며 선거일 전 10일에 확정된다(위탁선거법 제15조 제1항).

선거인명부 작성은 위탁단체가 해당 법령이나 정관 등에 따라 작성한

---

172) 헌법재판소 2014. 7. 24. 선고 2009헌마256 결정

구성원의 명부인 회원명부에 따라 엄정하게 조사하여 작성하여야 한다(위탁선거규칙 제7조 제1항).

공직선거의 경우 선거권자가 선거일 공고에 임박하여 주민등록을 옮겨 투표 또는 우편투표를 한 다음 선거일 후 바로 종전 주민등록지로 퇴거 복귀한 선거인은 위장전입자로 추정되며 이러한 위장 전입자의 선거인명부 등재는 사위의 방법으로 선거인명부에 등재하게 한 경우에 해당하여 위법이고 그의 투표권은 부정되어야 하며 그가 한 투표는 무효이다.[173]

거짓의 방법으로 선거인명부에 오르게 한 자는 1년이하의 징역 또는 1천만원 이하의 벌금에 처하며(위탁선거법 제63조 제1항), 선거인명부작성에 관계 있는 자가 선거인명부에 고의로 선거권자를 기재하지 않거나 거짓사실을 기재하거나 하게 한 때에는 3년이하의 징역 또는 3천만원 이하의 벌금에 처하도록 규정되어 있다(위탁선거법 제63조 제2항).

2. 선거인명부 열람 및 이의신청과 결정

선거인명부의 작성은 직권작성주의를 따르고 있으므로 금고 직원의 실수등으로 인한 오류나 착오가 있을 수 있다. 따라서 선거권자에게 이러한 오류 등을 확인하여 바로잡을 수 있는 기회를 제공하는 규정이라 하겠다.

따라서 이의신청을 통해 정당한 선거권자의 누락이나 오기를 바로잡고, 명부에 오를 자격이 없는 자의 선거인명부 등재 등을 방지하기 위한 규정이기도 하다.

위탁단체는 선거인명부를 작성한 때에는 선거인명부작성기간 만료일의 다음날부터 3일간 선거권자가 선거인명부를 열람할 수 있도록 하여야 하며 이 경우 열람시간은 공휴일에도 불구하고 매일 오전 9시부터 오후 6시까지 할 수 있다(위탁선거법 제16조 제1항).

선거권자는 누구든지 선거인명부에 누락 또는 오기가 있거나 자격이 없는 선거인이 올라 있다고 인정되면 열람기간 내에 구술 또는 서면으로 해

---

173) 중앙선거관리위원회, 공직선거해설서 1, 2020, 140쪽

당 위탁단체에 이의를 신청할 수 있으며(위탁선거법 제16조 제2항). 위탁단체
는 제2항의 이의신청이 있는 경우에는 이의신청을 받은 날의 다음 날까지
이를 심사·결정하되, 그 신청이 이유가 있다고 결정한 때에는 즉시 선거
인명부를 정정하고 관할위원회·신청인·관계인에게 통지하여야 하며, 이
유 없다고 결정한 때에는 그 사유를 신청인에게 통지하여야 한다(위탁선거
법 제16조 제3항).

여기서 관계인이란 선거인명부에 대하여 이해관계가 있는 자를 지칭하
는 것이므로 위탁단체의 결정에 대하여 선거인명부에 등록을 요하는 회원
을 지칭하는 것이다.

선거인명부의 누락자 구제제도는 법원의 판결을 통해서 하는 사법적 구
제제도와 행정적 절차에 의한 행정적 구제절차가 있는 바 위 조문은 이의
신청 방법을 통한 행정적 구제제도를 규정하고 있다.

3. 선거인명부 사본교부 신청

후보자는 해당 법령이나 정관 등에서 정하는 바에 따라 선거인명부 사
본의 교부를 신청할 수 있으며(위탁선거법 제17조) 새마을금고 임원규약 제9
조에서는 후보자등록마감일의 다음날부터 선거일 전일 중 후보자의 서면
에 의한 교부 신청이 있는 때에는 작성된 선거인명부 사본 1부를 교부하
여야 한다고 규정되어 있다.

이때 교부받은 선거인명부 사본을 다른 사람에게 양도·대여하거나 선
거이외의 목적으로 사용할 수 없도록 규정하고 있다.

본 조는 선거인명부의 정확한 작성을 담보하고 선거운동에 필요한 정보
를 제공하기 위하여 후보자 등에게 명부사본을 교부하는 절차와 방법 등
을 규정하고 있다.

이때 「사본」이란 원본의 내용과 동일한 문자와 부호로써 모두 완전하
게 전사한 서면을 말한다.[174]

---

174) 중앙선거관리위원회, 공직선거해설서 1, 2020, 160쪽

제 4 절 투표

1. 선거방법

선거에서 투표란 국민이나 구성원이 자신의 의사를 표시하여 특정 후보
자나 정책을 선택하는 행위를 말한다.

투표방식에는 각 나라마다 여러 가지 방법이 있으나 일반적으로 투표용지
에 투표할 후보자를 어떻게 표시하느냐에 따라 선거인이 투표용지에 투표할
투표자의 성명 등을 자필로 기재하는 방법인 자서투표제와 투표용지에 미리
인쇄된 후보자의 성명 등에 표를 하는 방법으로 기서투표제가 있다.[175)]

자서투표제는 일본에서, 기서투표제는 우리나라에서 채택하고 있다.

새마을금고 이사장 선거는 앞에서 설명한 기표주의, 선거인 본인이 직
접 투표하는 직접투표주의, 유권자 한 사람이 1표를 행사하는 1인 1표주
의, 투표를 함에 있어 선거인의 성명 기타 선거인을 추정할 수 있는 표시
를 하여서는 안 되는 무기명 투표주의를 채택하고 있다.

무기명 투표주의를 채택하는 이유는 선거의 공정성과 선거인의 비밀 보
호를 위한 것이며 이를 위반한 투표는 개표시 무효 처리된다.[176)]

위탁선거법의 법조문은 선거는 투표로 하며, 투표는 선거인이 직접 투
표용지에 기표하는 방법으로 하되, 투표는 선거인 1명마다 1표로 한다.
다만 해당 법령이나 정관 등에서 정하는 사람이 법인을 대표하여 행사하
는 경우는 그러하지 아니하다(위탁법 제39조)라고 규정되어 있다.

금고 이사장선거의 경우 선거인 1명마다 1표로 한다.

2. 투표소 설치

투표소는 선거인이 투표를 하는 곳으로 선거인명부의 대조·투표용지의
교부·기표 등 투표가 이루어지는 장소를 말한다.

---

175) 중앙선거관리위원회, 공직선거해설서 2, 2020, 69쪽
176) 중앙선거관리위원회, 공직선거해설서 2, 2020, 72쪽

투표소는 선거인이 쉽게 찾을 수 있고 교통 및 투표하기 편리한 곳에 가급적 설치해야 하며 특히 장애인들이 출입하는 데 지장이 없는 곳이나 편의시설 등을 감안하여야 한다.[177]

관할 위원회는 해당 새마을금고와 투표소의 설치수·설치장소 등을 협의하여 선거일 전일까지 투표소를 설치하여야 하며, 공정하고 중립적인 사람 중에서 투표소마다 투표에 관한 사무를 관리할 투표관리관 1명과 투표사무를 보조할 투표사무원을 위촉하여야 한다.

이때 관할 위원회로부터 투표소 설치를 위한 장소 사용 협조를 받은 기관·단체의 장은 정당한 사유가 없으면 이에 따라야 한다(위탁선거법 제40조).

선거인은 자신이 올라 있는 선거인명부의 작성 구역단위에 설치된 어느 투표소에서나 투표할 수 있다.

투표관리관은 투표하려는 선거인에 대해서는 본인임을 확인할 수 있는 신분증명서를 제시하게 하여 본인여부를 확인한 다음 전자적 방식으로 무인 또는 서명하게 하고, 투표용지 발급기를 이용하여 선거권이 있는 해당 선거의 투표용지를 출력하여 자신의 도장을 찍은 후 선거인에게 교부한다(위탁선거법 제41조 제2항, 제3항).

이때 중앙선거관리위원회는 2개 이상 이사장선거의 선거권이 있는 선거인이 투표하는 데 지장이 없도록 하고, 같은 사람이 2회 이상 투표를 할 수 없도록 하는 데 필요한 기술적 조치를 하여야 한다(위탁선거법 제41조 제3항).

관할위원회는 섬 또는 산간오지 등에 거주하는 등 부득이한 사유로 투표소에 가기 어려운 선거인에게는 그 의결로 거소투표, 순회투표, 인터넷투표 등 중앙선거관리위원회규칙으로 정하는 방법으로 투표를 하게 할 수 있다. 이 경우 투표방법 등에 관하여는 해당 조합 또는 금고와 협의하여야 한다(위탁선거법 제41조 제5항).

---

177) 중앙선거관리위원회, 공직선거해설서 2, 2020, 76쪽

3. 투표참관인 신고

투표참관은 투표과정에 이해당사자들을 참여시켜 선거의 공정성을 확
보하기 위하여 각 후보자측이 투표참관인을 선정하고 선거일 투표소에서
투표용지의 교부상황 및 투표상황 등 투표과정을 지켜 보면서 법에 위반
되는 사실이 있으면 이의를 제기하고 그 시정을 요구할 수 있도록 함으로
써 해당 투표소에서의 투표행위에 대한 완전한 요건을 확보하는 한편, 선
거권자들에게는 해당 투표소에서의 투표에 대한 유효함을 보장해 주기 위
한 제도이다.

투표참관인 규정은 강제규정이 아닌 임의규정으로 참관인이 참관을 요
구하는 경우에는 그 참관을 보장하나 참관을 포기하거나 거부했을 때는
보장하지 않는다.[178]

투표참관인이 선거개시 전에 투표소에 도착하여 참관하려 하였으나 신고
서류와 선거인명부의 생년월일과 도민증의 생년월일이 다르다 하여 투표구
선거관리위원회 위원이 거부하여 참관을 하지 못하였다면 이는 선거의 관
리집행에 위법이 있는 것으로서 선거무효의 원인이 될 수 있는 것이다.[179]

투표참관사무에 종사하던 중 그와 친교지간이었던 갑의 유혹에 의하여
약 한 시간 반 사이에 참관사무를 포기하고 외출한 사실이 있었다는 것뿐
으로 투표구위원이나 종사원에 의하여 참관방해를 받았다는 것은 아니다.
즉, 위 갑의 유혹이 선거사범이 되는 여부에 관하여는 별론으로 하고, 그
것이 위 투표구에서의 투표의 효력에 어떠한 영향을 미칠 성질의 것이었
다고는 할 수 없다.[180]

후보자는 해당 위탁단체의 조합원 또는 회원 중에서 투표소마다 2명 이
내의 투표참관인을 선정하여 선거일 전 2일까지 관할위원회에 서면으로
신고하여야 한다. 이 경우 개표참관인은 투표참관인이 겸임하게 할 수 있

178) 중앙선거관리위원회, 공직선거해설서 2, 2020, 139쪽
179) 대법원 1959. 9. 30. 선고 4291선52 판결
180) 대법원 1970. 2. 26. 선고 67수100 판결

다(위탁선거법 제45조 제1항).

투표참관인은 신고 후 언제든지 교체할 수 있으며 원활한 투표관리를 위하여 필요하다고 인정되는 경우 투표관리관의 결정으로 교대참관도 할 수 있다.

관할위원회는 신고한 투표참관인이 투표상황을 참관하게 하여야 하며(위탁선거법 재45조 제2항), 후보자가 투표참관인의 신고를 하지 아니한 때에는 투표참관을 포기한 것으로 본다(위탁선거법 제45조 제3항).

후보자 또는 후보자의 배우자와 해당 위탁단체의 임직원은 투표참관인이 될 수 없다(위탁선거법 제45조 제4항).

투표참관인은 투표소마다 12명으로 하며, 후보자수가 12명을 넘는 경우에는 후보자별로 1명씩 우선 선정한 후 추첨에 따라 12명을 지정하고, 후보자수가 12명에 미달하되 후보자가 선정·신고한 인원수가 12명을 넘는 때에는 후보자별로 1명씩 선정한 자를 우선 지정한 후 나머지 인원은 추첨에 의하여 지정한다(위탁선거법 제45조 제5항).

본 조에서 「배우자」라 함은 공직자윤리법 제4조에 규정된 배우자(사실상의 혼인관계에 있는 배우자를 포함한다)의 개념과 달리 사실상의 혼인관계에 있는 자는 포함하지 않으므로 사실혼 관계에 있는 배우자라 하더라도 위 투표참관인이 될 수 없는 자가 아니라면 투표참관인이 될 수 있다.[181]

4. 투표참관요령

투표참관인은 참관 중에 투표간섭 또는 부정투표 기타 법에 위반되는 사실을 발견한 때에는 당해 투표관리관에게 시정을 요구할 수 있으며 투표관리관은 투표참관인의 시정요구가 정당하다고 인정하는 때에는 이를 시정하여야 한다.

반대로 투표참관인은 투표에 간섭하거나 투표를 권유하거나 투표참관 도중 선거인에 대하여 직접 질문하거나 기타 어떠한 방법으로든지 선거에

---

181) 중앙선거관리위원회, 공직선거해설서 2, 2020, 140쪽

영향을 미치는 행위를 하여서는 안 되며 투표소 안에서 사고가 발생한 때에는 투표상황을 촬영할 수 있다.

투표소의 질서유지를 위하여 투표소에는 투표하려는 선거인, 투표참관인, 투표관리관, 관할 위원회와 상급위원회의 위원·직원 및 투표사무원외에는 누구든지 들어갈 수 없으며 투표가 종료된 후에는 투표함의 개표소 이동시 후보자별로 1인의 투표참관인이 동반하여야 한다.

투표용지의 교부 상황이란 선거인명부에 의하여 본인임을 확인받는 과정에서부터 확인받은 그자에게 투표용지가 교부되기까지를 의미하는 것이다.[182]

투표상황을 촬영할 수 있는 사고란 기표소의 비밀 보장이 되어 있지 않다던지, 투표소에 출입이 금지된 자가 출입을 한다던지, 대리투표 등을 하는 것으로서 투표참관인이 비정상적인 투표상태라고 인정하는 경우이다.[183]

투표소 내에서 투표참관인이 선거인명부 사본을 가지고 선거종사원과 함께 선거인 본인여부를 확인할 수 있으나 이 경우에도 투표에 지연을 초래하거나 투표관리에 지장을 주어서는 아니 된다.[184]

투표참관인으로부터 투표진행 중에 기표소 내의 표지 유무와 기표용구의 이상유무 등을 확인하여야 겠다고 이의를 제기하는 경우 정당한 이의로 인정되는 때에는 투표참관인으로 하여금 참관하게 할 수 있다.[185]

투표참관인의 신분유지기간은 투표용지의 교부상황과 투표상황을 참관할 수 있을 뿐만 아니라 투표가 끝난 후에는 투표함과 그 자물쇠을 봉쇄·봉인하는 데 참여하고 투표함 송부를 할 때에 동반할 권한이 있는 것이므로 투표함 송부가 끝날 때까지는 여전히 참관인이라고 해석할 것이다.[186]

즉 5시에 투표가 종료되더라도 그 권한과 의무는 투표함을 개표장소까지 옮기고 인수인계가 끝나야 종료되는 것이다.

---

182) 중앙선거관리위원회 1967. 10. 27. 회답
183) 중앙선거관리위원회 1963. 8. 26. 회답
184) 중앙선거관리위원회 1967. 6. 2. 회답
185) 중앙선거관리위원회 1968. 9. 23. 회답
186) 광주고등법원 1968. 11. 28. 선고 68노153 판결

제 5 절 개표

1. 개표소 설치

개표란 투표를 통하여 표시된 선거인의 의사표시 결과에 대하여 권한 있는 기관이 유·무효를 가리고 정당 또는 후보자별 득표수를 집계하는 확인 행위로서 선거사무 중 핵심적이며 종국적인 사무이다.

개표사무는 관할위원회가 담당하며 공직선거법에서는 일관되게 개표소 개표제도를 시행하고 있다.[187]

하지만 위탁선거법에서는 제46조 제1항의 예외규정에 따라 섬 또는 산간오지 등의 지역에 투표소를 설치한 경우로서 투표함을 개표소로 이송하기 어려운 부득이한 경우에는 관할 위원회의 의결로 해당 투표소에 개표소를 설치할 수 있다.

개표소는 투표함을 개함하여 투표지의 유·무효를 구분하고 후보자별로 득표수를 집계하는 장소이다.

관할위원회는 해당 관할구역에 있는 위탁단체의 시설 등에 개표소를 설치하여야 한다. 다만, 섬 또는 산간오지 등의 지역에 투표소를 설치한 경우로서 투표함을 개표소로 이송하기 어려운 부득이한 경우에는 관할위원회의 의결로 해당 투표소에 개표소를 설치할 수 있다(위탁선거법 제46조 제1항).

또한 관할위원회는 개표사무를 보조하게 하기 위하여 개표사무를 보조할 능력이 있는 공정하고 중립적인 사람을 개표사무원으로 위촉할 수 있으며(위탁선거법 제46조 제2항), 개표사무원은 투표사무원이 겸임하게 할 수 있다(위탁선거법 제46조 제3항).

개표소의 설치를 위한 장소 사용 협조 요구를 받은 위탁단체 등의 장은 정당한 사유가 없으면 이에 따라야 한다(위탁선거법 제46조 제4항).

일반관람인석은 출입통제를 하기 편리한 출입구쪽 부근 등 적당한 공간에 설치하되 개표부서와 완전히 구분하여 관람인이 개표부서에 출입할 수

---

187) 중앙선거관리위원회, 공직선거해설서 2, 2020, 172쪽

없도록 시설을 설치하며, 기타 시설은 그 용도에 적합한 장소에 설비한다.

관할위원회는 선거일 전 5일까지 개표소를 공고하여야 하며(위탁선거 규칙 제25조 제1항), 선거일 전일까지 개표소를 설비하여야 한다(위탁선거 규칙 제25조 제3항).

2. 개표절차

개표는 위탁단체별로 구분하여 투표수를 계산하며 관할위원회는 개표사무를 보조하기 위하여 투표지를 유효별·무효별 또는 후보자별로 구분하거나 계산하는 데 필요한 기계장치 또는 전산조직을 이용할 수 있다.

후보자별 득표수의 공표는 최종 집계되어 관할위원회 위원장이 서명 또는 날인한 개표상황표에 의한다. 이 경우 출석한 관할위원회의 위원 전원은 공표 전에 득표수를 검열하여야 하며, 정당한 사유 없이 개표사무를 지연시키는 위원이 있는 때에는 검열을 포기한 것으로 보고, 개표록에 그 사유를 기재한다(위탁선거법 제47조).

투표함을 개함 하는때에는 개표참관이 참여하에 투표함의 봉쇄와 봉인을 검사 한 후 개함하여 투표수를 계산하고 투표록에 기재된 투표용지 교부수와 대조하도록 하여 개표절차의 공정성을 확보하였다.[188]

투표함의 이상 여부 검사는 투표함 도착 시 일괄하여 할 수 있으며, 개표개시 이후에 도착한 투표함은 개표 도중에 일괄하여 검사할 수 있다. 투표함 자물쇠의 봉인이 누락되어 있다고 하더라도 바깥부분이 이상이 없다면 개표록에 이러한 사실을 기재하고 개함하여야 할 것이다.[189]

투표함을 개함한 후 투표수를 계산하여 투표록에 기재된 투표용지 교부수와 대조하여야 하며 투표용지 교부수와 투표수가 불일치한다고 하여 이를 곧바로 사위투표로 볼 수는 없다.[190]

개표는 다음 순서와 절차에 의해서 진행된다.

---

188) 중앙선거관리위원회, 공직선거해설서 2, 2020, 184쪽
189) 중앙선거관리위원회 1971. 5. 26. 회답
190) 대법원 1969. 3. 12. 선고 67수41 판결

투표지 분류기에 의한 개표는, 개함부(투표지에서 꺼낸 투표지를 투표지 분류기에 투입하기 쉽도록 정리) → 투표지분류기운영부(투표지분류기에 의해 유·무효 및 후보자별 집계) → 심사·집계부(재확인 대상 투표지 분류, 분류된 투표지의 심사 및 후보자별 득표수) 집계 → 개표상황표 확인 → 위원검열 → 위원장의 확인·공표 → 개표상황 보고 및 투표지 정리 순으로 진행된다.

수작업에 의한 개표는 개함·점검부 → 심사·집계부 → 개표상황표 확인 → 위원검열 → 위원장의 확인·공표 → 개표상황 보고 및 투표지 정리 순으로 진행된다.

관할 위원회 위원장과 출석한 위원 전원은 위원장의 공표 전에 후보자별 득표수를 검열하고 개표상황표에 서명 또는 날인한다.

또한 정당한 사유없이 개표사무를 지연시키는 위원이 있는 때에는 그 권한을 포기한 것으로 보고, 개표록에 그 사유를 기재하여야 한다.

위원들의 검열이 끝난때에는 관할위원회 위원장은 투표소별로 집계 작성된 개표상황표에 의하여 후보자별 득표수를 공표하되 개표결과의 공표는 위원장이 육성이 아닌 개표소 내 일정한 장소에 개표상황표 사본을 게시하는 방법으로도 할 수 있다[191].

위원장은 모든 개표가 완료된 후에, 「잘못 투입·구분된 투표지」를 유·무효별, 후보자별로 구분한 후 「잘못 투입·구분된 투표지 개표상황표」를 별도로 작성·공표한다.

공표한 개표상황표는 「잘못 투입·구분된 투표지」와 합철하고 해당 선거의 개표결과와 합산·집계하여 최종 개표결과를 공표하고 그 투표지는 별도로 관리하여야 한다.

투표지 분류기의 외부 해킹에 의한 개표조작 등 주장에 관하여 개표기 제어용 컴퓨터는 ADSL망으로 중앙서버와 연결되어 선거인수와 후보자 자료를 다운받는 자료 수신기능만을 가지고 있을 뿐 개표 결과 등의 자료를 전송하는 기능은 없는 사실, 보고용 컴퓨터는 선거관리프로그램이 설치되

---

191) 중앙선거관리위원회, 공직선거해설서 2, 2020, 187쪽

어 있고 단위프로그램인 투·개표관리 화면에서 최종 집계된 개표상황표에 의하여 투표구별·후보자별 득표수를 입력하여 중앙으로 전송하는 기능을 가지고 있고 제어용 컴퓨터와는 통신회선이 없어 별개로 운영되는 사실을 인증할 수 있고 반증이 없다. 따라서 해킹에 의한 개표조작이라는 주장은 이유없다[192]라는 판시를 받은 바 있다.

3. 개표참관인 신고

개표참관인 제도는 개표과정에 이해관계자들을 참여시켜 개표의 공정성과 정확성을 확보하기 위한 제도이며, 개표참관인의 방해나 참관인 없이 행한 개표는 선거무효의 사유가 될 수 있다.[193]

후보자는 해당 위탁단체의 조합원 또는 회원 중에서 개표소마다 2명 이내의 개표참관인을 선정하여 선거일 전 2일까지 관할위원회에 서면으로 신고하여야 한다(위탁선거법 제45조 제1항). 이 경우 개표참관인은 투표참관인이 겸임하게 할 수 있다.

신고한 개표참관인은 언제든지 교체할 수 있으며 개표일에는 개표소에서 교체 신고할 수 있다. 또한 선거일에는 시간제한 없이 교체신고를 할 수 있으나 당초 신고를 하지 않은 경우에는 교체신고는 할 수 없다.

공직선거법의 규정에 의한 개표참관인의 신분보장 규정은 개표참관인의 신분을 취득한 때부터 개표종료 시까지 현행범이나 일정한 형에 의한 경우를 제외하고는 체포 또는 구속되지 아니한다는 내용이며, 해당 구·시·군위원회가 설치한 개표소마다 신고한 개표참관인은 해당 개표소에서 개표하는 개표에 한하여 개표참관을 할 수 있는 점을 감안하여 개표참관인의 신분유지기간은 해당 개표소의 개표가 종료된 때로 보는 것이 타당하다고 본다.[194]

---

192) 대법원 2004. 5. 31. 선고 2003수26 판결
193) 대법원 1959. 6. 24. 선고 4291선58 판결
194) 중앙선거관리위원회 1969. 9. 18. 회답

따라서 공직선거법을 준용하는 위탁선거에 있어서도 개표참관인의 신분보장은 개표가 종료된 때로 보아야 할 것이다.

관할위원회는 신고한 개표참관인이 개표상황을 참관하게 하여야 하며(위탁선거법 제45조 제2항), 후보자가 개표참관인의 신고를 하지 아니한 때에는 개표참관을 포기한 것으로 본다(위탁선거법 제45조 제3항).

후보자 또는 후보자의 배우자와 해당 위탁단체의 임직원은 투표참관인이 될 수 없다(위탁선거법 제45조 제4항).

동시새마을이사장선거의 개표참관인은 투표소마다 12명으로 하며, 후보자수가 12명을 넘는 경우에는 후보자별로 1명씩 우선 선정한 후 추첨에 따라 12명을 지정하고, 후보자수가 12명에 미달하되 후보자가 선정·신고한 인원수가 12명을 넘는 때에는 후보자별로 1명씩 선정한 자를 우선 지정한 후 나머지 인원은 추첨에 의하여 지정한다(위탁선거법 제45조 제5항).

후보자가 신고한 인원을 개표참관인으로 지정하되, 참관인의 선정이 없거나 한 후보자가 선정한 참관인밖에 없는 때에는 관할 위원회가 공정하고 중립적인 사람 중에서 본인의 승낙을 얻어 4명이 될 때가지 선정하며 이 경우 선거인이 아닌 사람도 선정할 수 있다(위탁선거규칙 제24조의2).

개표참관인 신고 서식 등은 이 책 말미 신청 신고서식을 활용하면 되겠다.

4. 개표참관요령

개표참관은 개표과정이 모든 참관인에게 공개됨으로써, 선거가 공정하고 투명하게 진행되고 있음을 실시간으로 확인할 수 있을 뿐만 아니라 선거결과에 대한 신뢰를 높이고 개표사무원들의 실수나 오류를 방지할 수 있다.

위탁선거법에는 개표참관요령 등에 관한 내용이 없으나 위탁선거규칙 제31조에 투표 및 개표의 관리에 대해 공직선거관리규칙을 준용한다고 규정되어 있으며 개표참관요령을 설명하면 다음과 같다.

개표참관인은 투표소에서 이송된 투표함의 인계·인수 절차를 참관하고 투표함의 봉쇄·봉인의 이상유무를 검사하는 등 관리상황을 참관할 수 있다(공직선거법 제181조 제6항).

개표참관인은 개표에 관한 위법사항을 발견한 때에는 관할위원회에 시정을 요구할 수 있고 관할위원회는 개표참관인의 요구가 정당하다고 인정되는 때에는 이를 시정하여야 한다(공직선거법 제181조 제8항).

또한 개표참관인은 개표참관 도중에 개표사무를 방해·지연시키거나 기타 어떠한 방법으로든지 개표의 진행에 지장을 주는 행위를 하여서는 안된다(공직선거규칙 제102조 제3항).

다음은 2024년 10월 16일 재·보궐선거와 관련하여 중앙선거관리위원회에서 작성한 「개표참관 안내 매뉴얼」의 내용이다.

개표참관인이 할 수 있는 사례는 다음과 같다.

- 투표소에서 송부된 투표함의 인계·인수절차 및 우편투표함의 개표소 이송절차를 참관할 수 있다.
- 투표함의 특수봉인지 서명 등의 이상 유무를 검사하며 그 관리 상황을 참관할 수 있다.
- 개표소 안에서 개표상황을 언제든지 순회·감시 또는 촬영할 수 있다.
- 휴대전화를 이용하여 개표상황을 후보자에게 통보할 수 있다.
- 참관 도중 투표의 효력에 관하여 담당책임사무원에게 이의를 제기할 수 있다. 단, 소란한 언동은 자제해야 한다.
- 개표에 관한 위법사항을 발견한 때에는 관할 선거관리위원회를 통하여서 그 시정을 요구할 수 있다.

개표참관인이 할 수 없는 사례는 다음과 같다.

- 개표소 내 질서유지에 협력하여야 하고, 개표사무를 방해·지연시키거나 개표진행에 지장을 주는 행위(투표지에 손을 대는 행위 포함)를 하여서는 안 된다.
- 개표소 내에서의 참관 및 촬영 행위는 자유롭게 보장되나, 개표사무

원 및 선거관리위원회 위원·직원이 정상적으로 업무를 처리할 수 없을 정도로 밀착하여 참관·촬영하는 행위는 자제해야 한다.

※「공직선거법」제181조제7항에 따라 개표참관인은 1미터 이상 2미터 이내의 범위에서 참관할 수 있다.

● 개표소에서 고정식 카메라를 설치하거나, SNS를 이용하여 개표상황을 실시간 중계하는 것은 참관의 범위를 벗어나 개표질서를 훼손할 수 있으므로 허용할 수 없다.

● 또한, 개표에 관한 위법사항이 아니라 의혹 제기 차원의 불합리한 요구나 이의 제기는 수용하기 어려우며, 그러한 행위가 계속적으로 반복되어 개표소 질서유지가 어렵다고 판단될 경우에는 불가피하게 퇴장 조치될 수 있다.

불합리한 요구 및 이의제기 사례 예시는 다음과 같은 내용이다.

● 투표지분류기 및 투표지심사계수기 사용 중지를 요구한다.

● 모든 개표사무원의 소매를 걷어줄 것을 요구한다.

● 모든 개표사무원의 가방 등 소지품을 회수할 것을 요구한다.

● 선거관리위원회 직원의 업무용 노트북 PC를 사용하지 말아줄 것을 요구한다.

● 개표사무원을 촬영할 수 있는 고정식 카메라 설치 허용을 요구한다.

● 개표사무원 휴식시간(화장실 출입 등)을 일률적으로 정하여 통제할 것을 요구한다.

※ 정당한 사유 없이 개표에 간섭한 사람 또는 개표에 영향을 미치는 행위를 한 사람은 3년 이하의 징역에 처한다(공직선거법 제242조 제1항).

● 개표사무관계자, 시설 등에 대한 폭행 및 교란행위를 해서는 안 된다.

※ 개표사무원 등 선거사무종사자를 폭행·협박하거나, 개표소를 소요·교란하거나, 투표용지·투표지·전산조직 등 선거관리장비·서류를 훼손·탈취한 사람은 1년 이상 10년 이하의 징역 또는 500만 원 이상 3천만 원 이하의 벌금에 처한다(공직선거법 제244조 제1항).

- 개표참관인 표지를 하지 아니하거나, 표지 외의 표시물을 달거나, 표지를 양도·양여하거나 하게 해서는 안 된다.
  - ※ 개표참관인 표지를 하지 아니하거나 표지 외의 표시물을 달거나 붙이거나 표지를 양도·양여하거나 하게 한 자는 2년 이하의 징역 또는 400만 원 이하의 벌금에 처한다(공직선거법 제256조 제3항).
  - ※ 누구든지 후보자별 득표수의 공표 전에는 이를 보도할 수 없다(공직선거법 제178조 제4항).

개표참관인들이 퇴장하여 참관업무를 포기한 경우 당해 후보자의 개표참관인 없이 개표를 진행하였다고 하더라도 무방하며[195] 개표를 속행하기 위하여 개표진행에 방해가 된다고 인정되는 사람들을 강제로 퇴장시키는 행위로 선거관리 집행에 하자가 있었다고 볼 수 없다.[196]

개표소 안에서 개표상황을 언제든지 순회·감시 또는 촬영하고 개표상황을 후보자에게 알릴 수 있다.

관할선거관리위원회는 법에 정해진 절차 즉 투표함을 개함하고 투표지 분류기를 거쳐 심사집계부의 심사를 통해 최종적으로 위원검열을 거쳐 투표구별 개표상황을 위원장이 공표하여 게시판에 게시한다. 개표참관인은 이러한 절차를 잘 이해하고 관람하여야 할 것이다.

2014년 ○○구 선거관리위원회 사무국장을 재직하며 6월 4일 실시된 제6회 전시국동지방선거를 치루었다. 개표가 종료되고 그 다음날 기초의원 후보자가 개표과정에 부정이 있었다며 선거소청을 제기했다. 개표과정에 부정이 있을 리가 만무하고 또한 당선자와의 득표 차이도 200표 이상 벌어져 선거소청을 제기할 이유가 없었는데도 선거소청을 제기해 의아해했다.

선거소청의 이유를 보니 개표참관인이 개표과정을 살펴보는 데 있어 개표사무원이 소청을 제기한 후보자의 유효표를 다른 후보자에게 합산하였고, 참관인의 참관을 개표사무원이 방해해서 제대로 참관을 하지 못하였다는 내용이었다. 1960년대도 아니고 있을 수가 없는 상황이었다.

---

195) 대법원 1989. 3. 2. 선고 88수184 판결
196) 대법원 1989. 3. 14. 선고 88수47 판결

　재검표를 하는 날 필자는 피소청인석에 앉아 있었다. 옆에 앉은 소청인인 후보자에게 개표결과에 의문이 있으면 개표장에서 다시 한번 재검표를 요구해서 재검을 했으면 더 좋지 않았나 하는 아쉬움을 이야기했다. 그러자 후보자는 '미안하다 지금 이 장소를 나가도 되냐' 하며 묻길래 '그건 나도 모르겠다'라고 대답하자 후보자는 재검장소를 나가 버렸다. 결국 재검결과는 당선자와 214표 차이에서 215표 차이로 오히려 1표 가 더 늘어난 상태로 소청은 종료되었다. 통상적으로 214표 차이면 상당히 큰 표 차이인데, 소청을 제기한 이유가 궁금해서 알아보았더니 다음과 같았다.

　해당 선거 선거구의 개표상황표는 일반투표, 거소투표, 관외투표등 모두 23개였다. 참관인은 관외투표 등에 대해 잘 인식하지 못한 상태에서 21개 개표상황표만 확인한 후 후보자에게 1위 득표자와 200표 차이로 보고하였다. 선거관리위원회는 23개의 개표상황표를 모두 집계하여 후보자별 득표수를 공표하였고 최종 표 차이는 214표였다. 참관인은 본인의 착각으로 잘못된 득표수를 후보자에게 알려준 후 오차가 생기자 본인의 잘못을 인정하기가 싫어 선거관리위원회에서 부정개표를 하였다고 후보자에게 말한 후 선거소청을 유도하였던 것이었다.

　이 이야기를 굳이 하는 이유는 후보자는 책임감 있고 성실한 개표참관인을 선정해야 하며 책자로 배부되는 안내 책자나 선거관리위원회에서 알려주는 개표참관요령을 정확하게 숙지해야 한다는 것이다. 위 사례로 후보자는 많은 소청비용을 지불해야 했고, 선거관리위원회는 선거 종료 후 선거소청준비로 많은 시간을 들여야 했다.

5. 개표관람

　개표관람제도는 개표의 신뢰성을 높이고 선거결과에 대한 신뢰를 높이기 위해 마련된 중요한 장치로 일반 유권자를 포함해 후보자, 시민단체 등이 관할위원회에 신청을 통해 참여할 수 있다.

　관계법조문을 살펴보면 누구든지 관할위원회가 발행하는 관람증을 받아 구획된 장소에서 개표상황을 관람할 수 있으며(위탁선거법 제48조 제1항).
관할위원회는 투표와 개표를 같은 날 같은 장소에서 실시하는 경우에는
관람증을 발급하지 아니한다.

이 경우 관람인석과 투표 및 개표 장소를 구분하여 관람인이 투표 및
개표 장소에 출입할 수 없도록 하여야 한다(위탁선거법 제48조 제2항).

위탁선거법에서 준용하는 공직선거법의 내용을 보면 신분 또는 선거권
여부 및 연령에 불구하고 누구든지 구·시·군위원회가 발행하는 관람증
을 받아 개표소 내 구획된 일반관람인석에서 개표상황을 관람할 수 있으
며(공직선거법 제182조 제1항), 일반관람인석에는 질서유지에 필요한 설비를
하여야 한다(공직선거법 제182조 제3항).

개표관람증의 배부매수는 개표소의 면적, 질서유지 여부 등을 고려하여
적당한 수로 하되, 후보자별로 균등하게 배부하여 후보자 간에 형평성을
유지하여야 한다.

사복경찰관 등이 개표관람증을 소지하고 지정된 관람인석에서 개표의
진행에 영향을 주지 아니하는 단순한 참관은 무방하다.[197]

앞에서 설명했듯이 후보자는 개표참관인은 될 수 없으나 관할선거관리
위원회에서 발행하는 관람증을 받아 일정한 구획 안에서 개표 관람은 할
수 있다.

6. 투표의 효력

가. 개요

개표란 투표를 통하여 표시된 선거인의 의사표시 결과에 대하여 권한
있는 기관이 유·무효를 가리고 후보자별 득표수를 집계하는 확인행위로
서 선거사무 중 핵심적이며 종국적인 사무이다.[198]

민주주의 꽃이 선거라면 선거의 꽃은 개표이다.

---

197) 중앙선거관리위원회 1971. 5. 19. 회답
198) 중앙선거관리위원회, 공직선거해설서 2, 2020, 172쪽

먼저 투표의 효력에 대한 판단을 하기 전에 선거인의 투표가 적법한 절차와 방법 등에 이루어져야 하는 것은 기본적 전제이다.

투표의 효력에 관하여 이의가 있는 때에는 관할 선거관리위원회가 재적위원 과반수의 출석과 출석위원 과반수의 의결로 결정하며, 이러한 결정을 할 때에는 선거인의 의사가 존중되어야 한다(공직선거법 제180조).

투표의 효력 결정에 있어서는 투표의 비밀유지와 선거의 공정성 확보에 주의를 다하면서 적법한 투표용지가 사용되었는지, 기표는 적법한 방식으로 되었는지 등 오로지 형식적 요소를 기준으로 하여 선거인의 의사를 객관적으로 추측하고 선거인의 선거권 행사의 의도를 존중하여야 할 것이다.[199]

선거인이 투표한 투표지를 무효화하는 무효투표는 선거에 참여한 유권자의 의사를 무효화하는 것이므로 그 결정에 신중을 기하여야 할 것이며, 우선 투표의 효력을 결정함에 있어서는 선거인의 의사가 존중되어야 한다(공직선거법 제180조 제2항). 그러므로 개표시 투표를 무효로 하기 위해서는 법에서 무효투표로 보는 규정에 해당하는 투표지만 무효로 하여야 할 것이다.

선거인이 본인의 의사에 따라 직접 투표하여 선거의 일반 원칙이 지켜졌다고 하더라도 형식적으로 법적 요건을 갖추지 않으면 무효투표에 해당된다고 보아야 할 것이다.[200]

위탁선거법 제51조의 규정에는 투표 및 개표의 관리에 관하여 공직선거법 제10장(투표) 및 제11장(개표)을 준용하도록 되어 있다. 따라서 투표의 유·무효에 대해서는 관련 공직선거법을 준용하여 설명하겠다.

나. 무효투표

무효투표란 유효하지 않은 표로 선거결과에 반영되지 않는 투표를 말한다.

첫째, 정규의 투표용지를 사용하지 아니한 것은 무효투표이다(공직선거법 제179조 제1항 제1호).

---

199) 중앙선거관리위원회, 공직선거해설서 2, 2020, 190쪽
200) 대법원 2000. 10. 6. 선고 2000수63 판결

「정규의 투표용지」라 함은 관할 구·시·군위원회가 작성하고 청인을 찍은 후 관할 투표소에서 해당 투표관리관이 자신의 도장을 찍어 정당한 선거인에게 교부한 투표용지, 또는 투표용지 발급기로 관할 위원회의 청인과 투표관리관의 사인이 날인된 투표용지를 인쇄하여 정당한 선거인에게 교부한 투표용지를 말한다(공직선거규칙 제100조 제1항).

이 경우 투표관리관 또는 관할위원회 위원장 도장의 날인이 누락되어 있으나 관할 위원회의 청인이 날인되어 있고 투표록 등에 도장의 날인이 누락된 사유가 기재되어 있는 경우 유효한 투표용지로 본다(공직선거규칙 제100조 제2항).

정규의 투표용지를 사용하지 아니한 것에 해당하는 사례는 ① 구·시·군위원회의 청인이 날인되지 아니한 것, ② 투표관리관의 사인이 날인되지 아니한 것(투표관리관의 사인날인이 누락되더라도 투표록에 그 사유가 기재되어 있는 등의 경우 유효), ③ 투표관리관의 사인이 날인되지 않고 그 사인날인란에 다른 인장이 날인된 것(투표관리관의 사인이 아닌 다른 인장이 날인 되었더라도 투표록에 그 사유가 기재되어 있는 경우에는 유효), ④ 투표지가 완전히 찢어져 정규의 투표용지임을 확인할 수 없는 것 등이다.[201]

둘째, 어느 란에도 기표를 하지 아니한 투표용지이다(공직선거법 제179조 제1항 제2호).

사퇴한 후보자에게 기표를 한 경우는 어느 란에도 표를 하지 아니한 것으로 무효투표로 처리하여야 할 것이다.[202]

하지만 투표마감시각 후 사퇴·사망한 경우에는 해당 후보자의 유효표로 인정하여 계산하여야 한다.

한편 후보자의 기표란에 나타난 표시부분이 어떠한 형태의 원형의 일부인지를 확인할 수 없을 정도여서 그로써 전체의 형태와 아울러 그것이 선거관리위원회의 기표용구에 의한 것임을 확인하기가 불가능하고 따라서 선거인이 투표의사를 가지고 선거관리위원회의 기표용구에 의하여 날인

201) 중앙선거관리위원회, 공직선거해설서 2, 2020, 192쪽
202) 중앙선거관리위원회 1963. 10. 14. 지시

한 것으로 인정할 수 없는 경우도 무효표이다.[203]

셋째, 두 개의 란에 걸쳐서 표를 하거나 2 이상의 란에 표를 한 것(공직 선거법 제179조 제1항 제3호)으로 무효표이다.

2015. 8. 13. 법 개정 시 투표용지의 후보자칸 사이에 여백을 두도록 하면서 2란에 걸쳐서 기표한 경우에는 무효가 되도록 하였다.

또한 투표의 효력을 결정함에 있어서는 선거인의 의사가 존중되어야 하므로 2 이상의 후보자란에 기표한 것, 서로 다른 후보자의 기호란, 정당명란, 성명란, 기표란에 2 이상의 표를 한 것은 선거인의 의사를 객관적으로 확인할 수 없기 때문에 무효로 처리한다.[204]

넷째, 어느 란에 표를 한 것인지 식별할 수 없는 것(공직선거법 제179조 제1항 제4호)이다.

여기에 해당하는 사례는 ① 후보자란 밖에 기표한 것(접선되지 아니한 것)으로서 어느 란에 표를 한 것인지 식별할 수 없는 것, ② 투표지가 완전히 찢어져 어느 란에 표를 한 것인지 확인할 수 없는 것(찢어진 부분에 추가로 기표한 것이 있는지를 확인할 수 없는 것), ③ 투표지의 여백 또는 뒷면에만 기표한 것이다.

다섯째, 卜표를 하지 아니하고 문자 또는 물형을 기입한 것(공직선거법 제179조 제1항 제5호)이다.

卜표를 하지 아니하고 문자 또는 물형을 기입한 것은 누가 투표한 것인지 알수 있게 투표한 경우이므로 투표의 비밀유지와 매수 등의 방지를 위하여 무효로 처리하는 것이다. 여기에 해당하는 사례는 ① 卜표를 하지 아니하고 좋다, 나쁘다, 성명 등 문자를 기입한 것, ② 卜표를 하지 아니하고 ○, ⊙, ∨, ×, △ 등 물형을 기입한 것, ③ 卜표를 하지 아니하고 인장을 날인한 것 ④ 卜표를 하지 아니하고 무인을 찍은 것 등이다.

여섯째, 표 외에 다른 사항을 기입한 것(공직법 제179조 제1항 제6호)이다
卜표 외에 다른 사항을 기입한 것은 개표 시 선거인이 어느 후보자에게

203) 대법원 2000. 10. 24. 선고 2000수25 판결
204) 대법원 2004. 11. 12. 선고 2004수16 판결

투표한 것인지를 알 수 있게 하여 매수 등을 용이하게 하는 것을 방지하고 투표의 비밀을 유지하기 위하여 무효로 처리하는 것이다.

여기에 해당하는 사례는 ① Ⓒ표 외에 물형(○, ⊙, ∨, ×, △ 등)을 기입한 것(서울고등법원 2000. 2. 11. 선고 98수76 판결), ② Ⓒ표 외에 문자(좋다, 나쁘다, 공명선거 등)를 기입한 것[205], ③ Ⓒ표를 하고 선거인의 성명을 기입한 것, ④ Ⓒ표를 하고 선거인의 인장을 날인한 것, ⑤ Ⓒ표를 하고 선거인의 무인을 찍은 것이다.

후보자의 기표란에 Ⓒ표가 날인되고 다른 후보자의 기표란에도 무인이 날인된 경우나, 후보자의 기표란에 표가 날인되고 후보자란에서 다른 후보자란까지 이어진 2개의 무인이 날인되어 있는 것은 무효이다.[206]

일곱째, 선거관리위원회의 기표용구가 아닌 용구로 표를 한 것(공직법 제179조 제1항 제7호)이다.

선거인이 투표용지에 기표를 하는 때에는 "Ⓒ"표가 각인된 기표용구를 사용하여야 하기 때문에 무효로 처리하는 것이다.

여기에 해당하는 사례는 ① 위원회의 기표용구 외의 용구에 의하여 기표를 한 것, ② 위원회의 기표용구 외에 볼펜 또는 만년필 등 필기구로 ○표를 한 것이다.

다. 유효투표

선거에서 적법하게 이루어진 투표로 개표과정에서 정당하게 인정되어 선거결과에 반영되는 표를 말한다.

다음의 어느 하나에 해당하는 투표는 유효로 한다(공직선거법 제179조 제4항).

첫째, Ⓒ표가 일부분 표시되거나 표 안이 메워진 것으로서 선거관리위원회의 기표용구를 사용하여 기표를 한 것이 명확한 것(공직선거법 제179조 제1호).

여기에 해당하는 사례는 ① Ⓒ표의 일부분이 표시되었으나 위원회의

---

205) 대법원 2001. 6. 1. 선고 2000수70 판결
206) 대법원 1997. 2. 25. 선고 96우85 판결

기표용구를 사용하여 기표한 것이 명확한 것, ② Ⓒ표에 인육이 약간 묻은 것(인육으로 오손된 부분이 무인을 찍은 것이 명확한 경우에는 무효), ③ Ⓒ표의 내공이 약간 메워진 것, ④ Ⓒ표의 내공이 완전히 메워졌으나 위원회의 기표용구임이 인정되는 것이다.

기표 상태를 육안으로 보아 특정 후보자의 기표란에 기표의 일부가 나타나 있고, 그 윤곽의 형태와 크기 등에 비추어 볼 때 선거관리위원회의 기표용구에 의한 것임이 명확한 경우에는 그 후보자에 대한 유효한 투표로 본다.207)

그러나 기표란에 나타난 표시 부분이 어떠한 형태의 원형의 일부인지 확신할 수 없을 정도여서 그로써 전체의 형태와 아울러 그것이 선거관리위원회의 기표용구에 의한 것임을 확인하기가 불가능하고, 따라서 선거인이 투표의 의사를 가지고 선거관리위원회의 기표용구에 의하여 날인한 것으로 인정할 수 없다면 그것은 무효표로 판단한다.208)

둘째, 한 후보자란에만 2 이상 기표된 것(공직법 제179조 제4항 제2호)이다

여기에 해당하는 사례는 ① 기표란에 기표되고 기호란에도 기표된 것, ② 기표란에 기표되고 정당명란에도 기표된 것, ③ 기표란에 기표되고 성명란에도 기표된 것, ④ 한 후보자의 기표란에 Ⓒ표가 중첩된 것, ⑤ 한 후보자의 기표란에 Ⓒ표를 두 번 찍은 흔적이 있는 것, ⑥ 기표란에 기표되고 그 후보자의 기호란에 접속하여 추가 기표된 것, ⑦ 후보자 성명란에 기표되고 그 후보자의 정당명란에 접속하여 추가 기표된 것, ⑧ 정당명란에 기표되고 그 후보자의 기표란에 접속하여 추가 기표된 것, ⑨ 기호란에 기표되고 그 후보자의 성명란에 접속하여 추가 기표된 것이다.

셋째, 후보자란 외에 추가 기표되었으나 추가 기표된 것이 어느 후보자에게도 기표한 것으로 볼 수 없는 것(공직선거법 제179조 제4항 제3호)이다.

종전에는 기표용 인주를 사용하였으나 인주를 사용하지 않는 기표용구를 사용하므로 선거인이 기표가 되는지 여부를 확인하기 위하여 투표용지

---

207) 대법원 2001. 6. 1. 선고 2000수70 판결
208) 대법원 2000. 10. 24. 선고 2000수25 판결

의 뒷면이나 여백에 먼저 기표하는 사례가 있어, 이로 인한 무효표 방지
와 투표의 효력을 결정함에 있어 선거인의 의사를 존중하기 위하여 유효
로 하는 것이다.

여기에 해당하는 사례는 ① ⓒ표를 하고 후보자란 옆에 ⓒ표를 추가한
것(접속 또는 접선되지 아니한 것), ② 기표란에 기표되고 투표지 여백에 ⓒ표
를 추가한 것, ③ 기표란에 기표되고 투표지의 뒷면에도 ⓒ표를 한 것이
다. 어느 투표지의 기표가 어느 후보자의 기표란 밖에 표시된 것이라 하
더라도 그 기표의 외곽선이 오로지 어느 특정 후보자의 기호란이나 성명
란 등에만 접선되어 있는 것이라면 이는 그 접선된 후보자에게 기표한 것
이 명확한 것으로서 유효표에 해당하는 것으로 보아야 할 것이다.

다만 위와 같이 해석할 경우 중간 기호의 후보자들과 비교하여 첫 번째
기호의 후보자와 마지막 기호의 후보자가 유효로 판정받을 수 있는 기표
의 범위가 넓어진다는 결과를 초래하지만, 투표행위의 성질상 그로 인하
여 각 후보자의 득표율이 영향을 받는다고 단정할 수 없으므로 위와 같은
해석이 부당하다고 볼 수는 없다.[209]

넷째, 기표한 것이 전사된 것으로서 어느 후보자에게 기표한 것인지가
명확한 것(제4항 제5호)이다.

여기에 해당하는 사례는 ① 기표한 것이 다른 후보자 기표란에 전사된
것으로서 식별할 수 있는 것, ② 기표한 것이 후보자란 이외에 전사된 것
으로서 식별할 수 있는 것이다.

다섯째, 인육(印肉)으로 오손되거나 훼손되었으나 정규의 투표용지임이
명백하고 어느 후보자에게 기표한 것인지가 명확한 것(공직선거법 제4항 제6
호)이다.

여기에 해당하는 사례는 ① 다른 후보자란이 인육으로 오손된 것(인육으
로 오손된 부분이 무인을 찍은 것이 명확한 경우에는 무효), ② 후보자란 이외의
부분이 인육으로 오손된 것이다.

---

209) 대법원 1996. 9. 6. 선고 96우54 판결

후보자 기표란의 기표 외에 인육이 따로 묻어 있기는 하나 그 형상이나 위치, 개수 및 선명도로 볼 때 단순 오손에 해당함이 분명한 것은 그 후보자에 대한 기표로 유효하게 보아야 할 것이다.[210]

여섯째, 기타 유효투표로 보는 사례[211]이다.

여기에 해당하는 사례는 ① 투표관리관이 과실로 인하여 투표관리관란이 아닌 다른 곳(투표지 앞면의 백지 부분)에 도장을 날인한 것, ② 투표관리관이 사인날인란에 다른 도장을 날인하였다가 착오를 발견하고 그 옆에 도장을 날인한 것, ③ 투표관리관의 사인날인란에 투표관리관의 도장이 아닌 다른 도장(읍·면·동위원회 직인, 보조자 도장, 참관인 도장 등)이 날인되었으나 그 사유가 투표록에 기재되어 있는 것, ④ 투표관리관 도장날인이 누락되어 있으나 투표록에 그 사유가 기재되어 있는 것, ⑤ 투표용지의 일련번호가 절취되지 아니한 것. ⑥ 투표지의 일부가 찢어져 소실되었지만 나머지 부분으로 정규의 투표용지임을 확인할 수 있는 것, ⑦ 투표지의 일부가 찢어진 것, ⑧ 투표지의 일부가 찢어져 소실되었지만 나머지 부분으로 정규의 투표용지임을 확인할 수 있는 것 등이 있다.

---

210) 대법원 2004. 11. 12. 선고 2004수16 판결
211) 중앙선거관리위원회 2005. 10. 26. 운용기준

라. 유·무효투표 예시

유효투표예시

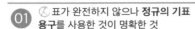

01 표가 완전하지 않으나 **정규의 기표용구를 사용한 것이 명확한 것**

02 투표용지에 **사인날인이 누락 또는 사인 안이 메워졌으나 정규의 투표용지임이 명백한 것**

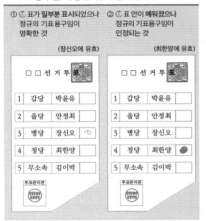

① 표가 일부분 표시되었으나 정규의 기표용구임이 명확한 것

② 표 안이 메워졌으나 정규의 기표용구임이 인정되는 것

(장신오에 유효) / (최한양에 유효)

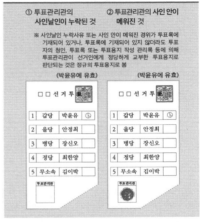

① 투표관리관의 사인날인이 누락된 것

② 투표관리관의 사인 안이 메워진 것

※ 사인날인 누락사유 또는 사인 안이 메워진 경위가 투표록에 기재되어 있거나, 투표록에 기재되어 있지 않더라도 투표자의 청인, 투표록 또는 투표용지 작성 관리록 등에 의해 투표관리관이 선거인에게 정당하게 교부한 투표용지로 판단되는 것은 정규의 투표용지로 봄

(박윤유에 유효) / (박윤유에 유효)

03 투표용지가 오·훼손·축소 인쇄되었으나 **정규의 투표용지임이 명백한 것**

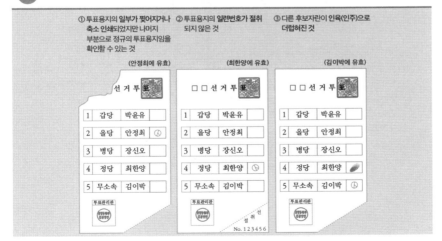

① 투표용지의 일부가 찢어지거나 축소 인쇄되었지만 나머지 부분으로 정규의 투표용지임을 확인할 수 있는 것

② 투표용지의 일련번호가 절취되지 않은 것

③ 다른 후보자란이 인육(인주)으로 더럽혀진 것

(안정최에 유효) / (최한양에 유효) / (김이박에 유효)

04 후보자(기호·정당명·성명·기표)란 외의 여백에 추가 기표된 것

① 기표란에 기표되고, 후보자란 외의 여백에 ㉡표를 추가한 것 (점선되지 않은 것)

② 기표란에 기표되고, 투표지 뒷면에도 ㉡표를 한 것

(김이박에 유효)

(장신오에 유효)

(박윤유에 유효)

05 한 후보자란에만 **2번 이상 기표**된 것

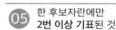

한 후보자(기호·정당명·성명·기표)란에만 2번 이상 기표된 것

(안정최에 유효)

06 한 후보자란에 접선 또는 전사되었으나 어느 후보자에게 기표한 것인지 명확한 것

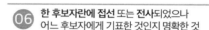

① 후보자(기호·정당명·성명·기표)란에 접선하여 기표된 것

② 기표한 것이 다른 후보란 또는 여백 등에 전사된 것으로 식별할 수 있는 것

(박윤유에 유효)

(최한양에 유효)

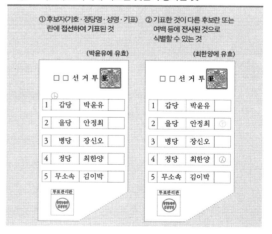

무효투표예시

01 정규의 **기표용구가 아닌** 용구로 표를 한 것

정규의 **기표용구가 아닌** 용구로 표를 한 것

※ 거소투표의 경우에는 유효

02 정규의 **투표용지**를 사용하지 않은 것

① 구·시·군 위원회의 **청인**이 날인되지 아니한 것

② 투표자의 **청인부분**이 완전히 찢어져 정규의 투표용지임을 확인할 수 없는 것

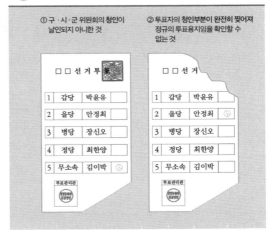

03 어느 란에도 표를 하지 않은 것

어느 란에도 Ⓛ표를 하지 않은 것 (어느 후보자란에도 접선되지 않은 것)

04 **2란에 걸쳐서** 표기하거나 **2 이상의 란**에 표를 한 것

① 2란에 걸쳐서 기표한 것

② 서로 다른 후보자(기호·정당명· 성명·기표)란에 2개 이상의 Ⓛ 표를 한 것

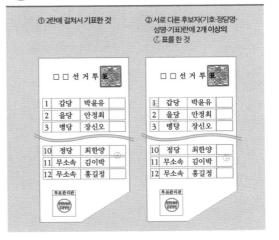

05 어느"란"에 표를 한 것인지 **식별할 수 없는 것**

 06 Ⓒ 표를 하고 **문자 또는 물형을 기입한 것**

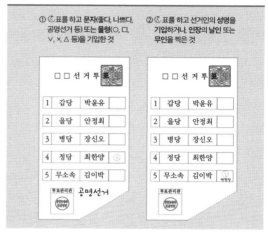

07 Ⓒ 표를 하지 않고 **문자 또는 물형을 기입한 것**

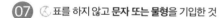

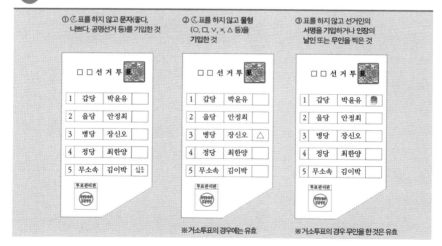

공개된 투표지 및 무효처리된 우편투표지

① "공개된 투표지" 고무인이 날인되어 있는 것

② "무효처리된 투표지" 고무인이 날인되어 있는 것

제 6 절 당선인 결정

당선인 결정은 선거인의 의사표시인 투표의 결과를 개표를 통하여 확정하는 확인행위이다.

새마을금고 이사장선거의 당선인 결정은 해당 법령이나 정관에 따른다고 규정되어 있고(위탁선거법 제56조). 새마을금고법 정관 제40조의9(임원의 선출)규정에는 『제1례』이사장을 회원의 투표로 직접 선출하는 경우 이사장은 회원 중에서 무기명 비밀투표로 선출하고, 이사장의 후보자가 1명인 경우에는 등록된 후보자를 선거일에 당선인을 결정하며, 투표 결과 최다득표자를 당선인으로 결정하도록 규정되어 있다.

『제2례』이사장을 총회에서 선출하고자 하는 경우에는 이사장은 총회에서 선출하며 회원 중에서 무기명 비밀투표로 선출한다.

이사장의 후보자가 1명인 경우에는 등록된 후보자를 선거일에 당선인을 결정하며, 다만 과반수득표자가 없는 경우에는 1위와 2위의 다수득표자만을 후보자로 다시 투표를 실시하여 최다득표자를 당선인으로 결정하도록 규정되어 있다.

『제3례』 이사장을 대의원회에서 선출하고자 하는 경우에는 이사장은 대의원회에서 선출하며 회원 중에서 무기명 비밀투표로 선출한다.

이사장의 후보자가 1명인 경우에는 등록된 후보자를 선거일에 당선인을 결정하며, 다만 과반수득표자가 없는 경우에는 1위와 2위의 다수득표자만을 후보자로 다시 투표를 실시하여 최다득표자를 당선인으로 결정하도록 규정되어 있다.

총회 또는 대의원회에서 결선투표를 하는 경우 결선투표일은 관할위원회가 위탁단체와 협의하여 정하며 특별한 사정이 없으면 당초 위탁선거에 사용된 선거인명부를 사용한다.

천재지변이나 그 밖의 부득이한 사유로 선거를 실시할 수 없거나 실시하지 못한 때에는 관할위원회가 해당 위탁단체와 협의하여 선거를 연기하여야 한다. 이 경우 처음부터 선거절차를 다시 진행하여야 하고, 선거일만을 다시 정한 때에는 이미 진행된 선거절차에 이어 계속하여야 한다(위탁선거법 제52조).

당선인 결정과 관련하여 공직선거법에는 후보자등록마감시각에 등록된 후보자가 1명이거나 후보자등록마감 후 선거일의 투표마감시각까지 후보자가 사퇴·사망하거나 등록이 무효로 되어 후보자수가 1명이 된 때에는 투표를 실시하지 아니하고 선거일에 그 후보자를 당선인으로 결정하며, 투표마감시각 후 당선인결정 전까지 후보자가 사퇴·사망하거나 등록이 무효로 된 경우에는 개표결과 나머지 후보자 중에서 유효투표의 최다득표자를 당선인으로 결정하도록 규정되어 있다.

제 7 절 기타 신고·신청

1. 휴대전화 가상번호

2024년 1월 30일 개정된 위탁선거법에서 처음으로 선거운동에 필요한 휴대전화 가상번호를 새마을금고에 요청할 수 있는 규정이 도입되었다.

후보자는 위탁선거법 제28조의 규정에 의한 전화를 이용한 선거운동을 하기 위하여 해당 위탁단체에 그 구성원의 이동전화번호가 노출되지 아니하도록 생성한 번호(이하 "휴대전화 가상번호"라 한다)를 이동통신사업자로부터 제공받아 후보자에게 제공하여 줄 것을 요청할 수 있다(위탁선거법 제30조의3 제1항).

제공을 요청받은 새마을금고는 회원들에게 후보자의 선거운동을 위하여 본인의 이동전화 번호가 후보자에게 가상번호로 제공된다는 사실을 알린 후 허락한 회원에 한하여 관할 위원회를 경유하여 이동통신 사업자로부터 제공받아 후보자에게 전달한다(위탁선거법 제30조의3 제7항).

위탁단체로부터 휴대전화 가상번호를 제공받은 후보자는 제공받은 휴대전화 가상번호를 위탁선거법 제28조에 따른 선거운동 외의 다른 목적으로 사용하거나 제공받은 휴대전화 가상번호를 다른 자에게 제공하는 행위를 하여서는 아니 된다(위탁선거법 제30조의3 제9항).

위탁선거법의 벌칙 내용을 보며 대부분 선거운동과 관련하여 처벌 규정을 두고 있으나 예외적으로 직접적으로 선거운동과 관련이 없음에도 무겁게 처벌하는 규정이 휴대전화 가상번호와 관련된 내용이다. 이는 사회적으로 최근의 개인정보보호에 대한 중요성 때문인 것으로 생각된다.

위 조와 관련하여 이동통신사업자가 휴대전화 가상번호의 제공을 요청한 해당 위탁단체 이외의 자에게 휴대전화 가상번호를 제공한 자, 위탁선거 후보자의 선거운동을 위하여 본인의 이동전화번호가 후보자에게 휴대전화번호로 제공된다는 사실을 알렸을 때 명시적으로 거부의사를 밝힌 구성원의 휴대전화 가상번호를 제공한 자, 후보자가 제공받은 휴대전화 가상번호를 선거운동 외의 다른 목적으로 사용하거나, 제공받은 휴대전화 가상번호를 다른 자에게 제공한 자, 후보자가 유효기간이 지난 휴대전화 가상번호를 즉시 폐기하지 아니한 자는 3년이하의 징역 또는 3천만원이하의 벌금에 처하도록 규정되어 있다(위탁선거법 제66조 제1항).

따라서 이러한 법 조항은 정확히 숙지하고 유의해서 법을 위반하지 않도록 각별히 유의해야 할 중요한 내용이다.

당선인으로 결정된 후 들뜬 마음에 깜빡하고 유효기간이 지난 휴대전화 가상번호를 폐기하지 않을 경우 자칫 당선무효로까지 갈 수 있기 때문이다.

위탁선거법 제70조에는 당선인이 해당 위탁선거에서 위탁선거법에 규정된 죄를 범하여 징역형 또는 100만원 이상의 벌금형을 선고 받은 경우 당선이 무효로 되며 위 가상전화관련 처벌 조항도 이에 포함되기 때문이다.

휴대전화 가상번호의 유효기간은 가상번호 제공일로부터 선거일 전일까지이다(위탁선거규칙 제15조의5 제3항).

2. 경력 등에 관한 이의제기

위탁선거법 제25조 제6항의 규정은 후보자 및 선거공보와 선거벽보의 내용 중 경력·학력·학위·상벌·범죄경력에 관하여 거짓으로 게재되어 있음을 이유로 이의제기를 하는 때에는 관할위원회에 서면으로 하여야 하고, 이의제기를 받은 관할위원회는 후보자와 이의제기자에게 그 증명서류의 제출을 요구할 수 있으며, 그 증명서류의 제출이 없거나 거짓 사실임이 판명된 때에는 그 사실을 공고하여야 한다.

위탁선거법의 경우 이의제기 대상이 경력·학력·학위·상벌·범죄경력 등으로 한정한 것에 비해 공직선거의 경우 출생지·가족관계·신분·직업·경력 등·재산·행위·소속단체·특정인 또는 특정단체로부터 지지 여부 등으로 되어 있어 이의제기 대상을 폭 넓게 허용하는 차이점이 있다.

위탁선거법 제25조 제6항에 따라 관할위원회로부터 이의제기에 대한 증명서류의 제출을 요구받은 후보자와 이의제기자는 그 요구를 받은 날부터 3일 이내에 관련 증명서류를 제출해야 하며(위탁선거규칙 제12조 제9항), 관할위원회는 제6항에 따라 허위게재사실을 공고한 때에는 그 공고문 사본 1매를 선거일에 투표소의 입구에 첩부하여야 한다(위탁선거법 제25조 제7항).

이의제기를 할 수 있는 사람에는 제한이 없다. 누구든지 이 절차에 따라 이의제기를 할 수 있으며 상대 후보자는 물론 선거권이 없는 자도 가능하다.

이의를 제기할 수 있는 경우는 선거공보 또는 선거벽보에 게재된 내용 중 경력·학력·학위·상벌·범죄경력에 관하여 거짓 사실을 게재하였다고 믿을 만한 사유가 있는 경우이다.

이의제기는 해당 위원회를 거쳐 직근 상급선거관리위원회에 서면으로 제기한다. 이의제기를 받은 상급선거관리위원회는 정당 또는 후보자와 이의제기자에게 관련 증명서류의 제출을 요구할 수 있고, 그 요구를 받은 자는 요구를 받은 날부터 3일 이내에 이를 제출하여야 한다.

이의제기자, 정당 또는 후보자가 관련 증명서류를 제출하였다면 상급선거관리위원회는 관련 사항을 조사·확인한 후 그것이 거짓이 아닌 것으로 밝혀진 경우 이의제기자와 해당 위원회에 그 사실을 통지하면 족하다. 반면 후보자, 정당 또는 이의제기자가 증명서류를 제출하지 않거나, 조사·확인결과 거짓사실로 밝혀지는 경우 상급선거관리위원회는 그 사실을 공고하여야 한다[212].

---

212) 중앙선거관리위원회, 공직선거해설서 1, 2020, 365쪽

부록

부록 1

후보자등록신청서 등 주요
신고 · 신청 서식 및 작성예시

1. 후보자등록신청서 작성예시 및 작성요령

가. 작성예시

후보자등록신청서

1. 성　　　　명 : 홍 길 동 (한자 : 洪 吉 童)
2. 주민등록번호 : □□0831-1234567
3. 등록기준지　: △△도 □□시 ○○동 · 읍 · 면 ○○로 ◎◎
4. 주　　　　소 : △△도 □□시 ○○동 · 읍 · 면 ○○로 ◎◎

　　　　　　　　[전화번호 : ○○○)123-4561, 휴대전화번호 : 010-1234-5678]
5. 직　　　　업 : 상업
6. 학　　　　력 : ○○대학교 □□학과 졸업
7. 경　　　　력 : (전) ○○금고 감사

　　　　　　　　(전) ○○이사장

2025년 3월 5일 실시하는 ○○새마을금고 이사장선거에서 후보자등록을 신청합니다.

2025 년 2 월   일

신 청 인   홍 길 동   ㉑

□ □ □ 선거관리위원회 귀중

※ 첨부서류

  (1) 주민등록 등본 1부

  (2) 이력서 1부

  (3) 개인(신용)정보 제공 · 활용동의서 1부

  (4) 최종학력증명서 1부

  (5) 회원가입 및 출자금 확인서 1부

  (6) 연체채무유무 확인서 1부

  (7) 퇴직증명서 또는 사직원 접수증(해당자에 한함) 1부

  (8) 비경업사실 확인서 1부

  (9) 금고거래이용실적 충족유무 확인서

  (10) 기탁금 무통장 입금증 1통

  (11) 후보자 인영신고서 1부

  (12) 후보자 사진 2매

나. 작성요령

기재항목	기 재 요 령
"1. 성명"란	• 한글과 한자를 병기함. • 한글로 표기된 성명은 그대로 투표용지에 인쇄하게 되므로 가족관계증명서에 기록된 성명을 정확히 기재하여야 함. • 신청서에 기재된 성명이 가족관계증명서에 기록된 성명과 일치하지 아니하는 경우에는 ○○○선거관리위원회가 직권으로 정정할 수 있음.
"2. 주민등록번호"란	• 후보자 본인의 주민등록번호 기재
"3. 등록기준지"란	• 가족관계증명서에 기록된 대로 정확히 기재하여야 함.
"4. 주소"란	• 후보자등록신청 당시 주민등록표상의 후보자 본인의 주소지와 연락가능한 전화번호 · 휴대전화번호를 정확히 기재함. ※ '도로명 주소'를 기재
"5. 직업"란	• 후보자 본인이 후보자등록신청시 현재 가지고 있는 대표적인 직업 (1개)를 기재함. ☞ 예시) 상업, 제조업, 임업 등
"6. 학력"란	• 학력(비정규 학력 포함)은 출신학교명 또는 수학한 교육과정명 등을 사실대로 기재함. ※ "학교명"은 졸업 · 수료당시의 학교명을 말함. ※ 외국학력의 경우에는 한글번역문도 함께 제출 ※ 정규학력을 수학한 이력이 있는 자는 '독학' 또는 '무학'으로 기재 불가 (다만, 학력기재를 원하지 않는 경우는 '미기재'로 기재할 수 있음)
"7. 경력"란	• 경력은 중요한 사항(2개 정도)만을 기재함. ※ 현직의 경우 "현", 전직의 경우 "전"으로 표시함.
"8. 신청인"란	• 후보자 본인의 성명을 기재하고 도장을 날인해야 함.

2. 후보자의 개인정보 보호관련 준수사항

『 후보자의 개인정보 보호관련 준수사항 』

최소 수집 이용(「개인정보보호법」제16조)
성명·전화번호·이메일 외 다른 개인정보를 수집하는 것은 「개인정보보호법」제16조 필요 최소 수집 원칙에 위배될 소지가 있음.

「공공단체등 위탁선거에 관한 법률」상 개인정보 이용 관련 규정	법 조항	개인정보 항목
• 전화를 이용한 선거운동(전화, 문자)	법 제28조	전화번호(휴대전화번호)
• 정보통신망을 이용한 선거운동(전자우편)	법 제29조	이메일주소

2. 정보주체의 수집 출처 요청 시 준수사항(「개인정보보호법」제20조)
   1) 정보주체의 요구가 있으면 즉시 수집출처 등을 정보주체에게 알려야 함.
      ※ 고지해야 하는 내용 : 개인정보의 수집 출처, 처리 목적, 「개인정보보호법」제37조에 따른 개인정보 처리의 정지를 요구할 권리가 있다는 사실
   2) 수집출처에 관한 사실을 모른다거나 알 수 없다고 밝히는 것만으로는 고지의무를 이행한 것으로 볼 수 없으며, 최대한 성실하게 답변하여야 함.
3. 수집한 개인정보 파기 관련 준수사항(「개인정보보호법」제21조)
   당초 수집 목적인 선거가 끝난 경우 수집한 개인정보를 지체 없이 파기하여야 함.
4. 개인정보 안전성 확보(「개인정보보호법」제29조)
   수집한 개인정보가 분실·도난·유출·위·변조·훼손되지 않도록 안정성 확보에 필요한 조치를 하여야 함.
5. 개인정보 처리방침 수립·공개(「개인정보보호법」제30조)
   수집한 개인정보에 대한 개인정보 처리방침을 수립하고 이를 정보 주체가 쉽게 확인할 수 있도록 공개하여야 함.
6. 개인정보 보호책임자 지정·공개(「개인정보보호법」제31조)
   수집한 개인정보 처리업무를 총괄 책임지는 개인정보 보호책임자(후보자)를 지정·공개하여야 함.

3. 각종 신고·신청·제출 서식 목록

붙임 1

후 보 자 등 록 신 청 서

1. 성   명 :   (한자 :   )
2. 주민등록번호 :
3. 등록기준지   :
4. 주   소   :

      (전화번호 :   / 휴대전화번호:)

5. 직   업 :
6. 학   력 :
7. 경   력 :

2025년 3월 5일 실시하는 ○○새마을금고이사장선거에서 후보자등록을 신청합니다.

2025년   2월   일

신청인   ㊞

□ □ □**선거관리위원회 귀중**

※ 첨부서류

   (1) 주민등록 등본 1부

   (2) 이력서 1부

   (3) 개인(신용)정보 제공·활용동의서 1부

   (4) 최종학력증명서 1부

   (5) 회원가입 및 출자금 확인서 1부

   (6) 연체채무유무 확인서 1부

   (7) 퇴직증명서 또는 사직원 접수증(해당자에 한함) 1부

   (8) 비경업사실 확인서 1부

   (9) 금고거래이용실적 충족유무 확인서

(10) 기탁금 무통장 입금증 1통

(11) 후보자 인영신고서 1부

(12) 후보자 사진 2매

주: 1. 성명은 가족관계증명서에 기록된 성명을 그대로 적어야 하며, 신청서에 기재된 성명이 가족관계증명서에 기록된 성명과 일치하지 아니하는 경우에는 관할위원회가 직권으로 정정할 수 있습니다.
2. 경력은 중요한 사항(2개 정도)만을 적습니다.
3. 등록기준지는 가족관계증명서에 기록된 대로 정확히 적어야 합니다.
4. 첨부서류는 가족관계증명서 외에 해당 법령이나 정관등에 따른 피선거권에 관한 증명서류의 목록을 적고 그 서류를 제출합니다.

붙임 2

회원가입 및 출자금 확인서

성 명		주민등록번호	
주 소			

위 본인이 2025년 ○월 ○일 현재 「새마을 금고법」제○○조제○항에 따라 본 금고에 ○○좌 이상의 납입출자를○년 이상 계속 보유하고 있다는 사실과 본 금고 의 회원이라는 사실을 확인하여 주시기 바랍니다.

2025년   월   일

위 신청인   ⑪

○○새마을금고이사장 귀중

위 사실을 확인함.

2025년   월   일

○○새마을금고이사장 ⑪

붙임 3

연체채무유무 확인서

성 명		주민등록번호	
주 소			

위 본인이 2025년 ○월 ○ 일 현재 「새마을 금고법」제○○조제○항에 따라 정관으로 정하는 금액과 기간을 초과하여 채무상환을 연체하고 있는 사실이 없음을 확인하여 주시기 바랍니다.

2025년   월   일

위 신청인   ㉑

덧붙임 신용정보 제공 동의서 1부.

○○새마을금고이사장 귀중

위 사실을 확인함.

2025년   월   일

○○새마을금고이사장 ㉑

덧붙임

신용정보 제공 동의서

　　2025년 3월 5일 실시하는 ○○새마을금고이사장선거의 입후보와 관련하여 ○○새마을금고가 본인의 개인(신용)정보를 수집·이용하거나 제3자에게 제공하는 경우에는 「신용정보의 이용 및 보호에 관한 법률」 제15조제2항, 제32조제1항, 제33조 및 제34조, 「개인정보보호법」 제15조제1항제1호, 제17조제1항제1호, 제24조제1항제1호, 제24조의2에 따라 본인의 동의를 얻어야 합니다. 이에 본인은 ○○새마을금고가 아래의 내용과 같이 본인의 개인(신용)정보를 수집·이용·제공하는 것에 동의합니다.

1. 수집·이용에 관한 사항	
수집·이용 목적	임원자격 및 피선거권 제한사유 해당 여부 조회
수집·이용할 항목	‣ 고유식별정보 : 주민등록번호, 여권번호 등 ‣ 개인식별정보 : 성명, 주소, 전화번호 및 전자우편주소 등 연락처 ‣ 개인신용정보 : 개인대출현황, 채무보증현황 등 ‣ 기타 : 새마을금고 임원선거규약에 따른 임원의 자격 및 피선거권의 제한 사항
보유·이용기간	동의일로부터 임원 임기 종료시까지 수집·이용됩니다.
동의를 거부할 권리 및 동의를 거부할 경우의 불이익	위 개인(신용)정보는 임원선거를 위하여 반드시 필요합니다. 따라서 위 사항에 동의하셔야만 임원선거 입후보 및 임원으로 재임할 수 있으며, 동의를 거부하실 경우 임원선거 입후보 및 임원 재임이 불가능 합니다.
수집·이용 동의 여부	○○새마을금고가 위와 같이 본인의 개인(신용)정보를 수집·이용하는 것에 동의합니다. ‣ 고유식별정보　(동의함 ☐　동의하지 않음 ☐) ‣ 개인식별정보　(동의함 ☐　동의하지 않음 ☐) ‣ 개인신용정보　(동의함 ☐　동의하지 않음 ☐) ‣ 기타　　　　　(동의함 ☐　동의하지 않음 ☐)

2. 제공에 관한 사항	
제공받는 자	○○새마을금고, 금융감독기관, 신용정보집중기관, 신용정보업자
제공 목적	○○새마을금고의 임원 결격사유 확인 및 관리를 위한 목적
제공 항목	‣ 고유식별정보 : 주민등록번호, 여권번호 등 ‣ 개인식별정보 : 성명, 주소, 전화번호 및 전자우편주소 등 연락처 ‣ 개인신용정보 : 개인대출현황, 채무보증현황 등 ‣ 기타 : 새마을금고 임원선거규약에 따른 임원의 자격 및 　　　　피선거권의 제한 사항
제공기간	동의일로부터 임원 임기 종료시까지 제공됩니다.
동의를 거부할 권리 및 동의를 거부할 경우의 불이익	위 개인(신용)정보는 임원자격 확인 등 감독업무 수행을 위하여 제공됩니다. 동의를 거부하실 경우 임원선거 입후보 및 임원 재임이 불가능 합니다.
제공 동의여부	○○새마을금고에 위와 같이 본인의 개인(신용)정보를 제공하는 것에 동의합니다. ‣ 고유식별정보　　（동의함 □　　동의하지 않음 □） ‣ 개인식별정보　　（동의함 □　　동의하지 않음 □） ‣ 개인신용정보　　（동의함 □　　동의하지 않음 □） ‣ 기타　　　　　　（동의함 □　　동의하지 않음 □）

※ ○○새마을금고가 신용조회회사를 통하여 귀하의 개인(신용)정보를 조회한 기록은 타 금융기관 등에 제공될 수 있으며, 이에 따라 귀하의 신용등급이 하락할 수 있음을 알려드립니다.

※ 고유식별정보는 개인정보보호법 제24조에 규정된"주민등록번호, 여권번호, 운전면허번호, 외국인등록번호"를 의미합니다.

○○새마을금고 귀중

붙임 4

금고거래 이용실적 충족유무 확인서

확 인 대 상 자	성 명		주민등록번호	
	주 소			

위 본인이 2025년 ○월 ○ 일 현재 「새마을 금고법」제○○조제○항에 따라 정관에서 정한 일정규모 이상의 금고거래 이용실적을 충족하여 「새마을 금고법」제○조에 따른 피선거권 결격사유에 해당되지 아니함을 확인하여 주시기 바랍니다.

2025년   월   일

위 신청인   ⑪

○○새마을금고이사장 귀중

위 사실을 확인함.

2025년   월   일

○○새마을금고이사장 ⑪

붙임 5

비경업관계 사실 확인서

성 명		주민등록번호	
주 소			

위 본인이 선거일공고일 전일 현재 「새마을 금고법」 제○조제○항에 따른 이 금고와 실질적으로 경쟁관계에 있는 사업을 경영하거나 이에 종사하는 사실이 없음을 확인하여 주시기 바랍니다.

2025년   월   일

위 신청인   ㉑

○○새마을금고이사장 귀중

위 사실을 확인함.

2024 년   7월   일

○○새마을금고이사장 ㉑

붙임 6

[별지 제7호서식] (규칙 제9조제8항 관련)

접수번호	접수일	처리기간

범죄경력조회 신청서

조 회 대상자 (신청인)	위탁단체명	○○새마을금고	
	위탁단체의 주소	(전화번호:)	
	성 명 (한 자, 외국인의 경우 영문)		주민등록번호 (외국인 등록번호)
	주 소	(전화번호:)	

　　2025년 3월 5일 실시하는 ○○새마을금고이사장선거의 후보자등록을 위하여 「공공단체등 위탁선거에 관한 법률」 제18조제4항에 따라 범죄경력을 조회하니 조회대상자의 범죄경력에 관한 기록을 회보하여 주시기 바랍니다.

년　　　　월　　　　일

신청인　후보자가 되려는 사람　　　　　(서명 또는 인)

제출서류: 1. 신청인의 신분증(주민등록증, 운전면허증, 여권, 외국인등록증 등)

　　　　　경찰서장　귀하

주: 1. "정관등"이란 「공공단체등 위탁선거에 관한 법률」 제3조제8호에 따라 위탁단체의 정관, 규약, 규정, 준칙, 그 밖에 위탁단체의 조직 및 활동 등을 규율하는 자치규범을 말합니다.
　　2. 후보자가 되려는 사람은 해당 위탁단체의 법령과 정관등에서 정하고 있는 범죄경력에 관한 조문과 조항을 확인하여 제출해야 합니다.

붙임 7

[별지 제7호의2서식] (규칙 제9조제5항·제8항, 제11조의2제4항 관련)

[피선거권]·[범죄경력] [조사]·[조회] 회보서

성 명	한글		주민등록 번 호		
	한자				
주 소					
등록기준지					

조 회 사 항	해당유무		조회내역
	유	무	

덧붙임: 범죄경력 회보서 1부(필요시).

상기와 같이 회보함.

년   월   일

확인기관명   ㊞

주: 1. "조회사항"칸은 해당 법령이나 정관등을 확인하여 법 제18조제5항 및 제6
항 또는 법 제24조의2제4항 및 규칙 제9조제5항·제8항, 제11조의2제4
항에 따라 조사·조회해야 하는 (예비)후보자의 피선거권 또는 범죄경력
에 관한 사항을 적습니다.
2. 피선거권 또는 범죄경력을 회보하는 기관·단체는 위 서식에 따라 회보
할 수 없는 경우 해당 기관이나 단체에서 활용하는 서식으로 회보할 수
있습니다.

붙임 8

공명선거 실천 서약서

본인은 2025. 3. 5. 실시되는 ○○새마을금고이사장선거를 공명정대하고 깨끗한 선거로 이끌어 새마을금고이사장선거 선진화를 위한 전환점이 되어야 한다는데 인식을 같이 한다.

진정한 공명선거의 완성은 선의의 경쟁을 통한 건전하고 깨끗한 선거에서 시작된다는 점을 깊이 명심하고, 선거운동 과정에서 돈을 쓰거나 비방하는 구태를 단호히 벗고 유권자에게 새 희망을 줄 것을 다짐하면서 다음 사항을 준수할 것을 서약합니다.

1. 우리는 금품·음식물 제공 등 기부행위나 불법선거운동으로 선거분위기를 과열·혼탁하게 하는 행위를 단호히 배격한다.
2. 우리는 지연·혈연·학연 등 연고관계를 이용하여 조합원인 선거인을 분열하는 일이 없도록 한다.
3. 우리는 선거운동 과정에서 상호간 비방·흑색선전을 자제하고 「공공단체등 위탁선거에 관한 법률」에서 정한 선거운동 방법에 따라 선의의 경쟁을 펼친다.
4. 우리는 선의의 경쟁을 통해 최선을 다하고 그 결과에 승복한다.
5. 우리는 이번 선거가 금고발전과 공명선거 정착의 새로운 계기가 되도록 최선의 노력을 다한다.
6. 선거관리위원회는 새마을금고와 후보자가 공정한 선거운동을 할 수 있도록 적극 안내·지원하며 금품·지역·연고에 의한 부정 선거운동이 발생하지 않도록 노력한다.

2025년 2월   일

후 보 자 :　　　　　　 (인)

○○○선거관리위원회 귀중

붙임 9

인 영 신 고 서

후 보 자	인 영
_____	

　　2025년 3월 5일 실시하는 ○○새마을금고이사장선거에서 사용할 도장의 인영을 위와 같이 신고합니다.

2025년　　　　월　　　　일

후보자　　　　　　　　⑭

○○○선거관리위원회 귀중

사진파일 규격 등 제출방법

1. 디지털 사진(jpg파일) 촬영 규격

○ 해상도 : 300dpi

○ 5cm x 7cm

2. 후보자등록신청 시 제출하는 사진 규격

○ 5cm x 7cm

<사진 촬영 시 준수 사항>

○ 넥타이선의 배꼽 아래 까지 촬영
○ 양쪽 어깨선이 다 보이도록 촬영
○ 얼굴과 몸은 정면을 향하도록 촬영
○ 칼라사진

붙임 11

투표용지 게재순위(기호)추첨 위임장

피위임자	주 소	
	성 명	
	생년월일	
	연 락 처	

위 사람에게 2025년 3월 5일 실시하는 ○○새마을금고이사장선거의
투표용지 게재순위 추첨을 위임함.

2025년   2월   일

후보자   ㊞

○○○선거관리위원회 귀중

붙임 12

후 보 자 사 퇴 신 고 서

1. 선   거   명 : ○○새마을금고이사장선거
2. 후보자성명 :
3. 주민등록번호 :
4. 사 퇴 사 유 :

위 본인은 2025년 3월 5일 실시하는 ○○새마을금고이사장선거에서 후보자를 사퇴하고자 신고합니다.

2025년   월   일

후 보 자   ㉔

○○○선거관리위원회 귀중

붙임 13

(투표) · (개표)참관인 (선임 · 교체) 신고서

1. 후보자 성명　：
2. 참　관　인

투표소명	성 명	생년월일	주　소 (전화번호)	직 업	비 고

　　2025년　3월　5일 실시하는　○○새마을금고이사장선거에서 (투표) · (개표)참관인을 위와 같이 (선임) · (교체) 신고합니다.

2025년　　월　　일

후 보 자　　　　　　　　　　㉑

○○○선거관리위원회 귀중

주: 1. 개표참관인 신고를 하는 경우에는 "투표소명"칸을 삭제하여 사용합니다.
　　2. 교체신고시에는 "비고"칸에 이미 신고된 자 "○○○과(와) 교체"라고 적습니다.
　　3. 투표소별로 투표참관인 지정순위(1, 2)를 "비고"칸에 적습니다.

붙임 14

[선거운동원]·[활동보조인]의 [지정·선임]·[해임]·[교체] 신고서

1. 후보자 성명:

2. 신고내역

구분	성명	생년월일	주소	전화번호	직업	(지정·선임)·(해임)·(교체)	연월일	비고

    2025년   3월 5일 실시하는 ○○새마을금고이사장선거에서 (배우자)·(직계존속)·(직계비속)·(지정한 사람)·(활동보조인)을 (지정·선임)·(해임)·(교체)하였으므로 위와 같이 신고합니다.

    붙임 후보자의 장애인증명서류 사본 1부.

                                                    년   월   일

                            후보자   ㉑

○○○선거관리위원회 귀중

주: 1. "구분"칸에는 배우자·직계존속·직계비속·지정한 사람·활동보조인을 구분하여 적습니다.
    2. 교체하는 때에는 "교체"칸에 이미 신고된 사람 "○○○와 교체"라고 적습니다.
    3. 활동보조인을 신고하고자 하는 예비후보자 또는 후보자는 장애인임을 증명하는 서류 또는 증명서 사본을 함께 제출해야 합니다.

붙임 15

선거운동원 등의 표지 재교부신청서

1. 분실자 인적사항

   가. 신 분 명:

   나. 성   명:

   다. 생년월일:

   라. 주   소:

2. 분실일시:

3. 분실장소:

4. 분실사유:

위와 같이 표지를 분실하여 재교부 신청합니다

　　　　　　　　　　　　　　　　　　　　　　년　　　　월　　　　일

신청인 ┌── 분실자　　　　　　　　　　(인)

　　　　└── 후보자　　　　　　　　　　(인)

○○○선거관리위원회　귀중

주: 1. "신분명"은 배우자 · 직계존속 · 직계비속 · 지정한 사람 · 활동보조
　　　인 중 해당 신분을 적습니다.
　　2. "분실사유"는 구체적으로 적어야 합니다.

붙임 16

범죄경력에 관한 서류
[○○새마을금고이사장선거]

1. 인적사항

기호	후보자 성명	생년월일 (세)	직업	학력	경력

2. 후보자의 범죄경력

죄명	형량(처분결과)	처분일자

3. 소명서

주: 1. 직업·학력·경력칸에 기재하는 내용은 후보자등록신청서의 내용과 동일하게 기재합니다.
  2. 후보자의 범죄경력 항목에 기재하는 내용은 후보자등록 시 제출한 범죄경력조회 회보서에 있는 내용을 그대로 기재합니다.
  3. 소명서 항목은 범죄경력에 관하여 소명하려는 경우에만 그 칸을 만들고 소명하려는 내용을 사실대로 적습니다.

붙임 17

[선거공보]·[선거벽보]·[범죄경력에 관한 서류] 제출서

1. 선 거 명 : ○○새마을금고이사장선거
2. 후보자성명 :
3. 제 출 내 역

구분	작성수량	제출하여야 할 수량(㉮)	제출수량 (㉯)	부족수량 (가-나)	비고
선거공보					
선거벽보					
범죄경력에 관한 서류					

    2025년 3월 5일 실시하는 ○○새마을금고이사장선거에서 (선거공보)·(선거벽보)·(범죄경력에 관한 서류)를 위와 같이 제출합니다.

2025년 월 일

후 보 자 ㊞

○○○선거관리위원회 귀중

주: 1. "제출해야 할 수량"은 관할위원회가 정하여 공고한 수량을 적습니다.
    2. "제출수량"은 관할위원회에 실제 제출하는 수량을 적습니다.
    3. 범죄경력에 관한 서류의 "제출해야 할 수량"칸에는 선거공보의 부족수량에 그 100분의 5를 더한 수를 적습니다.

붙임 18

[선거공보] · [선거벽보] · [범죄경력에 관한 서류] 정정요청서

선 거 명					
후보자	성 명 (한 자)			기 호	
	생년월일 (성 별)		전화번호 (휴대전화번호)		
	주 소				

1. 정정 매수 :
2. 정정 내용 :
3. 정정 이유 :

　　2025년　3월　5일 실시하는 ○○새마을금고이사장선거에서 (선거공보) · (선거벽보) · (범죄경력에 관한 서류) 내용을 정정하고자 위와 같이 요청합니다.

　　　　　　　　　　　　　　　　　　　　2025년　　　　월　　　　일

　　　　　　　　　　　　후 보 자　　　　　　　　　㊞

○○○선거관리위원회 귀중

　주　1. 이 신청서는 ○○○선거관리위원회에 제출하여야 합니다.
　　　2. "정정 매수"칸에는 ○○○선거관리위원회에 제출한 매수 중 정정하고자
　　　　 하는 매수를 모두 적습니다.

붙임 19

휴대전화 가상번호 제공 요청서

수신 : (KT · SKT · LGT 이동통신사) · (○○새마을금고)

경유 : ○○○도선거관리위원회

「공공단체등 위탁선거에 관한 법률」 (제30조의3제1항) · (제30조의3제2항) · (제30조의3제8항)에 따라 선거운동을 위한 휴대전화 가상번호 제공을 아래와 같이 요청합니다.

    1. 선거명: ○○새마을금고이사장선거

    2. 선거일: 2025. 3. 5.(수)

    3. 위탁단체 구성원 수:

    4. 제공요청 휴대전화 가상번호의 수:

붙임: 위탁단체 구성원 휴대전화 가상번호 목록   부

년   월   일

	후 보 자 ○ ○ ○	인
신 청 인		
	○○새마을금고	인

위 사실을 확인함.

년   월   일

○○○도선거관리위원회 인

주: 1. "경유"는 위탁단체가 이동통신사에 가상번호를 요청하는 경우에 작성하며, 시 · 도선거관리위원회를 적습니다.
    2. "제공요청 휴대전화 가상번호의 수"는 휴대전화 가상번호 제공을 거부한 구성원을 제외한 숫자를 작성합니다.

〈붙 임〉

일련번호	휴대전화번호	비 고

주: 1. 휴대전화번호는 번호 사이에 "–"표시를 기재하지 않습니다.
　　2. 해당 자료는 위탁단체가 전자적 파일로 암호화하여 제공합니다.

붙임 20

위법게시물의 삭제요청에 대한 이의신청서

신 청 인	성 명 (한 자)		생 년 월 일	
	주 소			
	삭제요청 사항			
	이의신청 사유			

　「공공단체등 위탁선거에 관한 법률」제29조제3항에 따라 위와 같이 이의를 제기하니 조치하여 주시기 바랍니다.

2025년　　　　월　　　　일

신청인　　　　　　　㊞

○○○선거관리위원회 귀중

4. 투표 및 개표소 현황

□ 투표소

투표소명	설치장소 (건물명)	비고
○○새마을금고 투　표　소	○○시 대석길 35 [○○새마을금고 3층 회의실]	

□ 개표소

시설명	소재지	비고
○○○선거관리위원회 1층 회의실	○○시 ㅁㅁ로 36	

5. 선거공보 · 선거벽보 작성 · 제출수량 등

선거공보			선거벽보			
작성 수량	제출 수량	제출 장소	작성 수량	제출 수량	후 보 자 보관수량	제출 장소
○○	○○	○○○선거 관리위원회	○○	○○	○○	○○○선거 관리위원회

6. 매니페스토 정책선거의 이해

1 매니페스토 정책선거 = 회원과의 서약

- 매니페스토(Manifesto)란 선거에 출마하는 새마을금고이사장선거 후보자가 조합원에게 지킬 수 있는 제대로 된 "정책공약"을 제시하는 것으로, 구체적인 목표, 실시기한, 이행방법, 추진 우선순위, 재원조달 방안 등을 함께 제공하는 것임.

  ※ 매니페스토(Manifesto)는 라틴어의 '증거'를 뜻하는 마니페스투스(manifestus)에서 유래한 것이며, '과거의 행적을 설명하고 미래 행동의 동기를 밝히는 공적 선언'을 의미

- 이에 대하여 새마을금고 회원은 새마을금고이사장선거선거 후보자의 공약을 서로 비교하여 구체적으로 작성된 것인지, 회원의 의견을 제대로 반영한 것인지, 실현가능한 것인지 등을 꼼꼼히 따져보고 평가하여 투표하는 것임.

- 선거 후 당선인은 선거 때 자신이 제시한 공약을 실천하려는 노력을 기울이고 회원은 당선자가 제시한 공약이 임기중 제대로 이행되고 있는지 지켜본 후 다음 선거에서 지지여부를 결정하자는 것이 매니페스토 정책선거임.

≪ 매니페스토 순환주기 ≫

- 우리나라의 매니페스토 운동은 혈연 · 학연 · 지연 등의 연고주의와 비방 · 흑색선전 등 네거티브 선거, 당선만을 위한 선심성 공약, 금권 등을 통하여 당선되려는 기존의 선거관행을 극복하고 정책공약 및 실천으로 평가받는 선진 선거문화를 이룩하기 위하여 2006년 5 · 31 지방선거에서 도입되었음.

2 외국의 사례

- 매니페스토 운동은 180년 전 영국에서 시작되었으며, 보수당 문헌에 의하면 1834년 탐워스(Tamworth)에서의 선거에서 당시 로버트 필 (Robert Peel)당수가 매니페스토를 제시하였음.

- 현재와 같은 매니페스토는 1935년 보수당의 매니페스토가 시초라고 할 수 있으며, 1997년 노동당(토니 블레어)이 매니페스토를 통해 집권에 성공하고 그 후 재집권에도 성공하면서 세계의 주목을 받게 됨.

- 영국에서 시작된 매니페스토는 미국, 독일, 프랑스, 호주, 일본 등 여러 선진국으로 전파되어 각 국의 실정에 맞게 발전되고 있으며, 미국에서는 매니페스토를 '플랫폼(platform)'으로 부르고 독일에서는 '선거강령(Wahlprogram)'이라는 표현을 사용하고 있음.

- 일본에서는 2003년 4월 통일지방선거에서 매니페스토를 제시한 다수의 혁신파 지사 후보자가 당선되면서 매니페스토가 주목받기 시작하였으며, 2003년 11월 중의원선거부터는 중앙선거로 확산되었고 2009년 8월에는 매니페스토를 통하여 정권교체에 성공한 바 있음.

  ※ 2003년 가나가와현의 지사선거에서 무소속 마쓰자와 시게후미 후보가 매니페스토를 공표하여 당선됨으로써 주목을 받았으며, 2007년 재선에도 성공하여 후보자와 유권자가 '부탁'이 아닌 '약속'과 '계약'으로 연결되는 선거문화를 정착시킴.

- 영국에서는 처음부터 정당 중심으로 매니페스토 운동이 발전하였으며 일본의 경우 지방선거 후보자 중심으로 매니페스토 운동이 도입되어 중앙선거로까지 발전하였음.

③ 새마을금고이사장선거와 매니페스토

- 금고이사장선거에서의 매니페스토 공약 제시의 중요성
  - ✔ 금고 이사장은 금고를 대표하는 자리로 지위와 권한이 클 뿐만 아니라 주요 사업에 대한 집행 권한도 가지고 있어 효율적인 사업 추진을 위해서는 구체적이고 실현가능한 공약 구상 및 제시가 매우 중요함.
  - ✔ 금고와 관련된 사업계획 수립이나 예산 집행은 금고단위로 이루어지는 경우가 대부분이므로 수요자별 맞춤형 매니페스토 공약 제시를 통하여 향후 공약 실천 가능성을 극대화 할 수 있음.
  - ✔ 위탁선거의 경우 본인을 알릴 기회가 공직선거와 비교하여 적어 차별화되고 구체적인 매니페스토 공약 제시를 통하여 인지도 부족의 한계를 극복 가능함.
  - ✔ 이사장선거에 출마하는 후보자 정보를 회원들이 충분히 공유하고 있을 경우에는 회원의 후보자에 대한 올바른 판단을 돕기 위해 더욱더 차별화되고 구체적인 매니페스토 공약의 제시가 필요함.
- 이사장선거에서 매니페스토 운동 정착의 필요성
  - ✔ 매니페스토형 공약을 제시하면 후보자 비교 및 평가가 용이하여 조합원의 올바른 후보자 선택에 기여함.
  - ✔ 비방·흑색선전 등 '네거티브(Negative)' 선거운동이 근절되고 '포지티브(Positive)' 선거운동이 정착될 수 있음.
  - ✔ 정책중심의 선거풍토가 정착됨으로써 금권선거나 비방·흑색선전 등 부정적 선거문화가 사라지고 선진 선거문화를 이룩할 수 있음.
  - ✔ 지역단위 이사장 선거에서 매니페스토 운동의 건전한 토양이 마련된다면 향후 공직선거에서의 정책선거 및 책임정치 확산에 기여할 수 있음.

4 매니페스토 공약 만들기

- 공약은 후보자가 당선된 후 임기동안 수행하고자 하는 주요 정책 사업에 대하여 금고 회원에게 제시하고 실천을 약속하는 청사진임.
- 좋은 공약을 만들기 위해서는 먼저 전문가 자문, 여론수렴, 언론·문헌 정보 수집, 현지조사 등을 통하여 금고내 현안이 무엇인지를 파악하여 공약작성에 필요한 핵심 정보를 수집하여야 함.
- 수집된 현안에 대한 분석을 통하여 목표를 설정한 후 해야 할 일의 우선순위를 정해야 하며 공약추진의 효과와 공약들 간의 충돌여부 등을 함께 검토해야 함.
- 해야 할 일을 정했다면 그에 따른 해결방법을 찾아야 하며, 그 과정에서 재원마련 가능성, 현행법이나 제도와의 충돌 여부, 임기 내 추진 가능성 등을 함께 고려해야 함.
- 특히, 최근 3회까지 위탁선거로 치룬 조합장선거의 경우 회원의 후보자 선택시 공약의 사전 평가 및 사후 이행평가에 대한 관심이 그 어느 때보다 높아지고 있음을 유념하여 금고 이사장선거에서도 최종공약을 선정해야 함.

≪ 매니페스토 공약만들기 ≫

1단계	2단계	3단계	4단계
지역현안문제 찾기	해야 할 일 정하기	해결방법 찾기	최종공약 선정

5 매니페스토 공약의 요건

- 매니페스토 공약은 다음과 같은 요건을 갖추어 작성하여야 함.
  - ✔ 구체적으로 무엇(목표 : what)을 할 것인지
  - ✔ 왜(이유 : why) 하여야 하는지
  - ✔ 어떻게(방법, 재원 : how) 목표를 달성할 것인지
  - ✔ 언제(기한 : when) 시작해서 언제까지 완료할 것인지

≪ 매니페스토 공약의 요건 ≫

공약	요건	고려사항	판단
공약 내용	목표	구체적이고 측정(비율, 수치 등) 가능한 형태로 만들어야 한다.	
		금고의 우선적인 문제를 해결하는 것이어야 한다.	
		개별 공약들이 서로 충돌하지 않아야 한다.	
	이유	금고의 발전과 미래상을 반영하여 만들어야 한다.	
		회원의 요구를 고려하여 만들어야 한다.	
		후보자의 의지를 토대로 만들어야 한다.	
	방법	가급적 현행법 및 제도와 상충되지 않아야 한다.	
		금고가 가지고 있는 자원(사람, 자본 등)을 고려하여야 한다.	
		투입된 비용에 비해 더 큰 이익을 얻어야 한다.	
	재원	재원을 조달할 수 있는 방법이 명확히 제시되어야 한다.	
		연차별로 구체적인 재원조달계획이 제시되어야 한다.	
		재원조달방법이 가능한 것인지 고려하여야 한다.	
	기한	실시기한을 명확히 제시하여야 한다.	
		기한 내에 할 수 있는 일이어야 한다.	
		구체적인 추진일정을 제시하여야 한다.	

7. 2025. 3. 5.(수) 실시 제1회 새마을금고이사장선거 주요 일정

시행일정	요일	실시사항	실시기관(자)	기준일	관계 법규
'24. 9. 1.까지	일	해당 금고에 선거권자의 수 등 선거관리에 필요한 사항 통보요청	관할위원회	임기만료일전 200일까지	규칙 §3②
9. 21.	토	관할위원회에 위탁 신청한 것으로 봄	위탁단체	임기만료일전 180일	법 §8
9. 21.부터 '25. 3. 5.까지	토 수	기부행위제한	후보자(예정자포함), 후보자의 배우자, 후보자가 속한 기관·단체·시설	위탁신청일* 부터 선거일까지 * 제1회 이사장 선거에만 적용	법 §34 법 §35 부칙 〈23. 8. 8.〉 제2조
9. 22.까지	일	관할위원회에 선거권자의 수 등 선거관리에 필요한 사항 제출	위탁단체	임기만료일전 180일의 다음날까지	규칙 §3②
'25. 1. 15.까지	수	해당 금고 회원명부 정비	위탁단체	선거인명부작성 개시일 전 30일까지	법 §15④
1. 21.부터	화	예비후보자등록 신청	예비후보자가 되려는 사람	선거기간개시 일전 30일부터	법 §24 의2①
2. 14.부터 2. 18.까지	금 화	선거인명부 작성	위탁단체	선거일전 19 일부터 5일 이내	법 §15①
2. 17.까지	월	입후보하는 임·직원 등 사직기한 해당 금고의 임·직원, 다른 금고의 임·직원 및 대의원, 공무원의 사직기한(단, 선출직 공무원 및 공무원으로 구성된 금고 적용 제외)	후보자가 되려는 사람	후보자등록신청개시일 전일까지	정관 §39

		※ 해당 금고의 이사장이 해당 금고 이사장선거에 입후보하는 경우 사직대상 아님			
2. 18.부터 2. 19.까지	화 수	**후보자등록 신청 (매일 오전 9시부터 오후 6시까지)**	후보자가 되려는 사람	선거기간개시일전 2일부터 2일간	법 §18①
2. 19.부터 2. 21.까지	수 금	선거인명부 열람 (매일 오전 9시부터 오후 6시까지)	선거권자는 누구든지	선거인명부작성기간 만료일의 다음날부터 3일간	법 §16①
2. 20.	목	**선거기간개시일**			법 §13
2. 22.까지	토	선거공보(또는 범죄경력에 관한 제출서), 선거벽보 제출	후보자	선거인명부확정일 전일까지	법 §25① · §26①
2. 23.	일	**선거인명부 확정**	위탁단체	선거일전 10일	법 §15①
2. 23.까지	일	투표소의 명칭과 소재지 공고	관할위원회	선거일전 10일까지	규 §18①
2. 25.까지	화	**투표안내문 발송(선거공보 또는 범죄경력에 관한 서류 동봉)**	관할위원회	선거인명부확정일 후 2일까지	법 §25③ 법 §43
2. 28.까지	금	개표소 공고	관할위원회	선거일전 5일까지	규 §25 ① · ②
3. 3.까지	월	투표참관인 선정 · 신고	후보자	선거일전 2일까지	법 §45①
3. 4.까지	화	개표참관인 선정 · 신고	후보자	선거일 전일까지	법 §45①
3. 5.	수	**투 · 개표**		투표시간: 오전 7시부터 (협의시각) 오후 5시까지	법 제8장
4. 4.까지	금	선거관리경비 잔액 반환	관할위원회	선거일후 30일까지	규 §44②

부록 2

공공단체등 위탁선거에 관한 법률
[약칭: 위탁선거법]

[시행 2024. 7. 31.] [법률 제20179호, 2024. 1. 30., 일부개정]

중앙선거관리위원회(법제과 - 법령 제개정) 02-3294-8400
중앙선거관리위원회(의정지원선거안내센터 - 법령 해석) 02-3294-8444

제1장 총칙

제1조(목적) 이 법은 공공단체등의 선거가 깨끗하고 공정하게 이루어지도록 함으로써 공공단체등의 건전한 발전과 민주사회 발전에 기여함을 목적으로 한다.

제2조(기본원칙) 「선거관리위원회법」에 따른 선거관리위원회(이하 "선거관리위원회"라 한다)는 이 법에 따라 공공단체등의 위탁선거를 관리하는 경우 구성원의 자유로운 의사와 민주적인 절차에 따라 공정하게 행하여지도록 하고, 공공단체등의 자율성이 존중되도록 노력하여야 한다.

제3조(정의) 이 법에서 사용하는 용어의 뜻은 다음과 같다. <개정 2023. 3. 2., 2023. 8. 8.>

1. "공공단체등"이란 다음 각 목의 어느 하나에 해당하는 단체를 말한다.

가. 「농업협동조합법」, 「수산업협동조합법」 및 「산림조합법」에 따른 조합 및 중앙회와 「새마을금고법」에 따른 금고 및 중앙회

나. 「중소기업협동조합법」에 따른 중소기업중앙회 및 「도시 및 주거환경정비법」에 따른 조합과 조합설립추진위원회

다. 그 밖의 법령에 따라 임원 등의 선출을 위한 선거의 관리를 선거관리위원회에 위탁하여야 하거나 위탁할 수 있는 단체[「공직선거법」 제57조의4(당내경선사무의 위탁)에 따른 당내경선 또는 「정당법」 제48조의2(당대표경선사무의 위탁)에 따른 당대표경선을 위탁하는 정당을 제외한다]

라. 그 밖에 가목부터 다목까지의 규정에 준하는 단체로서 임원 등의 선출을 위한 선거의 관리를 선거관리위원회에 위탁하려는 단체

2. "위탁단체"란 임원 등의 선출을 위한 선거의 관리를 선거관리위원회에 위탁하는 공공단체등을 말한다.

3. "관할위원회"란 위탁단체의 주된 사무소 소재지를 관할하는 「선거관리위원회법」에 따른 구·시·군선거관리위원회(세종특별자치시선거관리위원회를 포함한다)를 말한다. 다만, 법령에서 관할위원회를 지정하는 경우에는 해당 선거관리위원회를 말한다.

4. "위탁선거"란 관할위원회가 공공단체등으로부터 선거의 관리를 위탁받은 선거를 말한다.

5. "선거인"이란 해당 위탁선거의 선거권이 있는 자로서 선거인명부에 올라 있는 자를 말한다.

6. "공직선거등"이란 다음 각 목의 어느 하나에 해당하는 선거 또는 투표를 말한다.

가. 「공직선거법」에 따른 대통령선거, 국회의원선거, 지방의회의원 및 지방자치단체의 장의 선거, 「제주특별자치도 설치 및 국제자유도시 조성을 위한 특별법」 및 「세종특별자치시 설치 등에 관한 특별법」에 따른 지방의회의원 및 지방자치단체의 장의 선거

      나. 「지방교육자치에 관한 법률」, 「제주특별자치도 설치 및 국제자유도
         시 조성을 위한 특별법」 및 「세종특별자치시 설치 등에 관한 특별
         법」에 따른 교육감 및 교육의원 선거
      다. 「국민투표법」에 따른 국민투표
      라. 「주민투표법」에 따른 주민투표
      마. 「주민소환에 관한 법률」에 따른 주민소환투표
  7. "동시조합장선거"란 「농업협동조합법」, 「수산업협동조합법」 및 「산림조
     합법」에 따라 관할위원회에 위탁하여 동시에 실시하는 임기만료에 따른
     조합장선거를 말하고, "동시이사장선거"란 「새마을금고법」에 따라 관할
     위원회에 위탁하여 동시에 실시하는 임기만료에 따른 이사장선거를 말
     한다.
  8. "정관등"이란 위탁단체의 정관, 규약, 규정, 준칙, 그 밖에 위탁단체의
     조직 및 활동 등을 규율하는 자치규범을 말한다.

제4조(적용 범위) 이 법은 다음 각 호의 위탁선거에 적용한다.
  1. 의무위탁선거: 제3조제1호가목에 해당하는 공공단체등이 위탁하는 선거
    와 같은 조 제1호다목에 해당하는 공공단체등이 선거관리위원회에 위탁
    하여야 하는 선거
  2. 임의위탁선거: 제3조제1호나목 및 라목에 해당하는 공공단체등이 위탁하
    는 선거와 같은 조 제1호다목에 해당하는 공공단체등이 선거관리위원회
    에 위탁할 수 있는 선거

제5조(다른 법률과의 관계) 이 법은 공공단체등의 위탁선거에 관하여 다른 법
률에 우선하여 적용한다.

제6조(선거관리 협조 등) ① 국가기관·지방자치단체·위탁단체 등은 위탁선거
의 관리에 관하여 선거관리위원회로부터 인력·시설·장비 등의 협조 요구를

받은 때에는 특별한 사유가 없으면 이에 따라야 한다. <개정 2024. 1. 30.>
② 중앙행정기관의 장은 위탁선거의 관리에 관한 내용의 법령을 제정·개정
또는 폐지하려는 경우에는 미리 해당 법령안을 중앙선거관리위원회에 보내
그 의견을 들어야 한다. 국회의원이 발의한 위탁선거의 관리에 관한 법률안
이 국회 소관 상임위원회 등에 회부된 사실을 통보받은 때에도 또한 같다.
<신설 2024. 1. 30.>

[제목개정 2024. 1. 30.]

제2장 선거관리의 위탁 등

제7조(위탁선거의 관리 범위) 관할위원회가 관리하는 위탁선거 사무의 범위는
다음 각 호와 같다.

1. 선거관리 전반에 관한 사무. 다만, 선거인명부의 작성 및 확정에 관한 사
   무는 제외한다.

2. 선거참여·투표절차, 그 밖에 위탁선거의 홍보에 관한 사무

3. 위탁선거 위반행위[이 법 또는 위탁선거와 관련하여 다른 법령(해당 정
   관등을 포함한다)을 위반한 행위를 말한다. 이하 같다]에 대한 단속과
   조사에 관한 사무

제8조(선거관리의 위탁신청) 공공단체등이 임원 등의 선출을 위한 선거의 관리
를 위탁하려는 때에는 다음 각 호에 따른 기한까지 관할위원회에 서면으로
신청하여야 한다. 다만, 재선거, 보궐선거, 위탁단체의 설립·분할 또는 합
병으로 인한 선거(이하 "보궐선거등"이라 한다)의 경우에는 그 선거의 실시
사유가 발생한 날부터 5일까지 신청하여야 한다. <개정 2023. 8. 8., 2024.
1. 30.>

1. 의무위탁선거: 임원 등의 임기만료일 전 180일까지. 이 경우 동시조합장

선거 및 동시이사장선거에서는 임기만료일 전 180일에 별도의 신청 없이 위탁한 것으로 본다.

2. 임의위탁선거: 임원 등의 임기만료일 전 90일까지

제9조(임의위탁선거의 위탁관리 결정·통지) 제8조제2호에 따른 선거관리의 위탁신청을 받은 관할위원회는 공직선거등과 다른 위탁선거와의 선거사무 일정 등을 고려하여 그 신청서를 접수한 날부터 7일 이내에 위탁관리 여부를 결정하고, 지체 없이 그 결과를 해당 공공단체등에 통지하여야 한다.

제10조(공정선거지원단) ① 관할위원회는 위탁선거 위반행위의 예방 및 감시·단속활동을 위하여 선거실시구역·선거인수, 그 밖의 조건을 고려하여 다음 각 호의 기간의 범위에서 중립적이고 공정한 사람으로 구성된 공정선거지원단을 둘 수 있다. 다만, 동시조합장선거 및 동시이사장선거의 경우에는 임기만료일 전 180일부터 선거일까지 공정선거지원단을 둔다. <개정 2023. 8. 8.>

1. 의무위탁선거: 제8조에 따라 위탁신청을 받은 날부터 선거일까지

2. 임의위탁선거: 제9조에 따라 위탁받아 관리하기로 결정하여 통지한 날부터 선거일까지

② 공정선거지원단은 위탁선거 위반행위에 대하여 관할위원회의 지휘를 받아 사전안내·예방 및 감시·단속·조사활동을 할 수 있다.

③ 공정선거지원단의 구성·활동방법 및 수당·실비의 지급, 그 밖에 필요한 사항은 중앙선거관리위원회규칙으로 정한다.

제11조(위탁선거의 관리) ① 중앙선거관리위원회는 이 법에 특별한 규정이 있는 경우를 제외하고는 위탁선거 사무를 통할·관리하며, 하급선거관리위원회의 위법·부당한 처분에 대하여 이를 취소하거나 변경할 수 있다.

② 특별시·광역시·도·특별자치도선거관리위원회는 하급선거관리위원회

의 위탁선거에 관한 위법·부당한 처분에 대하여 이를 취소하거나 변경할 수 있다.

③ 관할위원회는 선거관리를 위하여 필요하다고 인정하는 경우에는 중앙선거관리위원회규칙으로 정하는 바에 따라 관할위원회가 지정하는 사람 또는 하급선거관리위원회나 다른 구·시·군선거관리위원회로 하여금 위탁선거사무를 행하게 할 수 있다.

④ 직근 상급선거관리위원회는 관할위원회가 천재지변, 그 밖의 부득이한 사유로 그 기능을 수행할 수 없는 경우에는 위탁선거 사무를 직접 관리하거나 다른 선거관리위원회로 하여금 관할위원회의 기능이 회복될 때까지 대행하게 할 수 있다. 이 경우 다른 선거관리위원회로 하여금 위탁선거 사무를 대행하게 하는 때에는 대행할 업무의 범위도 함께 정하여야 한다.

⑤ 직근 상급선거관리위원회는 제4항에 따라 위탁선거 사무를 직접 관리하거나 대행하게 한 경우에는 해당 선거관리위원회와 업무의 범위를 지체 없이 공고하여야 한다.

제3장 선거권 및 피선거권

제12조(선거권 및 피선거권) 위탁선거에서 선거권 및 피선거권(입후보자격 등 그 명칭에 관계없이 임원 등이 될 수 있는 자격을 말한다. 이하 같다)에 관하여는 해당 법령이나 정관등에 따른다.

제4장 선거기간과 선거일

제13조(선거기간) ① 선거별 선거기간은 다음과 같다. <개정 2023. 8. 8.>

1. 「농업협동조합법」, 「수산업협동조합법」 및 「산림조합법」에 따른 조합장

선거(이하 "조합장선거"라 한다)와 「새마을금고법」에 따른 이사장선거
(이하 "이사장선거"라 한다): 14일

2. 제1호에 따른 선거 외의 위탁선거: 관할위원회가 해당 위탁단체와 협의
하여 정하는 기간

② "선거기간"이란 후보자등록마감일의 다음 날부터 선거일까지를 말한다.

제14조(선거일) ① 동시조합장선거 및 동시이사장선거의 선거일은 그 임기가
만료되는 해당 연도 3월 중 첫 번째 수요일로 한다. <개정 2023. 8. 8.,
2024. 1. 30.>

② 동시조합장선거ㆍ동시이사장선거 외의 위탁선거의 선거일은 관할위원회
가 해당 위탁단체와 협의하여 정하는 날로 한다. <개정 2023. 8. 8.>

③ 관할위원회는 그 관할구역에서 공직선거등이 실시되는 때에는 해당 공
직선거등의 선거일 또는 투표일 전 30일부터 선거일 또는 투표일 후 20일
까지의 기간에 속한 날은 위탁선거의 선거일로 정할 수 없다. 다만, 임기만
료에 따른 지방자치단체의 의회의원 및 장의 선거가 실시되는 때에는 그
선거일 전 60일부터 선거일 후 20일까지의 기간에 속한 날은 위탁선거의
선거일로 정할 수 없다.

④ 관할위원회는 제2항에 따라 선거일을 정한 후에 공직선거등의 실시 사
유가 발생하여 선거사무일정이 중첩되는 때에는 해당 위탁단체와 다시 협
의하여 위탁선거의 선거일을 새로 정할 수 있다. 이 경우 임의위탁선거는
그 위탁관리 결정을 취소할 수 있다.

⑤ 제4항에 따라 선거일을 새로 정하는 경우 해당 정관등에 따른 선거일로
정할 수 있는 기간이 공직선거등의 선거사무일정과 중첩되는 때에는 그 정
관등에도 불구하고 위탁선거의 선거일을 따로 정할 수 있다.

⑥ 관할위원회는 선거인명부작성개시일 전일까지 선거일을 공고하여야 한다.
이 경우 동시조합장선거 및 동시이사장선거에서는 선거인명부작성개시일 전
일에 선거일을 공고한 것으로 본다. <개정 2017. 12. 26., 2023. 8. 8.>

제5장 선거인명부

제15조(선거인명부의 작성 등) ① 위탁단체는 관할위원회와 협의하여 선거인 명부작성기간과 선거인명부확정일을 정하고, 선거인명부를 작성 및 확정하여야 한다. 다만, 조합장선거 및 이사장선거의 경우에는 선거일 전 19일부터 5일 이내에 선거인명부를 작성하여야 하며, 그 선거인명부는 선거일 전 10일에 확정된다. <개정 2023. 8. 8.>

② 위탁단체는 선거인명부를 작성한 때에는 즉시 그 등본(전산자료 복사본을 포함한다. 이하 이 항에서 같다) 1통을, 선거인명부가 확정된 때에는 지체 없이 확정된 선거인명부 등본 1통을 각각 관할위원회에 송부하여야 한다. 이 경우 둘 이상의 투표소를 설치하는 경우에는 투표소별로 분철하여 선거인명부를 작성·확정하여야 한다. <개정 2024. 1. 30.>

③ 제2항에도 불구하고 동시조합장선거 또는 동시이사장선거를 실시하는 경우 위탁단체는 중앙선거관리위원회규칙으로 정하는 구역단위로 선거인명부를 작성·확정하여야 하며, 중앙선거관리위원회는 확정된 선거인명부의 전산자료 복사본을 해당 조합 또는 금고로부터 제출받아 전산조직을 이용하여 하나의 선거인명부를 작성한 후 투표소에서 사용하게 할 수 있다. 이 경우 위탁단체는 선거인명부 등본을 제출하지 아니할 수 있다. <개정 2023. 8. 8., 2024. 1. 30.>

④ 위탁단체는 선거인명부작성개시일 전 30일까지(보궐선거등의 경우 그 실시사유가 발생한 날부터 5일까지) 해당 위탁단체의 조합원 자격 등을 확인하여 회원명부(그 명칭에 관계없이 위탁단체가 해당 법령이나 정관등에 따라 작성한 구성원의 명부를 말한다)를 정비하여야 한다. <신설 2024. 1. 30.>

⑤ 동시조합장선거 및 동시이사장선거를 실시하는 경우 위탁단체는 선거인명부의 작성을 위하여 「주민등록법」 제30조에 따라 주민등록전산정보자료를 이용할 수 있다. <신설 2024. 1. 30.>

⑥ 선거인명부의 작성·수정 및 확정 사항과 확정된 선거인명부의 오기 등의 통보, 그 밖에 필요한 사항은 중앙선거관리위원회규칙으로 정한다. <개

정 2024. 1. 30.>

제16조(명부 열람 및 이의신청과 결정) ① 위탁단체는 선거인명부를 작성한 때에는 선거인명부작성기간만료일의 다음 날부터 3일간 선거권자가 선거인명부를 열람할 수 있도록 하여야 한다. 이 경우 선거인명부의 열람은 공휴일에도 불구하고 매일 오전 9시부터 오후 6시까지 할 수 있다. <개정 2024. 1. 30.>

② 선거권자는 누구든지 선거인명부에 누락 또는 오기가 있거나 자격이 없는 선거인이 올라 있다고 인정되면 열람기간 내에 구술 또는 서면으로 해당 위탁단체에 이의를 신청할 수 있다.

③ 위탁단체는 제2항의 이의신청이 있는 경우에는 이의신청을 받은 날의 다음 날까지 이를 심사·결정하되, 그 신청이 이유가 있다고 결정한 때에는 즉시 선거인명부를 정정하고 관할위원회·신청인·관계인에게 통지하여야 하며, 이유 없다고 결정한 때에는 그 사유를 신청인에게 통지하여야 한다.

제17조(선거인명부 사본의 교부 신청) 후보자는 해당 법령이나 정관등에서 정하는 바에 따라 선거인명부 사본의 교부를 신청할 수 있다.

제6장 후보자

제18조(후보자등록) ① 후보자가 되려는 사람은 선거기간개시일 전 2일부터 2일 동안 관할위원회에 서면으로 후보자등록을 신청하여야 한다. 이 경우 후보자등록신청서의 접수는 공휴일에도 불구하고 매일 오전 9시부터 오후 6시까지로 한다.

② 후보자등록을 신청하는 사람은 다음 각 호의 서류 등을 제출하여야 한다.

1. 후보자등록신청서

2. 해당 법령이나 정관등에 따른 피선거권에 관한 증명 서류

3. 기탁금(해당 법령이나 정관등에서 기탁금을 납부하도록 한 경우에 한정한다)

4. 그 밖에 해당 법령이나 정관등에 따른 후보자등록신청에 필요한 서류 등

③ 관할위원회가 후보자등록신청을 접수한 때에는 즉시 이를 수리한다. 다만, 제2항제1호부터 제3호까지의 규정에 따른 서류 등을 갖추지 아니한 등록신청은 수리하지 아니한다.

④ 후보자가 되려는 사람은 선거기간개시일 전 60일부터 본인의 범죄경력(해당 법령이나 정관등에서 정하는 범죄경력을 말한다. 이하 같다)을 국가경찰관서의 장에게 조회할 수 있으며, 그 요청을 받은 국가경찰관서의 장은 지체 없이 그 범죄경력을 회보(回報)하여야 한다. 이 경우 회보받은 범죄경력은 후보자등록시 함께 제출하여야 한다. <신설 2024. 1. 30.>

⑤ 관할위원회는 후보자등록마감 후에 후보자의 피선거권에 관한 조사를 하여야 하며, 그 조사를 의뢰받은 기관 또는 단체는 지체 없이 그 사실을 확인하여 해당 관할위원회에 회보하여야 한다. <개정 2024. 1. 30.>

⑥ 관할위원회는 제4항 후단에 따라 제출된 범죄경력에 대하여 그 확인이 필요하다고 인정되는 경우에는 후보자등록마감 후 지체 없이 해당 위탁단체의 주된 사무소 소재지를 관할하는 검찰청의 장에게 해당 후보자의 범죄경력을 조회할 수 있고, 해당 검찰청의 장은 그 범죄경력의 진위여부를 지체 없이 관할위원회에 회보하여야 한다. <신설 2024. 1. 30.>

⑦ 후보자등록신청서의 서식, 그 밖에 필요한 사항은 중앙선거관리위원회 규칙으로 정한다. <개정 2024. 1. 30.>

제19조(등록무효) ① 관할위원회는 후보자등록 후에 다음 각 호의 어느 하나에 해당하는 사유가 있는 때에는 그 후보자의 등록은 무효로 한다. <개정 2024. 1. 30.>

1. 후보자의 피선거권이 없는 것이 발견된 때

2. 제18조제2항제1호부터 제3호까지의 규정에 따른 서류 등을 제출하지 아니한 것이 발견된 때

3. 제25조제2항을 위반하여 범죄경력을 게재하지 아니한 선거공보를 제출하거나 범죄경력에 관한 서류를 별도로 제출하지 아니한 것이 발견된 때

② 관할위원회가 후보자등록을 무효로 한 때에는 지체 없이 그 후보자와 해당 위탁단체에 등록무효의 사유를 명시하여 그 사실을 알려야 한다.

제20조(후보자사퇴의 신고) 후보자가 사퇴하려는 경우에는 자신이 직접 관할위원회에 가서 서면으로 신고하여야 한다.

제21조(후보자등록 등에 관한 공고) 관할위원회는 후보자가 등록·사퇴·사망하거나 등록이 무효로 된 때에는 지체 없이 그 사실을 공고하여야 한다.

제7장 선거운동

제22조(적용 제외) 제3조제1호가목에 해당하는 공공단체등이 위탁하는 선거 외의 위탁선거에는 이 장을 적용하지 아니한다. 다만, 제3조제1호다목에 따라 공공단체등이 임원 등의 선출을 위한 선거의 관리를 위탁하여야 하는 선거(「교육공무원법」 제24조의3에 따른 대학의 장 후보자 추천 선거는 제외한다)에는 제31조부터 제34조까지, 제35조제1항부터 제4항까지, 제37조를 적용한다. <개정 2016. 12. 27.>

제23조(선거운동의 정의) 이 법에서 "선거운동"이란 당선되거나 되게 하거나 되지 못하게 하기 위한 행위를 말한다. 다만, 다음 각 호의 어느 하나에 해당하는 행위는 선거운동으로 보지 아니한다.

1. 선거에 관한 단순한 의견개진 및 의사표시

2. 입후보와 선거운동을 위한 준비행위

제24조(선거운동의 주체·기간·방법) ① 후보자와 후보자가 그의 배우자, 직계존비속 또는 해당 위탁단체의 임직원이 아닌 조합원·회원 중 지정하는 1명(이하 "후보자등"이라 한다)이 제25조부터 제30조의4까지의 규정에 따라 선거운동을 하는 경우(제30조의4에 따른 방법은 후보자가 하는 경우에 한정한다)를 제외하고는 누구든지 어떠한 방법으로도 선거운동을 할 수 없다. <개정 2015. 12. 24., 2024. 1. 30.>

② 선거운동은 후보자등록마감일의 다음 날부터 선거일 전일까지에 한정하여 할 수 있다. 다만, 다음 각 호의 어느 하나에 해당하는 경우에는 그러하지 아니하다. <개정 2017. 12. 26.>

1. 제24조제3항제3호에 따른 중앙회장선거의 후보자가 선거일 또는 결선투표일에 제28조제2호에 따른 문자메시지를 전송하는 방법으로 선거운동을 하는 경우

2. 제30조의2에 따라 후보자가 선거일 또는 결선투표일에 자신의 소견을 발표하는 경우

③ 선거별 선거운동방법은 다음 각 호와 같다. <개정 2015. 12. 24., 2016. 12. 27., 2017. 12. 26., 2023. 3. 2., 2023. 8. 8., 2024. 1. 30.>

1. 「농업협동조합법」 제45조제5항제1호, 「수산업협동조합법」 제46조제3항제1호 및 「산림조합법」 제35조제4항제1호에 따른 선출방법 중 총회 외에서 선출하는 조합장선거와 「새마을금고법」 제18조제5항에 따라 회원의 투표로 직접 선출하는 이사장선거: 제25조부터 제30조까지, 제30조의3 및 제30조의4의 규정에 따른 방법

2. 「농업협동조합법」 제45조제5항제1호, 「수산업협동조합법」 제46조제3항제1호 및 「산림조합법」 제35조제4항제1호에 따른 선출방법 중 총회에서 선출하는 조합장선거와 「새마을금고법」 제18조제5항 단서에 따라 총회에서 선출하는 이사장선거: 제25조부터 제30조의4까지의 규정에 따른

방법

3. 「농업협동조합법」, 「수산업협동조합법」, 「산림조합법」 및 「새마을금고법」에 따른 중앙회장선거, 「농업협동조합법」 제45조제5항제2호, 「수산업협동조합법」 제46조제3항제2호 및 「산림조합법」 제35조제4항제2호에 따라 대의원회에서 선출하는 조합장선거 및 「새마을금고법」 제18조제5항 단서에 따라 대의원회에서 선출하는 이사장선거: 제25조 · 제28조 · 제29조 · 제30조 및 제30조의2부터 제30조의4까지에 따른 방법(제30조에 따른 방법은 중앙회장선거에 한정한다)

제24조의2(예비후보자) ① 제24조제3항제1호부터 제3호까지에 따른 선거의 예비후보자가 되려는 사람은 선거기간개시일 전 30일부터 관할위원회에 예비후보자등록을 서면으로 신청하여야 한다. <개정 2024. 1. 30.>

② 제1항에 따라 예비후보자등록을 신청하는 사람은 해당 법령이나 정관 등에 따른 피선거권에 관한 증명서류를 제출하여야 한다.

③ 제1항에 따른 등록신청을 받은 관할위원회는 이를 지체 없이 수리하여야 한다.

④ 관할위원회는 피선거권을 확인할 필요가 있다고 인정되는 예비후보자에 대하여 관계 기관의 장에게 필요한 사항을 조회할 수 있다. 이 경우 관계 기관의 장은 지체 없이 해당 사항을 조사하여 회보하여야 한다.

⑤ 예비후보자등록 후에 피선거권이 없는 것이 발견된 때에는 그 예비후보자의 등록은 무효로 한다.

⑥ 예비후보자가 사퇴하려는 경우에는 자신이 직접 관할위원회에 가서 서면으로 신고하여야 한다.

⑦ 제24조에도 불구하고 예비후보자와 예비후보자가 그의 배우자, 직계존비속 또는 해당 위탁단체의 임직원이 아닌 조합원 · 회원 중 지정하는 1명(이하 "예비후보자등"이라 한다)은 다음 각 호의 어느 하나에 해당하는 방법으로 선거운동을 할 수 있다. <개정 2024. 1. 30.>

1. 제28조 및 제29조에 따른 방법
2. 제30조에 따른 방법(위탁단체가 사전에 공개한 행사장에서 하는 경우에 한정하며, 제24조제3항제3호에 해당하는 선거의 경우에는 중앙회장선거에 한정한다)
3. 제30조의4에 따른 방법(예비후보자가 하는 경우에 한정한다)

⑧ 제18조에 따라 후보자로 등록한 사람은 선거기간개시일 전일까지 예비후보자를 겸하는 것으로 본다.

⑨ 예비후보자등록신청서의 서식, 그 밖에 필요한 사항은 중앙선거관리위원회규칙으로 정한다.

[본조신설 2017. 12. 26.]

제24조의3(활동보조인) ① 중앙선거관리위원회규칙으로 정하는 장애인 예비후보자·후보자는 그의 활동을 보조하기 위하여 배우자, 직계존비속 또는 해당 위탁단체의 임직원이 아닌 조합원·회원 중에서 1명의 활동보조인(이하 "활동보조인"이라 한다)을 둘 수 있다.

② 제1항에 따라 예비후보자·후보자가 활동보조인을 선임하거나 해임하는 때에는 지체 없이 관할위원회에 서면으로 신고하여야 한다.

③ 제24조에도 불구하고 예비후보자·후보자와 함께 다니는 활동보조인은 다음 각 호에 따라 선거운동을 할 수 있다. 이 경우 활동보조인은 관할위원회가 교부하는 표지를 패용하여야 한다.

1. 예비후보자의 활동보조인: 제24조의2제7항제2호에 해당하는 방법
2. 후보자의 활동보조인: 선거운동기간 중 제27조(제24조제3항제3호에 해당하는 선거의 경우에는 제외한다) 및 제30조(제24조제3항제3호에 해당하는 선거의 경우에는 중앙회장선거에 한정한다)에 해당하는 방법

④ 예비후보자·후보자는 활동보조인에게 수당과 실비를 지급할 수 있다.

⑤ 활동보조인의 선임·해임 신고서, 표지, 수당과 실비, 그 밖에 필요한 사항은 중앙선거관리위원회규칙으로 정한다.

[본조신설 2024. 1. 30.]

제25조(선거공보) ① 후보자는 선거운동을 위하여 선거공보 1종을 작성할 수 있다. 이 경우 후보자는 선거인명부확정일 전일까지 관할위원회에 선거공보를 제출하여야 한다.

② 후보자가 제1항에 따라 선거공보를 제출하는 경우에는 중앙선거관리위원회규칙으로 정하는 바에 따라 선거공보에 범죄경력을 게재하여야 하고, 선거공보를 제출하지 아니하는 경우에는 범죄경력에 관한 서류를 별도로 작성하여 제1항에 따른 선거공보의 제출마감일까지 관할위원회에 제출하여야 한다. <신설 2024. 1. 30.>

③ 관할위원회는 제1항 또는 제2항에 따라 제출된 선거공보 또는 범죄경력에 관한 서류를 선거인명부확정일 후 3일까지 제43조에 따른 투표안내문과 동봉하여 선거인에게 발송하여야 한다. <개정 2024. 1. 30.>

④ 후보자가 제1항 후단에 따른 기한까지 선거공보 또는 범죄경력에 관한 서류를 제출하지 아니하거나 규격을 넘는 선거공보를 제출한 때에는 그 선거공보는 발송하지 아니한다. <개정 2024. 1. 30.>

⑤ 제출된 선거공보는 정정 또는 철회할 수 없다. 다만, 오기나 이 법에 위반되는 내용이 게재되었을 경우에는 제출마감일까지 해당 후보자가 정정할 수 있다. <개정 2024. 1. 30.>

⑥ 후보자 및 선거인은 선거공보의 내용 중 경력·학력·학위·상벌·범죄경력에 관하여 거짓으로 게재되어 있음을 이유로 이의제기를 하는 때에는 관할위원회에 서면으로 하여야 하고, 이의제기를 받은 관할위원회는 후보자와 이의제기자에게 그 증명서류의 제출을 요구할 수 있으며, 그 증명서류의 제출이 없거나 거짓 사실임이 판명된 때에는 그 사실을 공고하여야 한다. <개정 2024. 1. 30.>

⑦ 관할위원회는 제6항에 따라 허위게재사실을 공고한 때에는 그 공고문 사본 1매를 선거일에 투표소의 입구에 첨부하여야 한다. <개정 2024. 1. 30.>

⑧ 선거공보의 작성수량·규격·면수·제출, 그 밖에 필요한 사항은 중앙선거관리위원회규칙으로 정한다. <개정 2024. 1. 30.>

제26조(선거벽보) ① 후보자는 선거운동을 위하여 선거벽보 1종을 작성할 수 있다. 이 경우 후보자는 선거인명부확정일 전일까지 관할위원회에 선거벽보를 제출하여야 한다.

② 관할위원회는 제1항에 따라 제출된 선거벽보를 제출마감일 후 2일까지 해당 위탁단체의 주된 사무소와 지사무소의 건물 또는 게시판 및 위탁단체와 협의한 장소에 첩부하여야 한다. <개정 2024. 1. 30.>

③ 제25조제4항부터 제7항까지의 규정은 선거벽보에 이를 준용한다. 이 경우 "선거공보"는 "선거벽보"로, "발송"은 "첩부"로, "규격을 넘는"은 "규격을 넘거나 미달하는"으로 본다. <개정 2024. 1. 30.>

④ 선거벽보의 작성수량·첩부수량·규격·제출, 그 밖에 필요한 사항은 중앙선거관리위원회규칙으로 정한다.

제27조(어깨띠·윗옷·소품) 후보자등은 선거운동기간 중 어깨띠나 윗옷(上衣)을 착용하거나 소품을 이용하여 선거운동을 할 수 있다. <개정 2024. 1. 30.>

제28조(전화를 이용한 선거운동) 후보자등은 선거운동기간 중 다음 각 호의 어느 하나에 해당하는 방법으로 선거운동을 할 수 있다. 다만, 오후 10시부터 다음 날 오전 7시까지는 그러하지 아니하다. <개정 2024. 1. 30.>

1. 전화를 이용하여 송화자·수화자 간 직접 통화하는 방법
2. 문자(문자 외의 음성·화상·동영상 등은 제외한다)메시지를 전송하는 방법

제29조(정보통신망을 이용한 선거운동) ① 후보자등은 선거운동기간 중 다음 각 호의 어느 하나에 해당하는 방법으로 선거운동을 할 수 있다. <개정 2024. 1. 30.>

1. 인터넷 홈페이지의 게시판·대화방 등에 글이나 동영상 등을 게시하는

방법

2. 전자우편(컴퓨터 이용자끼리 네트워크를 통하여 문자·음성·화상 또는 동영상 등의 정보를 주고받는 통신시스템을 말한다)을 전송하는 방법

② 관할위원회는 이 법에 위반되는 정보가 인터넷 홈페이지의 게시판·대화방 등에 게시된 때에는 그 인터넷 홈페이지의 관리자·운영자 또는 「정보통신망 이용촉진 및 정보보호 등에 관한 법률」 제2조(정의)제1항제3호에 따른 정보통신서비스 제공자(이하 이 조에서 "정보통신서비스 제공자"라 한다)에게 해당 정보의 삭제를 요청할 수 있다. 이 경우 그 요청을 받은 인터넷 홈페이지의 관리자·운영자 또는 정보통신서비스 제공자는 지체 없이 이에 따라야 한다.

③ 제2항에 따라 정보가 삭제된 경우 해당 정보를 게시한 사람은 그 정보가 삭제된 날부터 3일 이내에 관할위원회에 서면으로 이의신청을 할 수 있다.

④ 위법한 정보의 게시에 대한 삭제 요청, 이의신청, 그 밖에 필요한 사항은 중앙선거관리위원회규칙으로 정한다.

제30조(명함을 이용한 선거운동) 후보자등은 선거운동기간 중 다수인이 왕래하거나 집합하는 공개된 장소에서 길이 9센티미터 너비 5센티미터 이내의 선거운동을 위한 명함을 선거인에게 직접 주거나 지지를 호소하는 방법으로 선거운동을 할 수 있다. 다만, 중앙선거관리위원회규칙으로 정하는 장소에서는 그러하지 아니하다. <개정 2024. 1. 30.>

제30조의2(선거일 후보자 소개 및 소견발표) ① 제24조제3항제2호 및 제3호에 따른 조합장선거, 이사장선거 또는 중앙회장선거에서 투표관리관 또는 투표관리관이 지정하는 사람(이하 이 조에서 "투표관리관등"이라 한다)은 선거일 또는 제52조에 따른 결선투표일(제24조제3항제3호에 따른 중앙회장선거에 한정한다)에 투표를 개시하기 전에 투표소 또는 총회나 대의원회가 개최되는 장소(이하 이 조에서 "투표소등"이라 한다)에서 선거인에게 기호

순에 따라 각 후보자를 소개하고 후보자로 하여금 조합 또는 금고 운영에 대한 자신의 소견을 발표하게 하여야 한다. 이 경우 발표시간은 후보자마다 10분의 범위에서 동일하게 배정하여야 한다. <개정 2017. 12. 26., 2023. 8. 8.>

② 후보자가 자신의 소견발표 순서가 될 때까지 투표소등에 도착하지 아니한 때에는 소견발표를 포기한 것으로 본다.

③ 투표관리관등은 후보자가 제61조 또는 제62조에 위반되는 발언을 하는 때에는 이의 중지를 명하여야 하고 후보자가 이에 따르지 아니하는 때에는 소견발표를 중지시키는 등 필요한 조치를 취하여야 한다.

④ 투표관리관등은 투표소등에서 후보자가 소견을 발표하는 것을 방해하거나 질서를 문란하게 하는 사람이 있는 때에는 이를 제지하고, 그 명령에 불응하는 때에는 투표소등 밖으로 퇴장시킬 수 있다.

⑤ 제1항에 따른 후보자 소개 및 소견발표 진행, 그 밖에 필요한 사항은 중앙선거관리위원회규칙으로 정한다.

[본조신설 2015. 12. 24.]

제30조의3(선거운동을 위한 휴대전화 가상번호의 제공) ① 후보자는 제28조에 따른 선거운동을 하기 위하여 해당 위탁단체에 그 구성원의 이동전화번호가 노출되지 아니하도록 생성한 번호(이하 "휴대전화 가상번호"라 한다)를 이동통신사업자로부터 제공받아 후보자에게 제공하여 줄 것을 요청할 수 있다.

② 위탁단체는 제1항에 따른 휴대전화 가상번호 제공 요청이 있는 경우에는 관할위원회를 경유하여 이동통신사업자에게 휴대전화 가상번호를 제공하여 줄 것을 서면(이하 "휴대전화 가상번호 제공 요청서"라 한다)으로 요청하여야 한다.

③ 관할위원회는 해당 휴대전화 가상번호 제공 요청서를 심사한 후 제출받은 날부터 3일 이내에 해당 휴대전화 가상번호 제공 요청서를 이동통신사

업자에게 송부하여야 한다.

④ 관할위원회는 휴대전화 가상번호 제공 요청서의 심사를 위하여 필요하다고 판단되는 때에는 해당 위탁단체에 휴대전화 가상번호 제공 요청서의 보완 또는 자료의 제출을 요구할 수 있으며, 그 요구를 받은 위탁단체는 지체 없이 이에 따라야 한다.

⑤ 이동통신사업자가 제2항에 따른 요청을 받은 때에는 그 요청을 받은 날부터 7일 이내에 휴대전화 가상번호 제공 요청서에 따라 휴대전화 가상번호를 생성하여 유효기간을 설정한 다음 관할위원회를 경유하여 해당 위탁단체에 제공하여야 한다.

⑥ 이동통신사업자(그 대표자 및 구성원을 포함한다)가 제5항에 따라 휴대전화 가상번호를 제공할 때에는 다음 각 호의 어느 하나에 해당하는 행위를 하여서는 아니 된다.

1. 휴대전화 가상번호에 유효기간을 설정하지 아니하고 제공하거나 휴대전화 가상번호를 제공하는 날부터 선거일까지의 기간을 초과하는 유효기간을 설정하여 제공하는 행위

2. 휴대전화 가상번호의 제공을 요청한 위탁단체 이외의 자에게 휴대전화 가상번호를 제공하는 행위

⑦ 위탁단체는 제2항에 따라 휴대전화 가상번호 제공 요청을 하기 전에 해당 단체의 구성원에게 위탁선거 후보자의 선거운동을 위하여 본인의 이동전화번호가 후보자에게 휴대전화 가상번호로 제공된다는 사실과 그 제공을 거부할 수 있다는 사실을 알려야 한다. 이 경우 위탁단체는 전단에 따른 고지를 받고 명시적으로 거부의사를 밝힌 구성원의 휴대전화 가상번호를 후보자에게 제공하여서는 아니 된다.

⑧ 위탁단체는 제5항에 따라 제공받은 휴대전화 가상번호를 제1항에 따라 제공을 요청한 후보자 외에 해당 선거의 다른 후보자에게도 제공할 수 있다.

⑨ 위탁단체로부터 휴대전화 가상번호를 제공받은 후보자는 다음 각 호의 어느 하나에 해당하는 행위를 하여서는 아니 된다.

1. 제공받은 휴대전화 가상번호를 제28조에 따른 선거운동 외의 다른 목적
   으로 사용하는 행위
2. 제공받은 휴대전화 가상번호를 다른 자에게 제공하는 행위

⑩ 휴대전화 가상번호를 제공받은 후보자는 유효기간이 지난 휴대전화 가
상번호를 즉시 폐기하여야 한다.

⑪ 이동통신사업자가 제5항에 따라 휴대전화 가상번호를 생성하여 제공하
는 데 소요되는 비용은 휴대전화 가상번호의 제공을 요청한 위탁단체가 부
담한다. 이 경우 이동통신사업자는 휴대전화 가상번호 생성·제공에 소요되
는 최소한의 비용을 청구하여야 한다.

⑫ 휴대전화 가상번호 제공 요청 방법과 절차, 휴대전화 가상번호의 유효기
간 설정, 휴대전화 가상번호 제공 요청서 서식, 그 밖에 필요한 사항은 중
앙선거관리위원회규칙으로 정한다.

[본조신설 2024. 1. 30.]

제30조의4(공개행사에서의 정책 발표) ① 예비후보자와 후보자는 해당 위탁단
체가 개최하는 공개행사에 방문하여 자신의 정책을 발표할 수 있다.

② 제1항에 따라 공개행사에서 정책을 발표하려는 예비후보자와 후보자는
참석할 공개행사의 일시, 소견 발표에 소요되는 시간과 발표 방법 등을 해
당 위탁단체에 미리 신고하여야 한다. 이 경우 위탁단체는 정당한 사유 없
이 이를 거부할 수 없다.

③ 위탁단체는 예비후보자등록신청개시일 전 5일부터 선거일 전일까지 매
주 제1항에 따른 공개행사의 일시와 소견 발표가 가능한 시간을 공고하여
야 한다.

④ 제2항에 따른 신고 및 제3항에 따른 공고의 절차·방법과 그 밖에 필요
한 사항은 중앙선거관리위원회규칙으로 정한다.

[본조신설 2024. 1. 30.]

제31조(지위를 이용한 선거운동금지 등) 위탁단체의 임직원은 다음 각 호의 어느 하나에 해당하는 행위를 할 수 없다.

1. 지위를 이용하여 선거운동을 하는 행위

2. 지위를 이용하여 선거운동의 기획에 참여하거나 그 기획의 실시에 관여하는 행위

3. 후보자(후보자가 되려는 사람을 포함한다)에 대한 선거권자의 지지도를 조사하거나 이를 발표하는 행위

제32조(기부행위의 정의) 이 법에서 "기부행위"란 다음 각 호의 어느 하나에 해당하는 사람이나 기관·단체·시설을 대상으로 금전·물품 또는 그 밖의 재산상 이익을 제공하거나 그 이익제공의 의사를 표시하거나 그 제공을 약속하는 행위를 말한다. <개정 2024. 1. 30.>

1. 선거인[선거인명부를 작성하기 전에는 그 선거인명부에 오를 자격이 있는 자(해당 위탁단체에 가입되어 해당 법령이나 정관등에 따라 위탁선거의 선거권이 있는 자 및 해당 위탁단체에 가입 신청을 한 자를 말한다)를 포함한다. 이하 이 조에서 같다]이나 그 가족(선거인의 배우자, 선거인 또는 그 배우자의 직계존비속과 형제자매, 선거인의 직계존비속 및 형제자매의 배우자를 말한다. 이하 같다)

2. 선거인이나 그 가족이 설립·운영하고 있는 기관·단체·시설

제33조(기부행위로 보지 아니하는 행위) ① 다음 각 호의 어느 하나에 해당하는 행위는 기부행위로 보지 아니한다. <개정 2024. 1. 30.>

1. 직무상의 행위

　가. 기관·단체·시설(나목에 따른 위탁단체를 제외한다)이 자체사업계획과 예산에 따라 의례적인 금전·물품을 그 기관·단체·시설의 명의로 제공하는 행위(포상을 포함한다. 이하 나목에서 같다)

　나. 위탁단체가 해당 법령이나 정관등에 따른 사업계획 및 수지예산에

따라 집행하는 금전·물품을 그 위탁단체의 명의로 제공하는 행위

다. 물품구매·공사·역무의 제공 등에 대한 대가의 제공 또는 부담금의 납부 등 채무를 이행하는 행위

라. 가목부터 다목까지의 규정에 따른 행위 외에 법령에 근거하여 물품 등을 찬조·출연 또는 제공하는 행위

2. 의례적 행위

가. 「민법」 제777조(친족의 범위)에 따른 친족(이하 이 조에서 "친족"이라 한다)의 관혼상제의식이나 그 밖의 경조사에 축의·부의금품을 제공하는 행위

나. 친족 외의 사람의 관혼상제의식에 통상적인 범위에서 축의·부의금 품을 제공하거나 주례를 서는 행위

다. 관혼상제의식이나 그 밖의 경조사에 참석한 하객이나 조객 등에게 통상적인 범위에서 음식물 또는 답례품을 제공하는 행위

라. 소속 기관·단체·시설(위탁단체는 제외한다)의 유급 사무직원이나 친족에게 연말·설 또는 추석에 의례적인 선물을 제공하는 행위

마. 친목회·향우회·종친회·동창회 등 각종 사교·친목단체 및 사회단체의 구성원으로서 그 단체의 정관 등 또는 운영관례상의 의무에 기하여 종전의 범위에서 회비를 납부하는 행위

바. 평소 자신이 다니는 교회·성당·사찰 등에 통상의 예에 따라 헌금(물품의 제공을 포함한다)하는 행위

3. 「공직선거법」 제112조제2항제3호에 따른 구호적·자선적 행위에 준하는 행위

4. 그 밖에 제1호부터 제3호까지의 어느 하나에 준하는 행위로서 중앙선거관리위원회규칙으로 정하는 행위

② 제1항제1호 각 목 중 위탁단체의 직무상 행위는 해당 법령이나 정관등에 따라 포상하는 경우를 제외하고는 해당 위탁단체의 명의로 하여야 하며, 해당 위탁단체의 대표자의 직명 또는 성명을 밝히거나 그가 하는 것으로

추정할 수 있는 방법으로 제공하는 행위는 기부행위로 본다. 이 경우 다음 각 호의 어느 하나에 해당하는 경우에는 "그가 하는 것으로 추정할 수 있는 방법"에 해당하는 것으로 본다. <신설 2024. 1. 30.>

1. 종전의 대상·방법·범위·시기 등을 법령 또는 정관등의 제정 또는 개정 없이 확대 변경하는 경우
2. 해당 위탁단체의 대표자의 업적을 홍보하는 등 그를 선전하는 행위가 부가되는 경우

③ 제1항에 따라 통상적인 범위에서 1명에게 제공할 수 있는 축의·부의금품, 음식물, 답례품 및 의례적인 선물의 금액범위는 중앙선거관리위원회규칙으로 정한다. <개정 2024. 1. 30.>

제34조(기부행위제한기간) 기부행위를 할 수 없는 기간(이하 "기부행위제한기간"이라 한다)은 다음 각 호와 같다. <개정 2024. 1. 30.>

1. 임기만료에 따른 선거: 임기만료일 전 1년부터 선거일까지
2. 해당 법령이나 정관등에 따른 보궐선거등: 그 선거의 실시 사유가 발생한 날부터 선거일까지

제35조(기부행위제한) ① 후보자(후보자가 되려는 사람을 포함한다. 이하 이 조에서 같다), 후보자의 배우자, 후보자가 속한 기관·단체·시설은 기부행위제한기간 중 기부행위를 할 수 없다.

② 누구든지 기부행위제한기간 중 해당 위탁선거에 관하여 후보자를 위하여 기부행위를 하거나 하게 할 수 없다. 이 경우 후보자의 명의를 밝혀 기부행위를 하거나 후보자가 기부하는 것으로 추정할 수 있는 방법으로 기부행위를 하는 것은 해당 위탁선거에 관하여 후보자를 위한 기부행위로 본다.

③ 누구든지 기부행위제한기간 중 해당 위탁선거에 관하여 제1항 또는 제2항에 규정된 자로부터 기부를 받거나 기부의 의사표시를 승낙할 수 없다.

④ 누구든지 제1항부터 제3항까지 규정된 행위에 관하여 지시·권유·알선

또는 요구할 수 없다.

⑤「농업협동조합법」,「수산업협동조합법」및「산림조합법」에 따른 조합
장·중앙회장과「새마을금고법」에 따른 이사장·중앙회장은 재임 중에 기
부행위를 할 수 없다. <개정 2023. 3. 2., 2023. 8. 8.>

제36조(조합장 등의 축의·부의금품 제공제한)「농업협동조합법」,「수산업협
동조합법」,「산림조합법」에 따른 조합·중앙회 또는「새마을금고법」에 따
른 금고·중앙회(이하 이 조에서 "조합등"이라 한다)의 경비로 관혼상제의
식이나 그 밖의 경조사에 축의·부의금품을 제공하는 경우에는 해당 조합
등의 경비임을 명기하여 해당 조합등의 명의로 하여야 하며, 해당 조합등의
대표자의 직명 또는 성명을 밝히거나 그가 하는 것으로 추정할 수 있는 방
법으로 하는 행위는 기부행위로 본다. <개정 2023. 3. 2., 2023. 8. 8.>

제37조(선거일 후 답례금지) 후보자, 후보자의 배우자, 후보자가 속한 기관·단
체·시설은 선거일 후 당선되거나 되지 아니한 데 대하여 선거인에게 축
하·위로나 그 밖의 답례를 하기 위하여 다음 각 호의 어느 하나에 해당하
는 행위를 할 수 없다.

1. 금전·물품 또는 향응을 제공하는 행위
2. 선거인을 모이게 하여 당선축하회 또는 낙선에 대한 위로회를 개최하는
   행위

제38조(호별방문 등의 제한) 누구든지 선거운동을 위하여 선거인(선거인명부
작성 전에는 선거인명부에 오를 자격이 있는 자를 포함한다)을 호별로 방
문하거나 특정 장소에 모이게 할 수 없다.

제8장 투표 및 개표

제39조(선거방법 등) ① 선거는 투표로 한다.

② 투표는 선거인이 직접 투표용지에 기표(記票)하는 방법으로 한다.

③ 투표는 선거인 1명마다 1표로 한다. 다만, 해당 법령이나 정관등에서 정하는 사람이 법인을 대표하여 행사하는 경우에는 그러하지 아니하다.

제40조(투표소의 설치 등) ① 관할위원회는 해당 위탁단체와 투표소의 설치수, 설치장소 등을 협의하여 선거일 전일까지 투표소를 설치하여야 한다.

② 관할위원회는 공정하고 중립적인 사람 중에서 투표소마다 투표에 관한 사무를 관리할 투표관리관 1명과 투표사무를 보조할 투표사무원을 위촉하여야 한다.

③ 관할위원회로부터 투표소 설치를 위한 장소 사용 협조 요구를 받은 기관·단체의 장은 정당한 사유가 없으면 이에 따라야 한다. <신설 2024. 1. 30.>

제41조(동시조합장선거·동시이사장선거의 투표소의 설치 등) ① 동시조합장선거 또는 동시이사장선거를 실시하는 경우 관할위원회는 제40조제1항에도 불구하고 그 관할구역 안의 읍·면[「지방자치법」 제7조(자치구가 아닌 구와 읍·면·동 등의 명칭과 구역)제3항에 따라 행정면을 둔 경우에는 행정면을 말한다]·동(「지방자치법」 제7조제4항에 따라 행정동을 둔 경우에는 행정동을 말한다)마다 1개소씩 투표소를 설치·운영하여야 하며, 감염병 발생 등 부득이한 사유가 있는 경우 중앙선거관리위원회규칙으로 정하는 바에 따라 추가로 투표소를 설치할 수 있다. 다만, 조합 또는 금고의 주된 사무소가 설치되지 아니한 지역 등 중앙선거관리위원회규칙으로 정하는 경우에는 관할위원회가 해당 조합 또는 금고와 협의하여 일부 읍·면·동에 투표소를 설치할 수 있다. <개정 2021. 1. 12., 2023. 8. 8., 2024. 1. 30.>

② 동시조합장선거 또는 동시이사장선거에서 선거인은 자신이 올라 있는 선거인명부의 작성 구역단위에 설치된 어느 투표소에서나 투표할 수 있다.

<개정 2023. 8. 8.>

③ 투표관리관은 제2항에 따라 투표하려는 선거인에 대해서는 본인임을 확인할 수 있는 신분증명서를 제시하게 하여 본인여부를 확인한 다음 전자적 방식으로 무인 또는 서명하게 하고, 투표용지 발급기를 이용하여 선거권이 있는 해당 선거의 투표용지를 출력하여 자신의 도장을 찍은 후 선거인에게 교부한다.

④ 중앙선거관리위원회는 2개 이상 조합장선거 또는 2개 이상 이사장선거의 선거권이 있는 선거인이 투표하는 데 지장이 없도록 하고, 같은 사람이 2회 이상 투표를 할 수 없도록 하는 데 필요한 기술적 조치를 하여야 한다. <개정 2023. 8. 8.>

⑤ 관할위원회는 섬 또는 산간오지 등에 거주하는 등 부득이한 사유로 투표소에 가기 어려운 선거인에게는 그 의결로 거소투표, 순회투표, 인터넷투표 등 중앙선거관리위원회규칙으로 정하는 방법으로 투표를 하게 할 수 있다. 이 경우 투표방법 등에 관하여는 해당 조합 또는 금고와 협의하여야 한다. <개정 2023. 8. 8.>

⑥ 제5항에 따른 거소투표, 순회투표, 인터넷투표 등의 대상·절차·기간·방법, 그 밖에 필요한 사항은 중앙선거관리위원회규칙으로 정한다.

[제목개정 2023. 8. 8.]

제42조(투표용지) ① 투표용지에는 후보자의 기호와 성명을 표시하되, 기호는 후보자의 게재순위에 따라 "1, 2, 3"등으로 표시하고, 성명은 한글로 기재하여야 한다. 다만, 한글로 표시된 성명이 같은 후보자가 있는 경우에는 괄호 속에 한자를 함께 기재한다.

② 관할위원회는 후보자등록마감 후에 후보자 또는 그 대리인의 참여하에 투표용지에 게재할 후보자의 순위를 추첨의 방법으로 정하여야 한다. 다만, 추첨개시시각에 후보자 또는 그 대리인이 참여하지 아니하는 경우에는 관할위원회 위원장이 지정하는 사람이 그 후보자를 대리하여 추첨할 수 있다.

③ 투표용지는 인쇄하거나 투표용지 발급기를 이용하여 출력하는 방법으로 작성할 수 있다.

제43조(투표안내문의 발송) 관할위원회는 선거인의 성명, 선거인명부등재번호, 투표소의 위치, 투표할 수 있는 시간, 투표할 때 가지고 가야 할 지참물, 투표절차, 그 밖에 투표참여를 권유하는 내용 등이 기재된 투표안내문을 선거인명부확정일 후 2일까지 선거인에게 우편으로 발송하여야 한다.

제44조(투표시간) ① 선거별 투표시간은 다음과 같다. <개정 2023. 8. 8.>

1. 동시조합장선거 및 동시이사장선거: 오전 7시부터 오후 5시까지
2. 제1호에 따른 선거 외의 위탁선거: 관할위원회가 해당 위탁단체와 협의하여 정하는 시간

② 투표를 마감할 때에 투표소에서 투표하기 위하여 대기하고 있는 선거인에게는 번호표를 부여하여 투표하게 한 후에 닫아야 한다.

제45조(투표 · 개표의 참관) ① 후보자는 해당 위탁단체의 조합원 또는 회원 중에서 투표소마다 2명 이내의 투표참관인을 선정하여 선거일 전 2일까지, 개표소마다 2명 이내의 개표참관인을 선정하여 선거일 전일까지 관할위원회에 서면으로 신고하여야 한다. 이 경우 개표참관인은 투표참관인이 겸임하게 할 수 있다. <개정 2024. 1. 30.>

② 관할위원회는 제1항에 따라 신고한 투표참관인 · 개표참관인이 투표 및 개표 상황을 참관하게 하여야 한다.

③ 후보자가 제1항에 따른 투표참관인 · 개표참관인의 신고를 하지 아니한 때에는 투표 · 개표 참관을 포기한 것으로 본다.

④ 후보자 또는 후보자의 배우자와 해당 위탁단체의 임직원은 투표참관인 · 개표참관인이 될 수 없다.

⑤ 제1항에도 불구하고 동시조합장선거 및 동시이사장선거의 투표참관인은

투표소마다 12명으로 하며, 후보자수가 12명을 넘는 경우에는 후보자별로 1명씩 우선 선정한 후 추첨에 따라 12명을 지정하고, 후보자수가 12명에 미달하되 후보자가 선정·신고한 인원수가 12명을 넘는 때에는 후보자별로 1명씩 선정한 자를 우선 지정한 후 나머지 인원은 추첨에 의하여 지정한다. <개정 2023. 8. 8.>

⑥ 투표참관인·개표참관인의 선정·신고 및 투표참관인 지정의 구체적인 절차·방법, 그 밖에 필요한 사항은 중앙선거관리위원회규칙으로 정한다.

제46조(개표소의 설치 등) ① 관할위원회는 해당 관할구역에 있는 위탁단체의 시설 등에 개표소를 설치하여야 한다. 다만, 섬 또는 산간오지 등의 지역에 투표소를 설치한 경우로서 투표함을 개표소로 이송하기 어려운 부득이한 경우에는 관할위원회의 의결로 해당 투표소에 개표소를 설치할 수 있다.

② 관할위원회는 개표사무를 보조하게 하기 위하여 개표사무를 보조할 능력이 있는 공정하고 중립적인 사람을 개표사무원으로 위촉할 수 있다.

③ 개표사무원은 투표사무원이 겸임하게 할 수 있다.

④ 개표소의 설치를 위한 장소 사용 협조 요구를 받은 위탁단체 등의 장은 정당한 사유가 없으면 이에 따라야 한다. <신설 2024. 1. 30.>

⑤ 제1항 단서에 따라 투표소에 개표소를 설치하는 경우의 개표 절차, 개표사무원의 위촉, 개표참관, 그 밖에 필요한 사항은 중앙선거관리위원회규칙으로 정한다. <개정 2024. 1. 30.>

제47조(개표의 진행) ① 개표는 위탁단체별로 구분하여 투표수를 계산한다.

② 관할위원회는 개표사무를 보조하기 위하여 투표지를 유효별·무효별 또는 후보자별로 구분하거나 계산하는 데 필요한 기계장치 또는 전산조직을 이용할 수 있다.

③ 후보자별 득표수의 공표는 최종 집계되어 관할위원회 위원장이 서명 또는 날인한 개표상황표에 의한다. 이 경우 출석한 관할위원회의 위원 전원은

공표 전에 득표수를 검열하여야 하며, 정당한 사유 없이 개표사무를 지연시키는 위원이 있는 때에는 검열을 포기한 것으로 보고, 개표록에 그 사유를 기재한다.

④ 제11조제3항에 따라 개표사무의 관리를 지정받은 사람 또는 하급선거관리위원회나 다른 구·시·군선거관리위원회는 그 개표결과를 관할위원회에 즉시 송부하여야 하며, 해당 관할위원회는 송부 받은 개표결과를 포함하여 후보자별 득표수를 공표하여야 한다.

⑤ 제4항에 따른 개표결과의 작성·송부, 그 밖에 필요한 사항은 중앙선거관리위원회규칙으로 정한다.

제48조(개표관람) ① 누구든지 관할위원회가 발행하는 관람증을 받아 구획된 장소에서 개표상황을 관람할 수 있다.

② 관할위원회는 투표와 개표를 같은 날 같은 장소에서 실시하는 경우에는 관람증을 발급하지 아니한다. 이 경우 관람인석과 투표 및 개표 장소를 구분하여 관람인이 투표 및 개표 장소에 출입할 수 없도록 하여야 한다.

제49조(투표록·개표록 및 선거록의 작성 등) ① 관할위원회는 투표록, 개표록을 각각 작성하여야 한다. 다만, 투표와 개표를 같은 날 같은 장소에서 실시하는 경우에는 투표 및 개표록을 통합하여 작성할 수 있다.

② 제11조제3항에 따라 관할위원회가 지정하는 사람 등에게 투표사무 또는 개표사무를 관리하게 하는 경우에는 그 지정을 받은 사람 또는 하급선거관리위원회나 다른 구·시·군선거관리위원회는 제1항에 따른 투표록·개표록 또는 투표 및 개표록을 작성하여 지체 없이 관할위원회에 송부하여야 한다.

③ 제2항에 따라 투표록·개표록 또는 투표 및 개표록을 송부받은 관할위원회는 지체 없이 후보자별 득표수를 계산하고 선거록을 작성하여야 한다.

④ 투표록·개표록, 투표 및 개표록과 선거록은 전산조직을 이용하여 작

성·보고 또는 송부할 수 있다.

제50조(선거 관계 서류의 보관) 관할위원회는 투표지, 투표록, 개표록, 투표 및 개표록, 선거록, 그 밖에 위탁선거에 관한 모든 서류를 그 당선인의 임기 중 보관하여야 한다. 다만, 중앙선거관리위원회규칙으로 정하는 바에 따라 그 보존기간을 단축할 수 있다.

제51조(「공직선거법」의 준용 등) ① 투표 및 개표의 관리에 관하여는 이 법에 규정된 것을 제외하고는 그 성질에 반하지 아니하는 범위에서 「공직선거법」 제10장(투표) 및 제11장(개표)을 준용한다.
② 임의위탁선거의 투표 및 개표의 절차 등에 관하여는 해당 위탁단체와 협의하여 달리 정할 수 있다.

제52조(결선투표 등) ① 결선투표 실시 여부에 관하여는 해당 법령이나 정관등에 따른다.
② 결선투표일은 관할위원회가 위탁단체와 협의하여 정한다.
③ 제1항에 따른 결선투표는 특별한 사정이 없으면 당초 위탁선거에 사용된 선거인명부를 사용한다.
④ 천재지변이나 그 밖의 부득이한 사유로 선거를 실시할 수 없거나 실시하지 못한 때에는 관할위원회가 해당 위탁단체와 협의하여 선거를 연기하여야 한다. 이 경우 처음부터 선거절차를 다시 진행하여야 하고, 선거일만을 다시 정한 때에는 이미 진행된 선거절차에 이어 계속하여야 한다.

제53조(총회 등에서 선출하는 조합장선거·이사장선거에 관한 특례) ① 동시조합장선거 또는 동시이사장선거를 실시하는 경우 제24조제3항제2호 및 제3호에 따른 조합장선거·이사장선거(이하 이 조에서 "총회 등에서 선출하는 조합장선거 등"이라 한다)의 선거인명부 작성·확정, 투표 및 개표에 관하여는

다음 각 호에 따른다. <개정 2015. 12. 24., 2023. 8. 8., 2024. 1. 30.>

1. 제24조제3항제2호 및 제3호에 따른 조합장선거와 이사장선거에서는 제15조제3항을 적용하지 아니한다.

2. 제41조제1항에도 불구하고 투표소는 선거인이 투표하기 편리한 곳에 1개소를 설치하여야 한다.

3. 제41조제2항에도 불구하고 해당 조합 또는 금고의 선거인은 제2호에 따른 투표소에서 투표하여야 한다.

4. 제44조제1항제1호에도 불구하고 투표시간은 관할위원회가 해당 조합 또는 금고와 협의하여 정하되 투표마감시각은 오후 5시까지로 한다.

5. 결선투표는 제52조제2항에도 불구하고 해당 선거일에 실시하고, 결선투표시간은 관할위원회가 해당 조합 또는 금고와 협의하여 정한다.

6. 그 밖에 투표 및 개표의 절차 등에 관하여 이 법에서 정한 사항을 제외하고는 해당 법령이나 정관등에 따른다.

② 제1항에도 불구하고 관할위원회는 총회 등에서 선출하는 조합장선거 등의 보궐선거등의 투표 및 개표의 절차 등에 관하여 해당 조합 또는 금고와 협의하여 달리 정할 수 있다. <개정 2015. 12. 24., 2023. 8. 8., 2024. 1. 30.>
[제목개정 2015. 12. 24., 2023. 8. 8.]

제54조(위탁선거의 동시실시) 관할위원회는 선거일을 같은 날로 정할 수 있는 둘 이상의 선거의 관리를 위탁받기로 결정한 때에는 해당 위탁단체와 협의하여 이들 위탁선거를 동시에 실시할 수 있다.

제55조(위탁선거의 효력 등에 대한 이의제기) 위탁선거에서 선거 또는 당선의 효력에 대한 이의제기는 해당 위탁단체에 하여야 한다. 다만, 위탁선거 사무의 관리집행 상의 하자 또는 투표의 효력에 대한 이의제기는 관할위원회의 직근 상급선거관리위원회에 하여야 한다.

제9장 당선인

제56조(당선인 결정) 당선인 결정은 해당 법령이나 정관등에 따른다.

제10장 벌칙

제57조(적용 제외) ① 제3조제1호가목에 해당하는 공공단체등이 위탁하는 선거 외의 위탁선거에는 이 장을 적용하지 아니한다. 다만, 제65조, 제66조제12호, 제68조제1항·제2항제2호 및 제4항·제5항은 그러하지 아니하다. <개정 2016. 12. 27.>

② 제1항 본문에도 불구하고 제3조제1호다목에 따라 공공단체등이 임원 등의 선출을 위한 선거의 관리를 위탁하여야 하는 선거(「교육공무원법」 제24조의3에 따른 대학의 장 후보자 추천 선거는 제외한다)에는 제58조부터 제65조까지, 제66조제8호·제10호·제12호·제13호, 제67조, 제68조제1항, 같은 조 제2항제2호, 같은 조 제3항부터 제5항까지를 적용한다. <신설 2016. 12. 27.>

제58조(매수 및 이해유도죄) 선거운동을 목적으로 다음 각 호의 어느 하나에 해당하는 행위를 한 자는 3년 이하의 징역 또는 3천만원 이하의 벌금에 처한다. <개정 2024. 1. 30.>

1. 선거인[선거인명부를 작성하기 전에는 그 선거인명부에 오를 자격이 있는 자(해당 위탁단체에 가입되어 해당 법령이나 정관등에 따라 위탁선거의 선거권이 있는 자 및 해당 위탁단체에 가입 신청을 한 자를 말한다)를 포함한다. 이하 이 조에서 같다]이나 그 가족 또는 선거인이나 그 가족이 설립·운영하고 있는 기관·단체·시설에 대하여 금전·물품·향응이나 그 밖의 재산상 이익이나 공사(公私)의 직을 제공하거나 그 제공의 의사를 표시하거나 그 제공을 약속한 자

2. 후보자가 되지 아니하도록 하거나 후보자가 된 것을 사퇴하게 할 목적으로 후보자가 되려는 사람이나 후보자에게 제1호에 규정된 행위를 한 자

3. 위탁단체의 회원으로 가입하여 특정 후보자에게 투표하게 할 목적으로 위탁단체의 회원이 아닌 자에게 제1호에 규정된 행위를 한 자

4. 제1호부터 제3호까지에 규정된 이익이나 직을 제공받거나 그 제공의 의사표시를 승낙한 자

5. 제1호부터 제4호까지에 규정된 행위에 관하여 지시·권유·알선하거나 요구한 자

6. 후보자등록개시일부터 선거일까지 포장된 선물 또는 돈봉투 등 다수의 선거인(선거인의 가족 또는 선거인이나 그 가족이 설립·운영하고 있는 기관·단체·시설을 포함한다)에게 배부하도록 구분된 형태로 되어 있는 금품을 운반한 자

제59조(기부행위의 금지·제한 등 위반죄) 제35조를 위반한 자(제68조제3항에 해당하는 자를 제외한다)는 3년 이하의 징역 또는 3천만원 이하의 벌금에 처한다.

제60조(매수 및 이해유도죄 등으로 인한 이익의 몰수) 제58조 또는 제59조의 죄를 범한 자가 받은 이익은 몰수한다. 다만, 그 전부 또는 일부를 몰수할 수 없는 때에는 그 가액을 추징한다.

제61조(허위사실 공표죄) ① 당선되거나 되게 할 목적으로 선거공보나 그 밖의 방법으로 후보자(후보자가 되려는 사람을 포함한다. 이하 이 조에서 같다)에게 유리하도록 후보자, 그의 배우자 또는 직계존비속이나 형제자매에 관하여 허위의 사실을 공표한 자는 3년 이하의 징역 또는 3천만원 이하의 벌금에 처한다.

② 당선되지 못하게 할 목적으로 선거공보나 그 밖의 방법으로 후보자에게

불리하도록 후보자, 그의 배우자 또는 직계존비속이나 형제자매에 관하여 허위의 사실을 공표한 자는 5년 이하의 징역 또는 500만원 이상 5천만원 이하의 벌금에 처한다.

제62조(후보자 등 비방죄) 선거운동을 목적으로 선거공보나 그 밖의 방법으로 공연히 사실을 적시하여 후보자(후보자가 되려는 사람을 포함한다), 그의 배우자 또는 직계존비속이나 형제자매를 비방한 자는 2년 이하의 징역 또는 2천만원 이하의 벌금에 처한다. 다만, 진실한 사실로서 공공의 이익에 관한 때에는 처벌하지 아니한다.

제63조(사위등재죄) ① 거짓의 방법으로 선거인명부에 오르게 한 자는 1년 이하의 징역 또는 1천만원 이하의 벌금에 처한다.

② 선거인명부작성에 관계 있는 자가 선거인명부에 고의로 선거권자를 기재하지 아니하거나 거짓 사실을 기재하거나 하게 한 때에는 3년 이하의 징역 또는 3천만원 이하의 벌금에 처한다.

제64조(사위투표죄) ① 성명을 사칭하거나 신분증명서를 위조 또는 변조하여 사용하거나 그 밖에 거짓의 방법으로 투표하거나 하게 하거나 또는 투표를 하려고 한 자는 1년 이하의 징역 또는 1천만원 이하의 벌금에 처한다.

② 선거관리위원회의 위원·직원·투표관리관 또는 투표사무원이 제1항에 규정된 행위를 하거나 하게 한 때에는 3년 이하의 징역에 처한다.

제65조(선거사무관계자나 시설 등에 대한 폭행·교란죄) 다음 각 호의 어느 하나에 해당하는 자는 1년 이상 7년 이하의 징역 또는 1천만원 이상 7천만원 이하의 벌금에 처한다.

1. 위탁선거와 관련하여 선거관리위원회의 위원·직원, 공정선거지원단원, 그 밖에 위탁선거 사무에 종사하는 사람을 폭행·협박·유인 또는 불법

으로 체포·감금한 자

2. 폭행하거나 협박하여 투표소·개표소 또는 선거관리위원회 사무소를 소요·교란한 자

3. 투표용지·투표지·투표보조용구·전산조직 등 선거관리 및 단속사무와 관련한 시설·설비·장비·서류·인장 또는 선거인명부를 은닉·파손·훼손 또는 탈취한 자

제66조(각종 제한규정 위반죄) ① 다음 각 호의 어느 하나에 해당하는 자는 3년 이하의 징역 또는 3천만원 이하의 벌금에 처한다. <신설 2024. 1. 30.>

1. 제30조의3제6항제2호를 위반하여 해당 위탁단체 이외의 자에게 휴대전화 가상번호를 제공한 자

2. 제30조의3제7항을 위반하여 명시적으로 거부의사를 밝힌 구성원의 휴대전화 가상번호를 제공한 자

3. 제30조의3제9항제1호를 위반하여 휴대전화 가상번호를 제28조에 따른 선거운동 외의 다른 목적으로 사용한 자

4. 제30조의3제9항제2호를 위반하여 휴대전화 가상번호를 다른 자에게 제공한 자

5. 제30조의3제10항을 위반하여 유효기간이 지난 휴대전화 가상번호를 즉시 폐기하지 아니한 자

② 다음 각 호의 어느 하나에 해당하는 자는 2년 이하의 징역 또는 2천만원 이하의 벌금에 처한다. <개정 2015. 12. 24., 2017. 12. 26., 2024. 1. 30.>

1. 제24조를 위반하여 후보자등이 아닌 자가 선거운동을 하거나 제25조부터 제30조의4까지의 규정에 따른 선거운동방법 외의 방법으로 선거운동을 하거나 선거운동기간이 아닌 때에 선거운동을 한 자. 다만, 제24조의2제7항에 따라 선거운동을 한 예비후보자등과 제24조의3제3항에 따라 선거운동을 한 활동보조인은 제외한다.

1의2. 제24조의2제7항을 위반하여 선거운동을 한 자

2. 제25조에 따른 선거공보의 종수·수량·면수 또는 배부방법을 위반하여 선거운동을 한 자

3. 제26조에 따른 선거벽보의 종수·수량 또는 첩부방법을 위반하여 선거운동을 한 자

4. 제27조를 위반하여 선거운동을 한 자

5. 제28조에 따른 통화방법 또는 시간대를 위반하여 선거운동을 한 자

6. 삭제 <2024. 1. 30.>

7. 제30조에 따른 명함의 규격 또는 배부방법을 위반하여 선거운동을 한 자

7의2. 제30조의2제4항을 위반하여 투표관리관등의 제지명령에 불응한 자

7의3. 제30조의3제6항제1호를 위반하여 휴대전화 가상번호에 유효기간을 설정하지 아니하고 제공하거나 휴대전화 가상번호를 제공하는 날부터 선거일까지의 기간을 초과하는 유효기간을 설정하여 제공한 자

8. 제31조를 위반한 자

9. 제36조를 위반하여 축의·부의금품을 제공한 자

10. 제37조를 위반한 자

11. 제38조를 위반한 자

12. 제73조제3항을 위반하여 출입을 방해하거나 자료제출의 요구에 응하지 아니한 자 또는 허위자료를 제출한 자

13. 제75조제2항을 위반한 자

제67조(양벌규정) 법인 또는 단체의 대표자나 법인 또는 단체의 대리인, 사용인, 그 밖의 종업원이 그 법인 또는 단체의 업무에 관하여 이 법의 위반행위를 하였을 때에는 행위자를 벌하는 외에 그 법인 또는 단체에 대하여도 해당 조문의 벌금형을 과(科)한다. 다만, 그 법인 또는 단체가 그 위반 행위를 방지하기 위하여 해당 업무에 관하여 상당한 주의와 감독을 게을리하지 아니한 경우에는 그러하지 아니하다.

제68조(과태료의 부과·징수 등) ① 「형사소송법」 제211조(현행범인과 준현행범인)에 규정된 현행범인 또는 준현행범인으로서 제73조제4항에 따른 동행요구에 응하지 아니한 자에게는 300만원 이하의 과태료를 부과한다.

② 다음 각 호의 어느 하나에 해당하는 자에게는 100만원 이하의 과태료를 부과한다.

1. 제29조제2항에 따른 관할위원회의 요청을 이행하지 아니한 자

2. 제73조제4항에 따른 출석요구에 정당한 사유 없이 응하지 아니한 자

③ 제35조제3항을 위반하여 금전·물품이나 그 밖의 재산상 이익을 제공받은 자(그 제공받은 금액 또는 물품의 가액이 100만원을 초과한 자는 제외한다)에게는 그 제공받은 금액이나 가액의 10배 이상 50배 이하에 상당하는 금액의 과태료를 부과하되, 그 상한액은 3천만원으로 한다. 다만, 제공받은 금액 또는 음식물·물품(제공받은 것을 반환할 수 없는 경우에는 그 가액에 상당하는 금액을 말한다) 등을 선거관리위원회에 반환하고 자수한 경우에는 그 과태료를 감경 또는 면제할 수 있다.

④ 과태료는 중앙선거관리위원회규칙으로 정하는 바에 따라 관할위원회(이하 이 조에서 "부과권자"라 한다)가 부과한다. 이 경우 과태료처분대상자가 납부기한까지 납부하지 아니한 때에는 관할세무서장에게 징수를 위탁하고 관할세무서장이 국세체납처분의 예에 따라 이를 징수하여 국가에 납입하여야 한다.

⑤ 이 법에 따른 과태료의 부과·징수 등의 절차에 관하여는 「질서위반행위규제법」 제5조(다른 법률과의 관계)에도 불구하고 다음 각 호에서 정하는 바에 따른다.

1. 당사자[「질서위반행위규제법」 제2조(정의)제3호에 따른 당사자를 말한다. 이하 이 항에서 같다]는 「질서위반행위규제법」 제16조(사전통지 및 의견 제출 등)제1항 전단에도 불구하고 부과권자로부터 사전통지를 받은 날부터 3일까지 의견을 제출하여야 한다.

2. 제4항 전단에 따른 과태료 처분에 불복이 있는 당사자는 「질서위반행위

규제법」 제20조(이의제기)제1항 및 제2항에도 불구하고 그 처분의 고지를 받은 날부터 20일 이내에 부과권자에게 이의를 제기하여야 하며, 이 경우 그 이의제기는 과태료 처분의 효력이나 그 집행 또는 절차의 속행에 영향을 주지 아니한다.

3. 「질서위반행위규제법」 제24조(가산금 징수 및 체납처분 등)에도 불구하고 당사자가 납부기한까지 납부하지 아니한 경우 부과권자는 체납된 과태료에 대하여 100분의 5에 상당하는 가산금을 더하여 관할세무서장에게 징수를 위탁하고, 관할세무서장은 국세 체납처분의 예에 따라 이를 징수하여 국가에 납입하여야 한다.

4. 「질서위반행위규제법」 제21조(법원에의 통보)제1항 본문에도 불구하고 제4항에 따라 과태료 처분을 받은 당사자가 제2호에 따라 이의를 제기한 경우 부과권자는 지체 없이 관할법원에 그 사실을 통보하여야 한다.

제11장 보칙

제69조(전자투표 및 개표) ① 관할위원회는 해당 위탁단체와 협의하여 전산조직을 이용하여 투표와 후보자별 득표수의 집계 등을 처리할 수 있는 방법으로 투표 및 개표(이하 이 조에서 "전자투표 및 개표"라 한다)를 실시할 수 있다.

② 관할위원회가 제1항에 따라 전자투표 및 개표를 실시하려는 때에는 이를 지체 없이 공고하고 해당 위탁단체 및 후보자에게 통지하여야 하며, 선거인의 투표에 지장이 없도록 홍보하여야 한다.

③ 전자투표 및 개표를 실시하는 경우 투표 및 개표의 절차·방법, 그 밖에 필요한 사항은 중앙선거관리위원회규칙으로 정한다.

제70조(위탁선거범죄로 인한 당선무효) 다음 각 호의 어느 하나에 해당하는 경

우에는 그 당선은 무효로 한다.

1. 당선인이 해당 위탁선거에서 이 법에 규정된 죄를 범하여 징역형 또는 100만원 이상의 벌금형을 선고받은 때

2. 당선인의 배우자나 직계존비속이 해당 위탁선거에서 제58조나 제59조를 위반하여 징역형 또는 300만원 이상의 벌금형을 선고받은 때. 다만, 다른 사람의 유도 또는 도발에 의하여 해당 당선인의 당선을 무효로 되게 하기 위하여 죄를 범한 때에는 그러하지 아니하다.

제70조의2(기소ㆍ판결에 관한 통지) ① 위탁선거에 관한 범죄로 당선인, 후보자, 후보자의 배우자 또는 직계존비속을 기소한 때에는 관할위원회에 이를 통지하여야 한다.

② 제58조, 제59조, 제61조부터 제66조까지의 범죄에 대한 확정판결을 행한 재판장은 그 판결서등본을 관할위원회에 송부하여야 한다.

[본조신설 2024. 1. 30.]

제71조(공소시효) 이 법에 규정한 죄의 공소시효는 해당 선거일 후 6개월(선거일 후 행하여진 범죄는 그 행위가 있는 날부터 6개월)이 지남으로써 완성한다. 다만, 범인이 도피한 때나 범인이 공범 또는 범죄의 증명에 필요한 참고인을 도피시킨 때에는 그 기간은 3년으로 한다.

제71조의2(재판기간) 이 법을 위반한 죄를 범한 자와 그 공범에 관한 재판은 다른 재판에 우선하여 신속히 하여야 하며, 그 판결의 선고는 제1심에서는 공소가 제기된 날부터 6개월 이내에, 제2심 및 제3심에서는 전심의 판결의 선고가 있은 날부터 각각 3개월 이내에 하도록 노력하여야 한다.

[본조신설 2024. 1. 30.]

제72조(위반행위에 대한 중지ㆍ경고 등) ① 관할위원회의 위원ㆍ직원은 직무수

행 중에 위탁선거 위반행위를 발견한 때에는 중지·경고 또는 시정명령을
하여야 한다.

② 관할위원회는 위탁선거 위반행위가 선거의 공정을 현저하게 해치는 것
으로 인정되거나 중지·경고 또는 시정명령을 이행하지 아니하는 때에는
관할수사기관에 수사의뢰 또는 고발할 수 있다.

제73조(위반행위에 대한 조사 등) ① 선거관리위원회의 위원·직원은 위탁선거
위반행위에 관하여 다음 각 호의 어느 하나에 해당하는 경우에는 그 장소
에 출입하여 관계인에 대하여 질문·조사를 하거나 관련 서류 그 밖의 조사
에 필요한 자료의 제출을 요구할 수 있다.

1. 위탁선거 위반행위의 가능성이 있다고 인정되는 경우

2. 후보자가 제기한 위탁선거 위반행위의 가능성이 있다는 소명이 이유 있
   다고 인정되는 경우

3. 현행범의 신고를 받은 경우

② 선거관리위원회의 위원·직원은 위탁선거 위반행위 현장에서 위탁선거
위반행위에 사용된 증거물품으로서 증거인멸의 우려가 있다고 인정되는 때
에는 조사에 필요한 범위에서 현장에서 이를 수거할 수 있다. 이 경우 해당
선거관리위원회의 위원·직원은 수거한 증거물품을 그 관련된 위탁선거 위
반행위에 대하여 고발 또는 수사의뢰한 때에는 관계 수사기관에 송부하고,
그러하지 아니한 때에는 그 소유·점유·관리하는 사람에게 지체 없이 반환
하여야 한다.

③ 누구든지 제1항에 따른 장소의 출입을 방해하여서는 아니 되며 질문·조
사를 받거나 자료의 제출을 요구받은 사람은 이에 따라야 한다.

④ 선거관리위원회의 위원·직원은 위탁선거 위반행위 조사와 관련하여 관
계자에게 질문·조사하기 위하여 필요하다고 인정되는 때에는 선거관리위
원회에 동행 또는 출석할 것을 요구할 수 있다. 다만, 선거기간 중 후보자
에 대하여는 동행 또는 출석을 요구할 수 없다.

⑤ 선거관리위원회의 위원·직원이 제1항에 따른 장소에 출입하거나 질문·조사·자료의 제출을 요구하는 경우에는 관계인에게 그 신분을 표시하는 증표를 제시하고 소속과 성명을 밝히고 그 목적과 이유를 설명하여야 한다.

⑥ 소명절차·방법, 증거자료의 수거, 증표의 규격, 그 밖에 필요한 사항은 중앙선거관리위원회규칙으로 정한다.

제74조(자수자에 대한 특례) ① 제58조 또는 제59조의 죄를 범한 사람 중 금전·물품이나 그 밖의 이익 등을 받거나 받기로 승낙한 사람이 자수한 때에는 그 형을 감경 또는 면제한다. 다만, 다음 각 호의 어느 하나에 해당하는 사람은 그러하지 아니하다.

1. 후보자 및 그 배우자

2. 후보자 또는 그 배우자의 직계존비속 및 형제자매

3. 후보자의 직계비속 및 형제자매의 배우자

4. 거짓의 방법으로 이익 등을 받거나 받기로 승낙한 사람

② 제1항의 본문에 규정된 사람이 선거관리위원회에 자신의 해당 범죄사실을 신고하여 선거관리위원회가 관계 수사기관에 이를 통보한 때에는 선거관리위원회에 신고한 때를 자수한 때로 본다.

제75조(위탁선거범죄신고자 등의 보호) ① 이 법에 규정된 범죄에 관한 신고·진정·고소·고발 등 조사 또는 수사단서의 제공, 진술 또는 증언, 그 밖의 자료제출행위 및 범인검거를 위한 제보 또는 검거활동을 한 사람이 그와 관련하여 피해를 입거나 입을 우려가 있다고 인정할 만한 상당한 이유가 있는 경우 해당 범죄에 관한 형사절차 및 관할위원회의 조사과정에서는 「특정범죄신고자 등 보호법」 제5조(불이익처우의 금지)·제7조(인적 사항의 기재 생략)·제9조(신원관리카드의 열람)부터 제12조(소송진행의 협의 등)까지 및 제16조(범죄신고자등에 대한 형의 감면)를 준용한다.

② 누구든지 제1항에 따라 보호되고 있는 범죄신고자 등이라는 정을 알면

서 그 인적사항 또는 범죄신고자 등임을 알 수 있는 사실을 다른 사람에게
알려주거나 공개 또는 보도하여서는 아니 된다.

제76조(위탁선거 위반행위 신고자에 대한 포상금 지급) ① 관할위원회는 위탁
선거 위반행위에 대하여 선거관리위원회가 인지하기 전에 그 위반행위의
신고를 한 사람에게 포상금을 지급할 수 있다. <개정 2024. 1. 30.>

② 관할위원회는 제1항에 따라 포상금을 지급한 후 다음 각 호의 어느 하나
에 해당하는 사유가 있는 경우에는 그 포상금의 지급결정을 취소한다.
<신설 2024. 1. 30.>

1. 담합 등 거짓의 방법으로 신고한 사실이 발견된 경우

2. 사법경찰관의 불송치결정이나 검사의 불기소처분이 있는 경우

3. 무죄의 판결이 확정된 경우

③ 관할위원회는 제2항에 따라 포상금의 지급결정을 취소한 때에는 해당
신고자에게 그 취소 사실과 지급받은 포상금에 해당하는 금액을 반환할 것
을 통지하여야 하며, 해당 신고자는 통지를 받은 날부터 30일 이내에 그 금
액을 해당 관할위원회에 납부하여야 한다. <신설 2024. 1. 30.>

④ 관할위원회는 제3항에 따라 포상금의 반환을 통지받은 해당 신고자가
납부기한까지 반환할 금액을 납부하지 아니한 때에는 해당 신고자의 주소
지를 관할하는 세무서장에게 징수를 위탁하고 관할 세무서장이 국세강제징
수의 예에 따라 징수한다. <신설 2024. 1. 30.>

⑤ 제3항 또는 제4항에 따라 납부 또는 징수된 금액은 국가에 귀속된다.
<신설 2024. 1. 30.>

⑥ 포상금의 지급 기준 및 절차, 제2항제2호에 해당하는 불송치결정 또는
불기소처분의 사유, 반환금액의 납부절차, 그 밖에 필요한 사항은 중앙선거
관리위원회규칙으로 정한다. <신설 2024. 1. 30.>

제77조(위탁선거에 관한 신고 등) ① 이 법 또는 이 법의 시행을 위한 중앙선

거관리위원회규칙에 따라 선거기간 중 선거관리위원회에 대하여 행하는 신고 · 신청 · 제출 · 보고 등은 이 법에 특별한 규정이 있는 경우를 제외하고는 공휴일에도 불구하고 매일 오전 9시부터 오후 6시까지 하여야 한다.

② 각급선거관리위원회는 이 법 또는 이 법의 시행을 위한 중앙선거관리위원회규칙에 따른 신고 · 신청 · 제출 · 보고 등을 해당 선거관리위원회가 제공하는 서식에 따라 컴퓨터의 자기디스크나 그 밖에 이와 유사한 매체에 기록하여 제출하게 하거나 해당 선거관리위원회가 지정하는 인터넷 홈페이지에 입력하는 방법으로 제출하게 할 수 있다.

제78조(선거관리경비) ① 위탁선거를 위한 다음 각 호의 경비는 해당 위탁단체가 부담하고 선거의 실시에 지장이 없도록 제1호의 경우에는 선거기간개시일 전 60일(보궐선거등의 경우에는 위탁신청을 한 날부터 10일)까지, 제2호부터 제4호까지의 경우에는 위탁관리 결정의 통지를 받은 날(의무위탁선거의 경우에는 위탁신청을 한 날)부터 10일까지 관할위원회에 납부하여야 한다. <개정 2024. 1. 30.>

1. 위탁선거의 준비 및 관리에 필요한 경비

2. 위탁선거에 관한 계도 · 홍보에 필요한 경비

3. 위탁선거 위반행위의 단속 및 조사에 필요한 경비

4. 제79조에 따른 보상을 위한 재해보상준비금

② 동시조합장선거 및 동시이사장선거에서 제76조에 따른 포상금 지급에 필요한 경비는 해당 조합 또는 금고와 그 중앙회가 균분하여 부담하여야 한다. <개정 2023. 8. 8.>

③ 위탁선거의 관리에 필요한 다음 각 호의 경비는 국가가 부담한다.

1. 위탁선거에 관한 사무편람의 제정 · 개정에 필요한 경비

2. 그 밖에 위탁선거 사무의 지도 · 감독 등 통일적인 업무수행을 위하여 필요한 경비

④ 중앙선거관리위원회는 위탁기관의 의견을 들어 선거관리경비 산출기준을 정하고 이를 관할위원회에 통지하여야 하며, 관할위원회는 그 산출기준

에 따라 경비를 산출하여야 한다.

⑤ 관할위원회는 제52조에 따른 결선투표가 실시될 경우 그 선거관리경비를 제4항과 별도로 산출하여야 한다.

⑥ 관할위원회는 제4항에 따라 선거관리경비를 산출하는 때에는 예측할 수 없는 경비 또는 불가피한 사유로 산출기준을 초과하는 경비에 충당하기 위하여 산출한 선거관리경비 총액의 100분의 5 범위에서 부가경비를 계상하여야 한다.

⑦ 제1항에 따른 납부금은 체납처분이나 강제집행의 대상이 되지 아니하며 그 경비의 산출기준, 납부절차와 방법, 집행, 검사, 반환, 그 밖에 필요한 사항은 중앙선거관리위원회규칙으로 정한다.

제79조(질병ㆍ부상 또는 사망에 대한 보상) ① 중앙선거관리위원회는 각급선거관리위원회위원, 투표관리관, 공정선거지원단원, 투표 및 개표사무원(공무원인 자를 제외한다)이 선거기간(공정선거지원단원의 경우 공정선거지원단을 두는 기간을 말한다) 중에 이 법에 따른 선거업무로 인하여 질병ㆍ부상 또는 사망한 때에는 보상금을 지급하여야 한다.

② 제1항의 보상금 지급사유가 제3자의 행위로 인하여 발생한 경우에는 중앙선거관리위원회는 이미 지급한 보상금의 지급 범위에서 수급권자가 제3자에 대하여 가지는 손해배상청구권을 취득한다. 다만, 제3자가 공무수행 중의 공무원인 경우에는 손해배상청구권의 전부 또는 일부를 행사하지 아니할 수 있다.

③ 제2항의 경우 보상금의 수급권자가 그 제3자로부터 동일한 사유로 인하여 이미 손해배상을 받은 경우에는 그 배상액의 범위에서 보상금을 지급하지 아니한다.

④ 제1항의 보상금 지급사유가 그 수급권자의 고의 또는 중대한 과실로 인하여 발생한 경우에는 해당 보상금의 전부 또는 일부를 지급하지 아니할 수 있다.

⑤ 보상금의 종류 및 금액, 고의 또는 중대한 과실에 의한 보상금의 감액,

중대한 과실의 적용범위, 그 밖에 필요한 사항은 중앙선거관리위원회규칙으로 정한다.

[본조신설 2024. 1. 30.]

[종전 제79조는 제81조로 이동 <2024. 1. 30.>]

제80조(선전물의 공익목적 활용 등) ① 각급선거관리위원회는 이 법에 따라 위탁단체 또는 후보자(후보자가 되려는 사람을 포함한다. 이하 이 조에서 같다)가 선거관리위원회에 제출한 벽보·공보 등 각종 인쇄물, 사진, 그 밖의 선전물을 공익을 목적으로 출판·전시하거나 인터넷 홈페이지 게시, 그 밖의 방법으로 활용할 수 있다.

② 제1항에 따라 각급선거관리위원회가 공익을 목적으로 활용하는 위탁단체 또는 후보자의 벽보·공보 등 각종 인쇄물, 사진, 그 밖의 선전물에 대하여는 누구든지 각급선거관리위원회에 대하여「저작권법」상의 권리를 주장할 수 없다.

[본조신설 2024. 1. 30.]

제81조(시행규칙) 위탁선거의 관리에 관하여 이 법의 시행을 위하여 필요한 사항은 중앙선거관리위원회규칙으로 정한다.

[제79조에서 이동 <2024. 1. 30.>]

부칙 〈제20179호, 2024. 1. 30.〉

제1조(시행일) 이 법은 공포 후 6개월이 경과한 날부터 시행한다. 다만, 제33조의 개정규정은 공포한 날부터 시행한다.

제2조(재판기간에 관한 적용례) 제71조의2의 개정규정은 이 법 시행 이후 최초로 공소가 제기되는 사건의 재판부터 적용한다.

제3조(벌칙에 관한 경과조치) 이 법 시행 전의 행위에 대한 벌칙의 적용은 종전의 규정에 따른다.

제4조(포상금 지급결정 취소 및 반환에 관한 경과조치) 이 법 시행 전의 위탁선거 위반행위 신고로 인하여 제76조제2항 및 제3항의 개정규정에 해당하게 되는 사람은 이 법의 개정규정에도 불구하고 종전의 규정에 따른다.

저자약력

황수현

충주고등학교 졸업
청주대학교 행정학과 학사
충북대학교 행정대학원 석사

중앙선거관리위원회 선거연수원 연구관
중앙선거관리위원회 선거연수원 민주시민교육 전문강사
중앙선거관리위원회 선거연수원 내부초청교수
중앙선거관리위원회 부이사관
독일 베를린 자유대학교 직무훈련

울산광역시선거관리위원회 지도과장
충청북도선거관리위원회 지도과장
충청북도선거관리위원회 홍보과장
충청북도선거관리위원회 총무과장
전라남도선거관리위원회 홍보과장

공직선거법 평가 사무관 승진 최연소 합격
중앙선거관리위원회위원장 표창

새마을금고 위탁선거: 해설, 그리고 실전

초판발행	2025년 2월 14일
지은이	황수현
펴낸이	안종만·안상준
편 집	윤혜경
기획/마케팅	박부하
표지디자인	BEN STORY
제 작	고철민·김원표
펴낸곳	(주) **박영사**
	서울특별시 금천구 가산디지털2로 53, 210호(가산동, 한라시그마밸리)
	등록 1959. 3. 11. 제300-1959-1호(倫)
전 화	02)733-6771
f a x	02)736-4818
e-mail	pys@pybook.co.kr
homepage	www.pybook.co.kr
ISBN	979-11-303-4881-0 93360

copyright©황수현, 2025, Printed in Korea

* 파본은 구입하신 곳에서 교환해 드립니다. 본서의 무단복제행위를 금합니다.

정 가   28,000원